논어 愛人과 知人의 길 ①

군자는 가슴에 꽃을 달지 않는다

論語 인간관계의 철학①

군자는 가슴에 꽃을 달지 않는다

지은이 윤재근
펴낸이 양동현
펴낸곳 도서출판 나들목
　　　　출판등록 제6-483호
　　　　주소 136-034, 서울 성북구 동소문로13가길 27번지
　　　　전화 02) 927-2345 팩스 02) 927-3199

초판 1쇄 발행 2003년 5월 20일
초판 5쇄 발행 2013년 10월 15일

ISBN 89-90517-06-0 / 04150
　　　　89-90517-05-2(전 3권)

www.iacademybook.com

논어 愛人과 知人의 길 ①

군자는 가슴에 꽃을 달지 않는다

윤재근 지음

나들목

《論語 인간관계의 철학》을 3권으로 묶어 초판을 출간했던 때가 1991년 동짓달이었다. 10년이 넘어 제목을 《論語 애인(愛人)과 지인 (知人)의 길》로 바꾸고 표지와 편집도 달리해 새로운 모습으로 독자들 앞에 다시 나오게 되었다. 내용은 그냥 두고 새 옷을 입힌 셈이다.

30대를 보내면서 삶의 명암(明暗)이 나를 서글프게 하거나 힘들어 지치게 할 때면 나는 성현(聖賢)들을 뵙고 나를 철들게 하려고 했던 버릇이 있었다. 나는 그런 버릇을 내 행운으로 여기고 산다. 젊어서부 터 성현을 뵐 때마다 내 나름대로 성현의 말씀을 듣고 체험한 바를 비 망록(備忘錄)으로 간직해 두곤 했었다. 나는 항상 성현을 할아버지로 여기고 뵈었지 철인(哲人)으로 여기지 않았다. 그랬던 내 버릇은 지금 도 변함이 없다.

《논어》를 '애인(愛人)과 지인(知人)의 길'이라고 한 것은《논어》를 철학으로만 볼 것이 아니라 그 세계를 담론(談論)으로 여기고 체험한 다는 뜻을 간직하고 있기 때문이다. 성현을 연구해 보자고 할 것이 아 니라 성현의 말씀을 체험해 보자는 것이다. 나는《논어》를 연구하는 전문가가 아니다.《논어》를 성현의 말씀이 담긴 이야기로 여기고, 그 성현을 할아버지로 뵙고 나는 손자가 된 마음가짐으로 성현의 말씀을 체험하려고 했다. 만일《論語 애인(愛人)과 지인(知人)의 길》이 연구서 (研究書)였더라면 복간(復刊)이 아니라 개정판(改訂版)으로 나와야 의

미가 있을 것이다. 그러나 《論語 애인(愛人)과 지인(知人)의 길》은 연구서가 아니라 성현의 당부를 잊지 않고 간직하기 위한 우리 모두의 비망록(備忘錄)이 될 수 있다는 믿음에 복간하는 것이 좋겠다는 생각이 들었다.

살아가면서 괴롭고 쓰라릴 때일수록 《논어》를 만나 성현을 뵙고 손자가 되어 보기를 권하고 싶다. 《논어》를 만나 성현들의 말씀을 들으면 막막하던 미래가 밝아지고 옹색하게 묶여 끙끙거리던 나에게서 벗어나 자유로운 삶을 누리는 또다른 나를 발견할 수 있다. 이런 비밀을 나는 내 체험을 빌어 장담해 두고 싶다.

《논어》는 나에게 내 자신을 닦으라고 한다. 내 밖을 닦지 말고 내 속을 먼저 닦으라고 한다. 그리고 내가 좇고 싶어하는 명성에 얽매이지 말고 내 자신을 닦아 남을 먼저 사랑해 보라고 한다. 그러면 매우 작아 보였던 내 자신이 엄청 커지는 살맛을 느끼는 순간과 마주하게 된다. 여기서 살아가는 새로운 힘이 솟는 법이다. 새롭게 사는 힘을 남김없이 주는 《논어》를 만나면 저마다 삶을 자신과 세상을 함께 해 가는 힘을 성현의 큰 마음으로부터 얻어 낼 수 있다.

성현의 큰 마음보다 더 소중한 삶의 선물은 없음을 확인하리라고 확신한다. 그래서 《論語 애인(愛人)과 지인(知人)의 길》의 복간이 내 자신에게도 새삼스럽다. 온 정성을 다해 복간해 준 도서출판 나들목 양동현 사장님이 고맙다.

2003년 5월

尹 在 根

동양의 생각은 크게 두 줄기로 흐른다. 하나는 자연이 되라는 길이
고 다른 하나는 인간이 되라는 길이다. 자연이 되라는 길은 노장(老
莊)의 도(道)로 통하고, 사람이 되라는 길은 공맹(孔孟)의 도로 통한
다. 있는 그대로 내버려두는 것이 좋다는 도가 노장의 길이며 바람직
하게 인간을 닦는 것이 좋다는 길이 공맹의 도이다. 이러한 두 갈래의
길 중에서 어느 하나만 택해서 걸어갈 수 없음은 누구나 살아가면서
피부로 느낀다. 왜냐하면 우리가 맞이하는 삶은 항상 이 두 갈래의 길
이 맞물려 돌아가기 때문이다.

살아가는 일은 하는 일과 하고 싶은 일 그리고 해야 할 일들이 꼬리
를 물고 있다. 노장의 도는 하고 싶은 일도 멀리 하고 해야 할 일도 멀
리 하면서 있는 그대로 살라고 한다. 이러한 말씀을 들으면 마음이 한
결 편해지고 몸이 자유롭게 된다. 이러한 경험을 한 적이 있다면 분명
무위(無爲)의 길을 밟은 셈이다. 그러나 사람은 그렇게 살 수 없다. 들
판의 풀처럼 살거나 산중의 짐승처럼 그렇게 살 수 없다. 사람은 사람
답게 살아가야 한다는 욕망을 버릴 수가 없다. 이러한 생각을 하면서
행동하는 사람은 인위(人爲)의 길을 밟는 셈이다. 《논어》는 인위의 길
을 인의(仁義)로 닦으라고 말한다.

인의의 길을 걸어라. 그러면 사람이 된다. 이것이 《논어》의 선언인
셈이다. 세상에는 된사람도 있고 잘난 사람도 있고 못난 사람도 있게

마련이다. 《논어》는 무엇보다도 먼저 된사람이 되어야 함을 깨우치게
한다. 그러므로 사람이 되라는 말씀은 된사람이 되라는 말로 통한다.
공자는 더할 나위 없이 된사람을 군자(君子)라고 불렀다. 인의를 실천
하면 군자가 된다고 공자는 서슴없이 밝힌다. 이러한 군자는 초인도
아니고 타고난 성인도 아니다. 보통 사람들이 인의를 실천하면 군자
가 되는 것이다.

　세상이 왜 이렇게 소란스럽고 고통스러우며 사람들의 가슴속을 아
프게 하는가? 공자의 말씀을 빌린다면 인의의 길을 벗어난 짓을 하기
때문이다. 사람을 행복하게 한다는 인의란 무엇인가? 이는 《논어》를
읽게 되면 누구나 나름대로 헤아려 볼 수 있다. 어느 세상인들 행복을
싫어할 것인가. 행복하게 될 수 있는 비밀을 《논어》는 인간의 편에서
밝힌다. 그러므로 《논어》를 낡은 책으로 생각해서는 안 된다. 오히려
인간이 물질화되어 가는 현대일수록 《논어》는 절실해진다. 《논어》의
말씀을 새겨들으면 인간이 잔인해지는 것을 막아낼 수 있는 까닭이
다.

　남을 먼저 사랑할 수 있는가? 《논어》는 이러한 질문을 던진다. 남을
먼저 사랑하는 마음을 지니면 그것이 곧 인(仁)이라고 타일러 준다.
남을 사랑하라〔愛人〕. 이것이 곧 인이다. 남을 사랑하는 마음을 행동
으로 실천하라. 이것이 곧 의(義)이다. 그러므로 《논어》가 체험하게
하는 인의는 현대인으로서 우리가 멀리하려고 하는 것들이다. 사람들
도 제 욕심만을 앞세우면 결국 살 수 없음을 누구나 알 것이다. 이러
한 사항을 《논어》는 아무런 숨김없이 들려준다. 더불어 살아가야 하는
세상을 제몫만으로 생각하지 마라. 아마도 이것이 《논어》의 말씀일 것

이다.

노장을 읽으면 세상을 떠나서 노닐고 싶어진다. 그러나 어디 그렇게 살 수 있는 세상인가. 사람은 사람들과 더불어 살아가야 한다. 홀로 세상을 등지고 살 수는 없다. 이것은 엄연한 현실이다. 뭇 사람들의 이해상관(利害相關)으로 뒤얽힌 이 세상을 당당하고 떳떳하게 살아가는 지혜를 《논어》는 우리들에게 준다. 그리고 우리에게 된사람이 되도록 그 비밀을 말해 준다. 그 비밀이란 무엇인가? 먼저 나를 다스리고 남을 편하게 하라는 것이다. 그러면 누구나 아주 자연스럽게 사람과 사람이 어울려 무리없이 살아가는 길을 트고 밟게 된다. 지금 우리는 무엇보다 이러한 길을 터야 한다. 이러한 길을 트자면 《논어》가 측량하는 눈금이 가장 타당하고 절실하다는 생각이 들어서 노장과 더불어 공맹을 읽는 버릇을 버릴 수가 없다.

나는 결코 유가 사상(儒家思想)을 전문으로 하는 연구자가 아니다. 그러므로 이 책은 《논어》 연구서가 아니다. 이 책은 《논어》의 말씀을 생활 속에서 체험한 이야기이다. 그리고 그저 평범한 한 생활인으로서 공맹과 노장을 읽으면서 삶의 지혜를 얻고 싶었을 뿐이다. 내가 체험하고 생각했던 그러한 체험들을 메모해 두었던 것을 책으로 묶어주어 고마울 뿐이다.

尹在根

《논어》를 읽기 전에

제1장 〈학이(學而)〉편

제2장 〈위정(爲政)〉편

제3장 〈팔일(八佾)〉편

제4장 〈이인(里仁)〉 편

제5장 〈공야장(公冶長)〉 편

제6장 〈옹야(雍也)〉편

3. 문답의 담론

논어를 읽기 전에

1.《논어》를 왜 읽어야 하는가

한순간이라도 나를 잊고 싶으면《장자》를 읽는 것이 좋다. 그러나 줄곧 사람들과 더불어 살아가면서 나를 알고 싶으면《논어》를 읽는 것이 좋다. 무슨 일을 해야 하거나 하고 싶을 때《논어》를 읽으면 하는 일이 지나치지 않아 풀리는 지혜를 만나게 되고, 일을 멈추고 좀 쉬고 싶을 때는 〈장자〉 속의 말씀이 솔깃하게 들리게 된다. 그래서 쉴 때는 장자로 쉬고, 일할 때는 공자를 만나며 산다는 말이 한결 돋보이게 된다. 세상이 시끄럽고 소란스러울수록 그렇게 하면 삶의 안팎을 건강하게 누릴 수 있다.

《논어》가 무슨 지식을 전해 주는 것은 아니다. 거기에는 첨단 과학의 시대를 살아가는 데 필요한 어떤 정보도 없기 때문이다. 다만《논어》에는 오로지 사람이 되는 길만 트여 있을 뿐이다. 물론 그 길은 공자가 터놓은 길이다.

하나님의 아들로서 예수는 하나님을 믿으라는 길을 닦았다. 여래는 부처님으로서 해탈하라는 길을 닦아 놓았다. 또한 노자는 인간으로서 자연이 되라는 길을 닦았고, 공자는 사람이 되라는 길을 닦아 놓았다. 공자가 터놓은 길은 신비로운 길이 아니다. 두려운 길도 아니며 외지고 후미진 길도 아니다. 나아가 무서운 길은 더욱 아니다. 다만 공자의 길은 따라 걷기가 힘들 뿐이다.

어디 힘들지 않는 길이 있는가? 예수가 터놓은 길도 걷기 힘들고 여래가 터놓은 길도 걷기 힘든다. 종교의 길이란 본래 고행의 길이 아닌가. 노자가 터놓은 무위(無爲)의 길도 너무 아득해 따라 걷기 어렵다.

다만 장자가 그 어려운 무위의 길을 노닐며 걸어 보라고 길동무가 되어 주어 고마울 뿐 역시 무위의 길도 걷기란 매우 어렵다. 그러나 공자의 길은 힘은 들지만 어려운 길은 아니다.

공자는 지식의 유희를 아주 싫어한다. 관념 따위도 아주 멀리한다. 그래서 공자는 인간이 사는 곳에 길을 터놓고 걸어 보라고 한다. 거기에는 큰길도 있고 샛길도 있으며 지름길도 있다. 그중에서 공자는 큰길로만 가라고 한다. 그 큰길이 어디인가를 《논어》는 밝혀 주고 있다. 말하자면 《논어》는 왜 군자는 큰길을 잡아 사람의 길을 걸어가야 하는가를 밝혀 주고 있는 셈이다.

《논어》에 밝혀져 있는 큰길은 곧고 넓고 훤하게 나 있어서 숨을 곳도 없고 감출 곳도 없다. 그 길을 걸으면 당당하고 의젓해진다. 우리는 얼마나 부끄러운 땟국을 짊어지고 있는가. 오죽하면 털어서 먼지 안 날 사람이 어디 있느냐고 할까. 그러나 공자의 큰길은 털 먼지가 있으면 말끔히 털고 사는 것이 바로 사람의 살길임을 《논어》에 남겨 놓고 있다. 그래서 《논어》가 밝히는 큰길을 걷는 사람들과 만나 동행을 하면 사랑하는 길을 밟고 올바른 길을 밟아 사람들이 모두 밝게 웃을 수 있다.

눈살을 찌푸리고 코를 벌렁거리고 입술을 실룩거리며 꽁하게 하루하루를 살 것은 없다. 서로 등지고 살 것이 뭐 있단 말인가. 너도나도 서로 벗이 되어 삶의 길을 걸어가면 되지 않느냐고 《논어》는 타일러 준다. 그리고 사람이라면 누구나 욕심이 있게 마련이므로, 다만 그 욕심을 지나치게 부리면 탈이 나지만 알맞게 부리면 세상이 윤택해진다고 다짐해 준다.

인간의 욕망을 알맞게 다스리라는 성인의 말씀을 듣는 경우는 별로 없다. 성인의 입에서는 한결같이 인간의 욕망을 끊어 버리라고 엄하게 호령하기 때문이다. 그러나 공자는 그렇게 하지 않고 알맞게 다스리라고 충고한다. 그러한 충고들이 《논어》의 곳곳에 있다. 그래서 《논어》를 읽으면 분수에 맞는 욕망을 꿈으로 간직하고 사는 것이 잘사는 것이라고 해서 마음이 놓인다. 왜냐하면 인간에게 제일 듣기 어렵고 무서운 말씀이 욕망을 버리거나 끊으라는 주문이기 때문이다.

인간의 욕망이 남을 이롭게 하면 선이 되지만 남을 해롭게 하면 악이 된다. 공자는 이를 믿었다. 이것은 공자가 사람을 먼저 믿고 사람의 길을 터놓았다는 것으로 보아도 된다. 불완전한 인간이므로 신에게 맡기거나 인간의 탈을 완전히 벗어 버리는 해탈로 인간을 닦는 것이 아니라, 인간의 마음속에 있는 것을 닦아서 인간이 되게 하는 길을 공자는 터놓았다. 그래서 공자는 어느 성인이나 성자보다도 인간을 믿고 사랑하며 용서한다.

《논어》를 보면 공자는 우리의 어머니 같기도 하고 우리의 할아버지 같기도 하다. 인간을 품안의 자식으로 여기고 귀여운 손자를 대하듯이 인간의 모습을 숨김없이 말해 사람이 되게 한다. 그 말씀을 듣고 삶의 길을 걷기 위해 《논어》를 읽으면 된다.

2. 《논어》를 어떻게 읽을 것인가

《논어》는 신앙의 교리를 말하는 경전이 아니다. 사람이 사람으로서 살아가는 실생활의 경전이다. 본래 경전이란 거울과 같아서 어느 하나라도 감추거나 숨기지 않고 비추어 준다. 그 비추어 주는 것을 유심히 보고 듣고 곰곰이 생각하고 간직하는 마음으로 읽으면 된다. 특히 《논어》를 읽을 때는 공자의 말씀을 바로 들으려고 하는 것이 좋다. 경전이란 거울 같아서 이 사람 저 사람들이 닦아 두기를 좋아한다. 그러나 잘하자고 닦은 짓이 도리어 시대가 주는 때를 묻혀 놓기가 쉽다. 본래 성인의 말씀은 시간의 구속을 받지 않으나 성인이 아니면 아무리 천재의 생각이라 할지라도 시간의 구속을 받는다. 그래서 경전의 말을 바로 들어야지 누구의 생각을 통해서 들어야 할 것은 아니다. 말하자면 주자(朱子)를 통해서 공자를 만나기보다는 《논어》의 말씀으로 공자를 직접 뵙는 것이 좋다.

조선시대를 '유가(儒家)의 시대'라고 말한다. 그렇다고 공자의 시대라고 말할 수는 없다. 공자를 알고 모시기는 했지만 공자의 말씀을 제대로 실천한 시대는 아닌 까닭이다. 삼강오륜이 엄격히 지켜졌고 유교를 시대의 이데올로기로 확립했던 조선이지만 예(禮)에 너무 지나치게 얽매여서 서로 뿔뿔이 흩어져 바람 앞에 콩가루처럼 날리는 나라꼴이 되어 오히려 공자를 슬프게 한 시대로 보아도 된다.

《논어》에 이렇게 말씀되어 있다. '예가 지나치면 서로 달라진다〔禮勝則異〕'. 왜 조선시대 유자(儒者)들이 이러한 공자의 말씀을 어겼을까? 생각하면 안타까울 뿐이다. 이 말씀을 어기지 않았더라면 양반과 상것으로 갈라져 나라의 힘을 쪼개지는 않았을 것이고 천하고 흉하게 망하지도 않았을 것이다. 서계(西溪) 박세당(朴世堂)은 이를 미리 알았던지 조선은 주자로 망한다는 바른 말을 남겼다. 서계는 바른 말을 해서 함경도에서 귀양살이를 했다.

　체제로 보면 조선은 주자의 시대였지만 《논어》의 말씀은 뒤로 물린 채 성리학이란 것을 놓고 사람의 마음이 이러네 저러네 하면서 관념을 놓고 싸움질만 했던 시대라고 욕을 하고 흉을 보아도 된다. 해방이 됐을 때 조선의 왕가는 할 말이 없었고 조선으로 돌아가자는 구호를 외치는 충신도 없었다. 조선왕조가 공자의 말씀을 제대로 듣고 세상을 다스렸더라면 해방이 됐을 때 백성들은 조선을 생각했을 것이다. 그러나 지긋지긋했던 조선으로 회귀할 생각을 지닌 백성은 거의 없었다. 그래서 유교는 낡았고 몹쓸 것이란 생각이 팽배해져 《논어》마저 옛것인 양 팽개치는 꼴이 되고 말았다.

　주자는 잊어버려도 된다. 그러나 공자를 잊어서는 안 된다. 왜냐하면 어느 성인보다도 사람을 중심으로 말씀하고 있기 때문이다. 공자의 말씀은 왕조를 위한 어용 철학이 아니라 인간의 삶을 위한 생활 철학인 까닭이다.

　우리는 지금 과학에 바탕을 둔 생활을 하면 된다고 믿는다. 그러나 이것은 착각이다. 과학은 사람을 편리하게 할 수는 있어도 사람을 사람되게 하지는 못한다. 그렇다고 사람을 잔인하게 하고 거칠게 하고 음흉하게 하고 방탕하게 하는 것이 물질이라고 욕할 것도 없다. 물질이 없으면 어느 목숨이나 살길이 없다. 다만 인간이 물질의 종놈처럼 타락해서 문제일 뿐이다. 과학은 물질로써 사람을 들들 볶지만 풀어 주지는 못한다. 물질로 꽁꽁 묶여 있는 인간을 어떻게 풀어야 하는가? 장자는 묶인 끈을 자르라고 하지만 공자는 묶인 매듭을 풀라고 한다. 그러한 공자의 말씀을 그대로 들으려면《논어》를 읽으면 된다.

성인이 터놓은 삶의 길을 제 발로 걸어갈수록 삶의 걸음걸음은 제대로 되고 삶의 두 다리에 힘이 붙는다. 공자께서는 한 다리를 인(仁)으로, 또 한 다리를 의(義)로 튼튼히 하라고 당부한다. 남의 다리에 붙은 인을 빌리거나 남의 다리에 붙은 의를 빌리면 제 다리를 두고 남의 지팡이로 걷는 것이 되어 버린다. 공자는 인의를 스스로 닦으라고 했다. 이제 삶은 한 인간의 책임으로 꾸려진다. 신분이란 운명에 저당 잡힌 것도 아니고 자신의 삶을 남의 것에 위탁하지도 않는다. 인생이라는 세계에서 이제는 누구나 제 몫을 다해야 한다. 공자가 터놓은 길을 자기 나름의 걸음으로 걸어간다면 인생이라는 험난한 길을 걷는 데 튼튼하고 당당해질 것이다.

노장이 터놓은 길가에는 산과 물, 그리고 바람과 하늘이 있고 만물이 사람 아닌 것으로 있게 마련이다. 그래서 노장(老莊)의 길은 홀로 외롭게 걸어야 한다. 그러나 공맹이 터놓은 길가에는 인간들이 사는 사회의 모든 것들이 있다. 특히 가족과 가정이 중심을 이루는 마을이 있다. 그 길은 홀로 걷는 것이 아니라 함께 걸어가야 한다. 그리고 만나는 사람들을 피하는 것이 아니라 벗으로 사귀면서 제 발로 걸어가야 한다. 이렇게《논어》를 읽는 것이 좋다.

3. 《논어》는 확 트인 사람이 되라 한다

군자는 낡은 인간상이니 이제는 엘리트라고 해야 새로운 인간형일까? 아니다. 양반과 상것의 차별이 추상같이 엄격했을 때 율곡은 첩의 소생이나 상것에게도 나라를 위해 봉사하는 기회를 주고 양반이 되는 기회를 주자고 했다. 그러자 공맹을 앞세웠던 무리들이 벌떼처럼 일어나 반대를 했다. 이 문제를 놓고 보면 율곡은 트인 사람이었고 반대했던 무리들은 꽉 막힌 사람들이었다. 그때 공자께서 있었더라면 율곡을 군자다운 선비〔君子儒〕라고 했을 것이고 반대했던 무리들을 소인배의 선비〔小人儒〕라고 했을 것이다. 조선이 왜 망했던가? 양반과 상놈을 잔인한 신분 사회의 구조 탓에 망했던 것이 아닌가. 율곡은 분명 선조 임금 시대에 보기 드문 선각자였던 셈이다.

선각자는 앞을 내다보고 미리 갈 길을 정하는 사람이다. 선각자나 선구자에게는 한 시대를 다음 시대로 무난히 연속시키는 앞을 보는 눈이 있다. 군자는 그러한 눈을 간직한 사람이다. 그러므로 군자는 낡은 인간상이 아니다. 그는 항상 새로운 인간이고 삶을 위해 사랑함을 실천하고 그 사랑함을 위해 올바름을 실천하는 인간이다. 그리고 군자는 삶의 문제를 두루두루 아는 사람이며 그 앎을 알맞게 생활로 이어가는 사람이다.

군자를 초인(超人)처럼 여길 것은 없다. 싸움은 말리고 흥정은 붙이라는 속담이 있다. 군자는 삶에 대해 근본적으로 그러한 생각과 행동을 간직한다. 다만 인의를 기준으로 삼아 그렇게 할 뿐이다. 불인이나 불의일 때는 그렇게 하지 않는다. 미움〔不仁〕이 있으면 사랑함〔仁〕을 위해 싸움을 걸고 그름[不義]이 있으면 옳음[義]을 위해 싸움을 걸 줄 안다. 그러나 서로 적이 되기 위해 싸움을 거는 것이 아니라 서로 벗이 되기 위해 싸움을 건다. 그러므로 군자는 서로 어울릴 줄은 알아도 서로 배척할 줄은 모른다. 이 얼마나 막힘 없이 확 트인 인간인가.

꽉 막힌 사람을 꽁생원이라고 흉본다. 제 생각만 앞세우고 남의 속은 거들떠보지도 않는 치를 옹고집이라고 한다. 남의 허벅지를 긁적거리며 시원하다고 하는 사람을 넋 나간 푼수라고 한다. 꽁생원이든, 옹고집이든 푼수든 다같이 하나의 공통점을 지니고 있다. 그들은 부끄러워할 줄 모른다. 눈이 감기고 귀가 막혀서 제 속만 천하의 것으로 알고, 저만을 위해 담을 높이 쌓아 놓고 있기 때문에 물정을 몰라 부끄러워할 줄 모른다.

그러나 트인 사람은 잘잘못을 안다. 나아가 크게 트인 사람은 잘한 것은 숨기고 잘못한 짓은 드러내어 용서를 구하고 잘되게 고친다. 이런 몸과 마음을 가지도록 공자는 자신을 이겨내라[克己]고 한다. 분명 공자는 확 트인 사람을 환영한다. 그렇게 트인 사람을 누가 멀리하고 싫어할 것인가.

《논어》에는 확 트인 사람이 되는 비결이 있다. 비결이란 감추어져 있게 마련이지만 《논어》의 비결은 선명하게 드러나 있다. 성인의 말씀을 들으면 경쟁 사회에서 손해만 본다고 지레 피할 것은 전혀 없다. 왜냐하면 공자는 올바름[義]과 이로움[利]을 분별하게 하지만 생활 속의 이로움을 노장이나 여래처럼 부정하지는 않기 때문이다. 이로움이 올바르면 좋다. 이것이 공자의 충고인 것이다. 땀 흘려 얻은 이익은 자랑스럽고 훔쳐 얻은 이익은 부끄럽다. 공자는 이러한 태도를 지닌 성인이다. 이 얼마나 인간스런 성인인가. 투기나 복권이나 도둑질로 얻는 이익은 의롭지 못하지만 열심히 일해서 얻은 이익은 자랑스럽다고 말하는 공자는 결코 우리에게 맹물 속에서 살아야 한다고 말하지 않는다.

감출 것 없이 살아라. 숨김없이 열심히 살아라. 사람을 해치지 말고 도우며 살아라. 사람을 속이지 말고 믿어라. 미워하지 말고 사랑하고 용서하며 살아라. 이렇게 사람이라면 '저 스스로를 닦아 보라〔修己〕' 고 공자는 우리에게 당부한다. 결코 겁을 주거나 조건을 붙여서 명령하지 않는다. 그래서 《논어》에는 계율 같은 것이 없다. 다만 함께 더불어 살아가야 하는 인간들의 덕목들이 중용(中庸)이라는 저울대로 있을 뿐이다.

확 트인 사람은 삶의 덕목을 저울처럼 삼는다. 꽉 막힌 사람은 저울질을 의심하지만 확 트인 사람은 저울질을 믿는다. 자신의 것을 먼저 단 다음 남의 것을 더 나가게 다는 마음을 간직하고 있기 때문이다. 콩 한 쪽을 둘이 나누어 먹을 때 큰 쪽을 남에게 먼저 권하는 마음가짐으로 세상을 본다. 이익을 덜어서 올바름을 사는 것이다. 상대편의 올바름을 사 놓으면 세상이 그만큼 더 이로워진다. 《논어》는 이처럼 트인 사람을 군자라고 한다.

4. 《논어》는 우리를 크게 한다

《논어》를 읽고 옛날 사람을 만난다고 그 옛날로 돌아갈 것은 없다. 공자는 사람들을 당신이 살았던 시대로 돌아오라고 하지 않는다. 공자는 시간과 공간을 넘어 사람이 되라고 사랑함〔仁〕에 대해 말을 하고 올바름〔義〕에 대해 말을 한다. 《논어》를 공자 그 자체로 보면 오늘 지금 살아 있는 공자를 삶의 선생으로 만날 수 있다. 거기에는 옛날의 말씀이 있는 것이 아니라 오늘 우리의 삶에 관한 말씀들이 있다. 그러한 말씀들은 공자께서 직접 들려주기도 하고 선생의 제자들을 예로 들어서 말해 주기도 한다. 그래서 《논어》를 읽으면 우리가 공자나 그 제자들을 찾아가는 것이 아니라 그분들이 우리를 찾아온다. 성인으로서나 선생으로서나 공자는 항상 현대인이다.

옛것을 살펴서 새것을 알라〔溫故而知新〕. 공자께서는 이렇게 말했지 옛것을 기준으로 삼아 새것을 따르게 하라고 말한 적이 없다. 이 말씀은 옛날에 잘했던 일이면 거울로 삼아 더욱더 잘하고 옛날에 잘못했던 일이면 살펴서 두 번 잘못을 범하지 말라는 말씀으로 들어야 한다. 그러므로 옛일을 들어서 지금을 얽어매려고 하는 사람은 공자를 서글프게 한다. 오로지 공자는 사람 구실을 언제 어디서든 제대로만 하라는 말씀을 하고 있을 뿐이다.

《논어》는 사람을 크게 한다. 속이 좁은 사람이 공자를 만나면 속이 넓어질 수밖에 없다. 나를 중심으로 세상을 보지 말고 세상을 중심으로 나를 보라고 타일러 주는 까닭이다. 앉을 자리를 보고 발을 뻗는 사람은 자리가 좁으면 발을 웅크릴 줄 알고 자리가 넓으면 발을 뻗을 줄 안다. 그래서 분수를 나름대로 지킬 줄 안다. 큰 사람이란 남의 탓을 하여 자신을 작게 만들지 않는다. 이처럼 《논어》는 세상을 제대로 보게 하고 사람을 제대로 만나게 한다.

《논어》를 읽게 되면 주로 두 가지를 가르쳐 준다. 하나는 세상을 제대로 만나라는 것이고, 다른 하나는 사람을 제대로 사귀라는 것이다. 어떻게 하는 것이 제대로 하는 것일까? 《논어》는 먼저 요구하지 말고 먼저 도와주라고 한다. 어떻게 도우라는 말인가? 사랑을 베풀고 옳게 하면 된다. 이를 덕의 실천이라고 《논어》는 말해 주고 있다. 그래서 공자는 남이 알아주지 않아도 군자는 서운해하지 말라고 당부한다. 왜냐하면 무엇을 바라고 인의를 팔면 덕이 되지 않기 때문이다. 물론 무작정 그렇게 하라는 것은 아니다. 덕을 베풀되 즐거운 마음으로 하고 분별해서 하라는 것이다.

덕을 베푸는 즐거운 마음을 악(樂)이라고 하고 덕을 베푸는 분별을 예(禮)라고 한다. 공자의 말씀을 듣다 보면 모든 사람에게 이로운 것이 곧 덕임을 알게 된다. 그래서 올바름[義]이란 이해(利害) 관계에서 비롯됨을 알 수가 있다. 의가 이를 부정하는 것은 아니다. 나만 이익을 취하고 너를 손해보게 하면 그것이 곧 부덕인 것이다. 반대로 너만 이익이 되고 나는 손해를 보게 되어도 부덕이다. 두 경우가 다 덕을 해칠 우려가 있기 때문이다. 우리 모두를 이롭게 할 때 덕은 커진다. 이러한 덕을 베푸는 것을 공자는 사랑함이라 했다. 그래서 공자는 가슴에 사랑함[仁]이 없다면 예악이 무슨 소용이 있느냐고 반문한다.

이렇게 하면 사람의 겉과 속이 한결같아 사람과 세상 사이가 소란스럽지 않게 된다. 큰 사람은 확 트여서 얽매이지 않으면서도 난잡하지 않다. 그러므로 큰 사람은 사랑을 베풀어도 예악으로 할 줄 안다. 《논어》를 읽으면 생각이 지나쳐도 안 되고 행위가 지나쳐도 안 되는 사정을 알게 된다. 악(樂)이 지나치면 방탕하고 예가 지나치면 서로 멀어진다고 공자는 걱정한다. 그러므로 큰 사람은 덕을 베풀되 넘치지 않고 처지지 않는다.

《논어》가 바라는 큰 사람은 무엇이든 나를 위해서만 있는 것도 아니며 너를 위해서만 있는 것도 아님을 안다. 우리가 신처럼 믿는 돈도 소인배의 손에 들어가면 부덕이 되기 쉽지만 큰 사람의 손에 들어가면 덕이 된다. 술집에서는 팁으로 수십만 원을 뿌리면서도 고아원에 성금을 하라면 단돈 천 원도 아까워하는 치의 손에 들린 돈은 더럽고 추하고 방탕한 돈이다. 그래서 공자가 오늘날의 졸부들을 만난다면 폭군이 궁궐에만 있는 것이 아니라 이제는 온갖 곳에 다 있다고 탄식할 것이다.

그러나 《논어》는 작고 좁았던 사람도 크고 넓은 사람이 되게 한다. 제 자신만 알았던 마음이 우리 사이를 알게 되도록 공자의 말씀들이 길을 터주는 까닭이다. 그래서 닫혀 있는 사람에서 열려 있는 사람으로 스스로 변화하게 된다.

5. 사랑함[仁]과 올바름[義]의 길

나를 다스려 사람을 편하게 한다[修己安人]. 이렇게 하기 위하여 나를 이겨서 예로 돌아간다[克己復禮]. 다시 나를 닦아서 사람을 다스린다[修己治人]. 이러한 공자의 말씀들은 사랑함과 올바름을 생각하고 실천하는 길을 걸어가는 걸음걸이를 말해 주는 것으로 이해하면 된다. 이것은 노자의 말씀과도 통한다. 노자는 이를 다음처럼 말해 두었다.

살려고 하면 죽을 것이요, 죽으려고 하면 살 것이다. 이는 나를 살리려고만 하면 내가 나를 죽일 것이고 내가 나를 죽이면 나는 살아날 것이라는 말이다. 결국 노공(老孔)은 나만을 위하면 나를 해칠 것이요, 나를 물리면 나는 앞자리로 온다는 같은 생각을 하고 있는 것이 아닌가. 그러니 노자와 공자를 흑백으로 가를 것은 없다. 가는 길목이 다를 뿐 닿는 곳은 다 행복한 삶에 있다.

나를 닦는 것[修己]이 나를 다스리는 것이라면 나를 이겨내는 것[克己] 또한 나를 다스림이다. 그러므로 남을 다스리는 것[治人]만을 다스린다고 여길 것은 없다. 여기서 다스린다는 말을 새길 필요가 있다. 그것은 법에 의한 다스림도 아니며 힘에 의한 다스림도 아니기 때문이다. 공자께서 말하는 다스림이란 아버지와 아들 사이의 관계를 생각하면 된다. 아버지가 어린 아들을 업어 주면 아들은 어른이 되어 늙은 아버지를 업어 준다고 여겨도 된다. 위는 아래를 아끼고 아래는 위를 섬기는 것으로 보아도 된다. 그러므로 공자가 말하는 다스림이란 사랑함을 서로 주고받는 생각과 행위를 말한다. 그러한 사랑함의 생각을 공자는 인(仁)이라 했고 그 인의 실천을 의(義)라고 밝힌 것으로 살피면 된다. 사람을 사랑하라[愛人]. 이것이 인이다. 그 인을 참으로 실천하라. 이것이 의이다.

공자께서 밝히는 애인(愛人)은 연인만을 말하는 것이 아니다. 어느 누가 연인을 사랑할 줄 모르랴. 그러나 남녀가 서로 눈이 맞아 나누는 사랑이란 아주 작은 사랑에 불과하다. 공자가 말하는 인은 한없이 큰 사랑이다. 그 큰사랑은 바로 나로부터 시작된다. 그러므로 수기(修己)란 바로 나를 사랑하라는 말이 되기도 하다. 즉 나를 부끄럽지 않고 소중한 존재가 되게 하기 위해 나를 사랑하라 함이다. 그 다음 내 피붙이를 사랑하라. 그리고 내 이웃을 사랑하라. 그리고 민족을 사랑하라. 그런 다음 인류를 사랑하라. 이러한 단계가 인이 갖는 확대의 길이다. 이것이 곧 《대학(大學)》에 있는 '수신제가치국평천하(修身齊家治國平天下)'이다.

《논어》는 위와 같은 인의 길을 사람들을 통해 구체적으로 말하고 사람들의 행동하는 모습들을 통하여 보여준다. 이러한 인의 길을 하나의 이상에 불과하다고 비웃을 것은 없다. 왜냐하면 사람이라면 누구나 '치국평천하'는 못하더라도 '수신제가'는 해야 하기 때문이다. 나를 제대로 다스리지 못하고 제 집안 하나 제대로 다스리지 못한다면 솔직히 말해 그런 자는 밖에 나가서 무슨 일을 하자고 말할 수가 없다고 공자는 분명히 목을 박는다. 이 얼마나 엄한 말씀인가. 남을 다스리려고 욕심을 내지 마라. 먼저 나를 다스려라. 이것이 인의 근본이며 의의 출발이다.

인이란 사랑함이다. 내가 나를 사랑하는 것이 아니라 남을 사랑하는 것이다. 남을 사랑하면 곧 그 남도 나를 사랑한다는 확신을 인은 우리로 하여금 간직하게 한다. 이러한 확신을 행동으로 실천해야 한다. 이러한 인이므로 나는 나 자신을 닦아야 한다. 어떻게 닦아야 할까? 남에게 사랑함을 요구하지 말고 내가 먼저 남을 사랑하라. 그래서 공자는 남이 몰라주어도 서운해하지 말라고 한다.

  의라는 것은 올바름이다. 남보다 내가 먼저 옳아야 한다. 나는 항상 선을 향하여 열렬하고 악에 대해서는 엄격해야 한다. 선의 욕망을 충만시키고 악의 욕망을 억제하고 절제하면서 나를 먼저 진실하게 닦아야 한다. 그래서 공자는 나부터 먼저 의리(義利)를 분별하라고 한다. 의를 욕심내고 이를 욕심내지 마라고 당부한다. 이렇게 하려면 분명 나는 나를 이겨내야 한다. 왜냐하면 인간은 욕망의 동물이기 때문이다.

  《논어》에는 사랑함을 위하여 자신을 닦는 것〔修己〕을 실천하고 올바름을 위하여 자신을 이겨내는 것〔克己〕을 동시적으로 실천하는 사람들이 있다. 《논어》를 읽어야 하는 이유는 이러한 사람들과 사귈 수 있는 까닭이다. 《논어》에는 관념의 철학이란 없다. 오직 사람이 사람으로서 사는 근본이 있을 뿐이다. 변하지도 않고 변할 수도 없는 삶의 근본인 사랑함과 올바름이 있다.

6. 학문(學文)을 좋아하라

《논어》를 읽게 되면 공자가 조금도 거리낌없이 자신을 스스로 뽐내는 경우를 만나고 놀라게 되는 경우가 있다. 배우기를 좋아하는 〔好學〕 공자께서는 문제에 있어서는 거침없이 자기를 자랑한다. 이것은 그냥 뽐내는 것이 아니라 모든 사람들에게 자기는 하지 않으면서 남에게만 하라고 할 것은 없다는 깊은 뜻이 담겨 있는 셈이다.

'작은 마을일지라도 거기에는 마음속이 성실하고〔忠〕 서로를 믿고 의심하지 않는〔信〕 나〔공자〕와 같은 사람이 있을 수 있다. 그러나 그러한 사람이 있다 치더라도 나만큼 배우기를 좋아하지는 못할 것이다 (十室之邑 必有忠信 如丘者焉 不如丘之好學也).' 〈공야장(公冶長)〉 편에서 공자께서는 이렇게 자신만만하게 자신을 과시한다.

공자께서 배우기를 좋아한다고 말할 때 무엇을 배운다는 말일까? 이러한 물음에 대한 해답은 노 나라 임금이었던 애공(哀公)과 공자 사이에 오고간 말씀에 나타난다. 누가 배우기를 좋아하느냐고 애공이 묻자 안회(顔回)라는 제자가 배우기를 좋아했다고 공자께서 대답한다. 그리고 안회는 분노를 옮기지 않았고 잘못을 두 번 되풀이하지 않았던 사람인데 그만 일찍 죽고 지금은 없다고 밝히고 그 뒤로 학문을 좋아하는 사람이 누구인지 들은 바 없다고 공자는 응대한다.

공자께서 말하는 호학(好學)의 학은 학문(學問)의 준말이 아니라 학문(學文)의 준말로 생각하는 것이 좋다. 학문(學問)은 지식을 향해 공부하는 것이지만 학문(學文)은 삶의 근본을 밝히고 그 근본을 실천하는 방법을 익히려고 배우는 것이다. 어떤 지식을 쌓기 위해 배우기를 좋아하라 한 것이 아니라 사람의 됨됨이를 완전하게 갖추기 위해 사람이 사람으로서 되는 법을 배우라고 공자는 거침없이 요구한다.

학문의 문(文)은 삶의 길인 도(道)를 트는 것이다. 공자가 튼 길을 우리는 인도(人道)라고 한다. 말하자면 사람이 사람으로서 걸어가야 하는 길을 말한다. 물론 문은 넓은 의미로 본다면 질(質)을 분별하려고 한다. 질이란 자연을 말한다. 그래서 문을 문화라고 말하는 것이다. 문(文)은 음양을 나타내는 예(乂)와 그 둘을 합치는 태극을 나타내는 두(亠)를 합친 것이지만 공자가 주장하는 학문(學文)의 문은 사람이 사람으로서 사는 길을 말한다. 그러므로 공자는 사람이 사람으로 되기 위해서는 스스로를 완성하라고 강조한 선생인 셈이다.

호학하라. 자기의 인간됨을 완성하기 위해 배우기를 싫어하지 말고〔學不厭〕 그렇게 하지 못함을 깨우치는 데 게을리하지 마라〔誨不倦〕. 이러한 공자의 학문 정신(學文精神)을 우리는 너무나 등한시한다. 아마도 우리만 그렇게 하는 것이 아니라 공자 당신이 살았던 때도 역시 사람들이 지금 우리들처럼 사람의 길을 걷기를 싫어했던 모양이다. 그래서 공자께서는 사람의 길을 걷기를 게을리하지 말 것이며 싫어하지 말라는 뜻으로 호학을 강조한 것일 게다. 그 길을 걷는 것을 덕행이라고 한다. 왜 공자는 안회의 죽음을 슬퍼하고 안타까워했던가? 요절했던 바로 그 제자가 덕행의 화신이었기 때문이다.

사람들은 왜 공자가 바랐던 덕의 세상〔文治敎化〕보다 힘의 세상〔武力情欲〕을 더 추구하고 매진하는가? 공자께서는 이를 가장 슬퍼하였고 두려워했다. 그래서 인간이여, 사람의 길을 걸어가라고 외친 것이다. 그러한 절규가 곧 '호학하라.'이다.

호학하라. 이는 무엇보다도 사람이 되는 법을 배우라는 말이다. 그러나 인간은 항상 그러한 배움의 길에서 어긋난 지름길을 좋아한다.

군자는 큰길로 가지 샛길로는 가지 않는다고 한다. 여기서 큰길이란 큰사람의 길이며 샛길이란 소인의 길인 셈이다. 큰사람은 덕을 실천하고 작은 사람은 욕(欲)을 탐한다. 공자께서는 우리에게 큰사람이 되라고 한다.

그러나 한사코 인간들은 작은 사람이 되려고 발버둥친다. 이를 공자는 괴로워한다. 이러한 공자의 모습을 《논어》에서 보게 되면 누구나 생각을 좀 달리하게 되는 순간을 만나게 된다. 또한 그 순간 부끄러운 나를 만나고 뉘우치는 나를 만나 작았던 내 자신이 조금씩 커지는 기쁨과 즐거움을 만나게 된다.

학문(學文)을 멀리하고 학문(學問)에 매달리면서 인간은 지혜의 동물보다는 지식의 동물이 되었고, 지식의 동물이 되면서 나를 중심으로 삶의 축을 이루고 너와 경쟁을 치르는 살벌한 세상을 엮어 가고 있는 중이다. 이것이 바로 현대 문명의 현실이다. 이러한 현실을 누가 극복해야 하는가? 현대의 첨단 과학이 할 것인가, 아니면 인간 당사자가 해야 할 것인가? 이를 위해 호학하라.

제1장
〈학이(學而)〉편

1. 〈학이(學而)〉편의 체험

(1) 나를 배우는 일

《논어》의 〈학이(學而)〉편은 배우고 배워 익히라는 말씀으로 첫머리를 연다. 사람은 나무처럼 살 수도 없고 짐승처럼 살 수도 없다. 이 땅위에서 오직 사람만이 삶을 주어진 대로 살지 않으려는 뜻을 지닌 존재이다. 만일 사람에게 그러한 뜻이 없다면 배우고 익히는 짓을 하지 않아도 될 것이다.

그러나 사람은 다람쥐 쳇바퀴 돌듯이 그렇게 살 수 없는 존재로서의 운명을 타고났다. 주어진 대로만 산다면 잘살고 못사는 문제는 일어나지 않을 게고 삶의 변화도 일어나지 않을 것이다. 하지만 사람은 보다 잘살아야 한다는 뜻을 버린 적이 없다. 아무리 삶의 역사가 참담했을지라도 인간은 자신의 삶이 보다 바람직하게 변화되어야 한다는 뜻을 포기하지 않았다. 사람이 지닌 이러한 삶의 뜻 때문에 사람은 배워야 한다.

배움으로 얻어진 것을 앎이라고 한다. 하나에 하나를 보태면 둘이라는 것을 아는 것은 셈을 배운 결과이다. 그 결과는 둘이라는 앎이기도 하다. 소나무는 사계절 잎을 달고 있지만 느티나무는 겨울이 오면 잎을 떨어 버린다는 것을 사람이 아는 것 역시 사물을 만나 배운 결과이다. 물은 불을 끄고 불은 물을 끓인다는 것을 안다. 이 또한 배운 결과이다. 이처럼 배운다는 것은 무엇인가를 알게 된다는 것을 약속한다. 그러나 공자께서 권하는 배우고 익히면 기쁘다는 말씀은 이러한 배움과는 다르다. 사물을 배우기에 앞서 사람을 배우라는 말씀으로 들어야 하는 까닭이다.

사람이 제대로 살기 위해서는 사람을 알아야 한다. 나는 너를 알고 너는 나를 알아야 삶이라는 길이 열린다. 왜냐하면 사람은 홀로 살면서도 무리를 떠나서는 살 수 없는 존재이기 때문이다. 나만 살고 너는 죽어도 된다고 한다면 그렇게 생각하는 나는 오히려 살 길이 막히고 만다. 운명적으로 사람은 서로 어울려 살아야 한다. 공자께서 말하는 배움은 이러한 사실을 불변의 진실로 인정하라고 한다.

사람이 서로 다투며 사는 것이 행복한가, 아니면 서로 도와 밀어 주고 끌어 주면서 사는 것이 행복한가? 이러한 물음은 묻지 않아도 분명하다. 누구나 행복한 삶을 바라면서도 그렇게 되지 않는 이유는 어디에 있을까? 그것은 남의 탓이 아니라 바로 내 탓이라는 것을 인식한다면 배우고 익힌다는 출발점이 바로 나를 배우고 나를 익히라는 말로 들리게 된다. 그러므로 〈학이〉편의 첫머리를 여는 '배우고 때때로 익힌다〔學而時習〕'는 말씀은 '나를 닦는다〔修己〕'라는 말과 통한다.

서양의 소크라테스는 '너 자신을 알라'고 간청했다. 동양의 공자는 '나를 닦으라'고 간청했다. 지구를 한 공간으로 칠 때 같은 시대에 같은 맥락의 말씀을 하고 있으니 묘한 일이다. 물론 공자가 소크라테스보다 82년 앞서 태어났다지만 시간적으로 보면 동시대이다. 공간적으로 보면 너무나 멀리 떨어진 곳이고 역사와 문화가 서로 동떨어진 상태에서도 같은 목소리가 울렸다는 것은 인간과 그 삶에 관계된 진실이란 본질적으로 다를 바 없다는 것을 말해 주는 것이니 감동스러울 뿐이다. 여기서 우리는 사람이 제대로 사는 법을 배우려면 나 자신을 내가 배우고 익히는 일부터 시작된다는 것이 어김없는 사실이고 불변의 진실임을 확인하게 된다.

〈대학(大學)〉에 보면 사람이 배우는 일을 어떻게 전개할 것인가를 밝혀 준다. '나를 닦은 다음 집안을 다스린다. 집안을 다스린 다음 나라를 다스린다. 나라를 다스린 다음 천하를 평화롭게 한다[修身齊家治國平天下].' 이것은 배움의 확대이다. 이러한 확대를 가능하게 하고 실천하게 하는 진리의 잣대는 무엇인가? 바로 사랑함[仁]이다. 나를 닦는 것도 사랑함이고 집안을 다스리는 것도 사랑함이요, 나라를 다스리는 것도 사랑함이며 천하를 평화롭게 하는 것 역시 사랑함이다. 그러므로 공자께서 '배우고 때때로 익혀라[學而時習]' 하는 당부는 결국 사랑함을 배우고 실천하라는 말씀인 셈이다.

사랑함을 배우고 익히는 일은 무엇보다 사람이 해야 한다는 것을 사람이 알면서도 실천하지 못하는 사안인 모양이다. 왜냐하면 이 지구 위에서 천하를 태평하게 하면서 행복한 삶을 모든 인류가 누려 본 적이 없기 때문이다. 나는 사랑함을 실천하는 인간인가? 내 자신에게 이렇게 끊임없이 묻도록 공자는 분부한다. 사랑함을 실천하는 인간이 어디에 있을까?

(2) 우리를 사랑하라

'나는 나고 너는 너다'라는 생각보다 '나는 너고 너는 나다'라는 생각을 바탕으로 사람들이 서로 모여 산다면 얼마나 좋을까? 아마도 공자께서는 이러한 깊고 넓은 소망을 안고 인간다움의 근본을 사랑함[仁]에 두었던 것이 분명하다. 가장 훌륭하고 위대한 인물인 군자는 자신의 모든 목표를 '사람을 사랑하는 것[愛人]에 두어야 한다'고 공자는 밝히고 있는 까닭이다. 애인이란 내 자신이 모든 사람을 사랑해야 함을 말한다.

그러한 사랑함의 출발은 무엇일까? 그것은 자녀가 부모를 모시는 것[孝]과 사람과 사람이 서로 아끼는 것[弟]이라는 것이다. 태어나게 한 부모의 은혜를 잊지 않고 감사하는 마음에서 사랑함의 씨앗이 트고 사람은 사람끼리 서로 믿고 의지하며 돕고 사는 것을 잊지 않고 감사하는 마음에서 사랑함의 뿌리가 내린다. 효는 탄생에 대한 자연스러운 예(禮)이며 악(樂)이요, 제(弟)는 인생에 대한 자연스러운 예이며 악이다. 그러므로 공자께서 사람들에게 밝혀 준 사랑함[仁]이란 사람과 사람은 서로 공경해야 하고 서로 화합해야 함을 뜻하는 셈이다. 사람들이 서로 공경하는 것이 바로 예이고 사람과 사람이 서로 화합하는 것이 악인 까닭이다.

겉치레가 아니라 마음에서 우러나오는 공경심 앞에 누가 머리를 숙이지 않을 것인가. 서로 헐뜯고 험담하는 것이 아니라 서로 돕고 오순도순 살아야 한다는 화합을 누가 싫어할 것인가. 아무도 없을 것이다. 그러나 공자의 이러한 말씀과는 아주 다르게 세상이 전개되면서 인간들은 서로를 공경하기보다는 서로를 시샘하고, 서로 화합하기보다는 서로 경계하면서 시위에 올려놓은 화살처럼 긴장을 하며 살아간다. 이러한 삶의 비극은 결국 어디서 비롯되는 것인가? 내가 나만을 사랑하고 남을 사랑하는 것을 잊어버린 탓이며 나와 남이 서로 하나로 묶인 우리가 아닌 서로 이해 집단의 경쟁 대상이란 경계 심리에서 오는 것으로 보아도 된다. 이는 분명 삶의 불행이다. 공자께서는 이러한 불행을 삶의 아픔으로 보았던 셈이다.

삶의 아픔을 극복하기 위해 사람은 사랑함[仁]의 주인이라는 것을 인식하도록 공자께서는 가르치려고 하였다. 힘 하나로 세상을 다스리려는 임금과 그러한 임금을 옆에서 보필하는 신하들에게 갖은 냉대를 받으면서도 공자는 이러한 위업을 포기하지 않았다. 서로 싸울 것이 아니라 서로 의지해야 함을 알고 세상을 다스리기를 공자는 갈망했다. 다스리는 사람들이 백성을 아프게 하면 그 세상은 난세나 다름없다. 권력이 백성을 착취하고 수탈한다면 그 권력은 사랑함을 부정하는 행패에 불과할 뿐이다. 공자는 행패를 일삼는 군왕들을 사랑함을 실천하는 인간으로 개조하려고 평생을 노심초사하며 살았다. 그러나 어느 군왕도 공자의 이러한 소망에 귀를 기울이지 않았다.

오늘날 지도자나 엘리트 가운데 어느 누가 공자의 사랑함(仁)에 관심을 두는가? 오히려 그 사랑함이란 통치 방법이 될 수 없다고 팽개쳐 버릴 뿐이다. 그리고 무수한 법을 만들어 제도를 성벽처럼 강화시키고 권력을 행사할 수 있는 무수한 장치를 만들어 잘 따르면 훈장을 주고 어기면 벌을 준다는 식으로 엄포만 놓을 뿐이다. 그러면서 우리는 자유와 평등의 민주 시민으로 사회에서 살아가야 한다고 말한다.

진정한 자유는 법으로 보장되는 것일까? 공자는 아니라고 말한다. 진정한 자유는 사랑함으로 보장되는 까닭이다. 진정한 평등은 법으로 보장되는 것일까? 이 또한 아니다. 그것 역시 사랑함으로 보장되기 때문이다. 왜 하나의 정권이 들어설 때마다 신흥 특권층이 형성되는가? 권력을 손에 쥔 자가 편애를 하고 특정인에게 특권과 특혜를 주는 데서 그러한 불행이 비롯된다. 편애하는 것은 가장 지독한 불인(不仁)이자 불의(不義)이다.

사랑함을 제대로 실천하면 저절로 의(義)가 된다. 인의(仁義)란 무엇인가? 사랑함과 그 실천일 것이다. 공자께서는 왜 멀리서 벗이 찾아오면 즐겁다고 했을까? 불인과 불의가 마치 정도처럼 판을 치는 전국 시대에 불인을 인으로, 불의를 의로 변화시켜야 한다는 뜻을 간직하고 그 뜻을 실천하려는 벗이 온다면 어느 누가 즐거워하지 않을 것인가. 서양의 니체도 썩어 버린 서구의 문명 앞에 '신은 죽었다'고 포효하면서 사랑하는 방법을 찾아 가르쳐 줄 초인(超人)을 갈구했다. 초인은 누구인가? 사랑을 실천하는 의지의 화신이 아닌가. 그러나 그보다 수천 년 전에 공자는 군자(君子)를 외쳤다. 군자는 누구인가? 사랑을 실천하는 인의 화신이 아닌가. 군자는 곧 우리를 사랑하는 사람이다.

(3) 사랑하는 첫걸음

남녀가 서로 정을 주고받는 것만을 사랑이라고 한다면 딱한 일이다. 사랑한다는 것이 그렇게 좁은 것만은 아닌 까닭이다. 아침의 햇살을 보고 삶의 환희를 느낀다면 그 느낌이 곧 삶의 사랑이며 넘어가는 노을을 보고 죽음을 느낀다면 그 느낌 역시 삶의 사랑이다. 이처럼 인간이 삶을 아끼고 돕는 것만큼 큰사랑은 없다.

삶을 어느 누가 독점할 수는 없다. 나도 살고 너도 살고 우리 모두가 살아야 하는 삶이란 모든 목숨이 나누어 갖는다. 그러나 인간은 저마다 잘살고 못사는 삶을 나름대로 따져 둔다. 부유하게 한평생을 살면 잘사는 것이고 가난하게 한평생을 살면 못산다고 단정해 버리려는 경우가 그래서 생긴다.

부유한 삶은 무엇이고 가난한 삶은 무엇일까? 호주머니 속에 수억 원이 든 통장을 지닌 사람은 잘사는 것이고 손안에 돈 한 푼 없는 사람은 못사는 것일까? 분명 그렇다. 누가 뭐래도 삶을 돈으로 따진다면 돈의 액수로 따져서 잘살고 못살고를 따질 수 있다.

그러나 마음이 부유한 사람이 있고 가난한 사람이 있다. 이러한 마음은 호주머니 사정에 따라 결정되는 것이 아니다. 콩 한 쪽이라도 서로 나누어 먹고 백지장도 둘이 서로 맞들면 가볍다는 생각으로 삶을 바라보면 돈타령으로 잘살고 못살고를 판단하는 것이 전부가 아님을 짐작하게 된다. 서로 아끼고 돕는 마음을 돈이 빼앗아 간 경우 돈을 움켜쥔 사람이 오히려 옹색하고 도둑처럼 보이는 경우가 얼마나 허다한가. 자기만 잘살겠다고 욕심을 부린 사람은 결국 손목에 쇠고랑을 차고 감방에 갇히게 되는 꼴을 자주 보게 된다. 잘살려고 했던 짓이 결국 못사는 꼴이 되어 버린 것은 무엇 때문인가? 이는 마음이 가난했던 탓이다.

공자의 인의는 마음을 부유하게 한다. 무엇인가를 받기만을 바라는 마음은 자꾸만 가난해지고, 무엇인가를 주고 싶어하는 마음은 자꾸만 부유해지는 것이다. 이것이 마음이 지닌 묘한 세계이다.

공자의 인의는 마음을 크게 한다. 마음은 그 속에 담을수록 작아지고 그 속에서 비울수록 커진다. 여래(如來)는 마음을 공(空)하게 하라 하고 노자(老子)는 마음을 허(虛)하게 하라 한다. 여기서 공이나 허란 무엇인가? 결국 나를 버리라는 말로 통한다. 어떤 나를 버리라는 말인가? 욕심을 독점하려고 수작하는 나를 버리라는 말이다. 공자는 마음이 학(學)을 떠나지 말라고 한다. 여기서 학이란 무엇인가? 남을 사랑하는 법을 터득하라는 말이다. 남을 사랑하려면 나보다 남을 앞세워야 한다. 남을 앞세우려면 나는 그 뒤에 서야 한다. 사람은 누구나 나름대로의 욕심을 갖게 마련임을 공자는 솔직하게 시인하고 소중히 여긴다. 여래나 노자는 인간의 욕심을 버리라고 하지만 공자는 남을 위하려는 욕심이라면 버려서는 안 된다고 보았던 셈이다. 자기만을 위하려는 욕심을 버리라고 공자는 당부한다. 제 욕심을 버리면 마음은 커진다.

인의는 큰마음에서 나온다. 내가 남을 사랑하는 것이 인이고 남을 위해 나를 올바르게 하는 것이 의이다. 그래서 인의는 모든 사람을 붕우(朋友)로 변화시킬 수 있는 것이다. 인의를 실천하는 군자에게 어찌 적이 생겨날 것인가. 힘에 의한 법은 사람을 억압으로 묶지만 인의는 사람과 사람을 마음으로 묶어 서로 통하게 한다. 그러므로 인의는 잡 다한 인간사에서 이기는 자가 되려면 지라고 한다. 여기서 지는 것은 남을 용서하고 관용으로 껴안으라는 말과 같다. 이 얼마나 사람을 크 게 하는가.

세상에서 가장 불행한 사람은 부모의 신용을 잃어버린 자일 것이다. 부모가 믿어 주지 않는 자식이 어떻게 세상의 신뢰를 얻을 수 있을 것 인가. 부모를 불안하게 하는 아들딸은 부모의 가슴에 못을 박고 그러 한 아들딸의 가슴팍에는 세상이 큰 못을 박아 주는 법이다. 후레자식 이란 욕이 바로 그러한 형벌이다.

부모를 모시는 마음인 효가 남을 사랑하는 일의 첫발이 되어야 한다 고 공자는 밝힌다. 부모를 모시는 자녀는 그 부모의 눈에 한없이 크게 보인다. 그리고 부모로부터 마음의 신용을 얻게 된다. 그러면 세상의 신뢰를 얻게 된다. 왜냐하면 부모로부터 사랑을 받는 사람은 남을 사 랑할 줄 아는 까닭이다. 불효 자식은 세상의 망나니가 된다. 제 부모 를 사랑할 줄 모르는 놈이 어떻게 남을 사랑할 것인가. 불가능한 일일 것이다. 그러므로 효는 사랑함〔仁〕과 올바름〔義〕을 실천하는 첫걸음인 것이다.

(4) 사랑함의 손길

사람이 사람 대접을 받으려면 먼저 사람이 되어야 한다. 공자께서 배움을 설파하는 이유는 사람이 되는 길을 밟는 법을 스스로 깨우치 게 하기 위함이다. 못된 송아지 엉덩이에 뿔이 난다고 한다. 엇나가고 빗나간 사람은 어디서나 손가락질을 당하게 마련이다. 다른 사람에게서 배척을 당하는 사람은 사람이면서도 사람이 아니라는 것을 스스로 깨우친다면 그보다 더 나은 배움은 없는 것이다.

남을 아껴 주고 도와주면서 격려할 수 있는 마음은 남을 시기하고 해치면서 모함하는 마음을 멀리하게 마련이다. 남이 잘되면 배가 아프고 남이 못되면 미소를 짓는 인간은 인간의 탈만 썼을 뿐 인간이 아니다. 천하에 못난 놈은 사촌이 논을 사면 배가 아프다는 치일 것이다. 어느 세상이나 남을 해치고 자기만 잘되려는 인간은 환영하지 않는다. 그러나 사랑함을 널리 베푸는 사람은 어디서나 그리워한다. 세상 사람들의 마음속에 그리운 임자가 되게 하는 일을 하는 것이 곧 제(弟)이다.

큰 배가 항해를 하다가 조난을 당하면 맨 먼저 어린이와 여자들을 구명정에 태운다. 힘센 장정들은 나중에 내리고 선장은 침몰하는 배의 갑판을 맨 나중에 떠난다. 이러한 행동이 곧 공자가 밝히는 제이다. 남남인 두 사람이 서로 손을 잡고 밀어주고 끌어주면서 일하는 것이 곧 제이다. 그러므로 제는 사람과 사람 사이를 이어 주어 끊어지지 않게 한다. 사람들이 모여 서로 돕고 사는 모든 것의 첫걸음이 제이다. 즉 사람과 사람 사이를 사랑함의 끈으로 묶어 주는 것이 제인 셈이다.

제라는 끈은 소홀함이 없어야 단단할 것이다. 사람과 사람 사이를 단단히 묶어 주는 것을 충(忠)이라고 한다. 직장에서 맺어진 동료는 이해 상관에 따라 친해지기도 하고 멀어지기도 한다. 동료 간의 유대는 마음으로 묶이기보다는 사무적인 일로 묶이기 쉽다. 그래서 일이 잘되면 공다툼이 일어나 동료로서의 묶임이 끊어지기 쉽고 일이 잘못되면 내 탓이냐 네 탓이냐 입씨름이 벌어져 동료의 사이에 골이 패인다. 이러한 일이 자주 일어나는 것은 서로의 사이에 충이 없는 까닭이다. 서로 물고 물리면서 술수를 부리고 꾀를 부리는 것은 세상이 불충(不忠)의 바퀴에 놀아나는 탓이다. 서로 숨길 것이 없다면 무엇을 감추고 숨길 것인가. 충이란 아무것도 감추지 않는 숨김 없는 마음새로 여겨도 된다.

사랑함을 실천하는 충을 옛날처럼 군신의 관계로만 좁힐 것은 없다. 사람과 사람의 관계가 올바름[義]으로 묶여지면 그것이 곧 충인 셈이다. 서로 배반의 가능성을 지니고 사는 세상은 불충의 현실이다. 우리의 현실이 그렇다. 불충의 현실을 공자는 괴로워했다.

제(弟)라는 끈은 믿음이 있어야 단단해진다. 사람과 사람 사이를 단단히 묶어 주는 것을 신(信)이라고도 한다. 사람보다 서약서의 도장을 믿고 나아가 공증인의 공증을 더 믿는 세태가 된 것은 사람과 사람 사이에 믿음이 사라진 까닭이다. 눈 뜨고 코 베이는 세상이라면서 눈을 부라리며 하루하루를 살아간다. 부처의 눈에는 만물이 부처로 보이고 도둑의 눈에는 만 사람이 다 도둑으로 보이는 법이다. 내가 너를 도둑으로 의심하므로 너는 나를 또한 도둑으로 의심한다. 불신 시대는 이래서 만연된다. 우리는 어느 시대에 사는가? 불신의 시대에 살고 있다. 공자는 이를 안타까워했다.

어느 시대나 충신을 갈망한다. 임금의 시대는 임금이 충신을 갈망했지만 민주의 시대는 백성이 충신을 갈망한다. 임금의 충신은 임금을 위해 임금과 백성 사이의 끈을 단단히 묶는 일을 하였다. 그러나 지금의 충신은 백성을 위해 백성의 행복을 단단히 묶어 주는 일을 해야 한다. 그래도 옛날에는 임금 밑에 충신이 있었지만 지금은 백성을 위한 충신이 어느 누구인가? 내가 바로 충신이라고 내놓고 말할 대통령은 누구이며 장관은 누구이며 국회의원은 누구인가? 오늘 공자께서 서울에 오면 이렇게 물을 것이다.

사람이 사람을 서로 아끼고 돕는 일은 사랑함[仁]의 손길이다. 그러한 손길은 허튼짓이나 더러운 짓을 하지 않으므로 올바름[義]의 손길이다. 이러한 손길의 어루만짐이 곧 제인 셈이다. 그러한 손길이 따뜻하고 든든하면 충이고 훈훈하고 탄탄하면 신인 것이다. 이러한 손길을 어느 세상이 바라지 않을 것인가. 민주 사회일수록 백성을 위한 충신을 갈망한다. 백성을 참으로 아끼고[弟] 성실함[忠]과 믿음[信]으로 사랑함[仁]의 올바름[義]을 실천하려는 백성의 충신은 누구인가? 바로 그가 민주 시대의 군자인 것이다.

2. 공자의 어록

(1) 배우고 때때로 익히니 기쁘다

산다는 것은 서로의 관계를 맺게 한다. 사람과 사물의 관계를 떠난 삶은 불가능하다. 그러므로 그러한 관계를 사람은 바람직하게 알아야 한다. 그렇다면 그 관계는 무엇인가? 공자는 그것을 인(仁)이라고 밝힌다.

인(仁)이란 무엇인가? 나는 너를 사랑하고 너는 나를 사랑하는 것이 인이다. 이를 공자는 애인(愛人)이라고 말한다. 사람을 사랑하라. 이 것이 인이다. 그리고 사람을 위해 사랑할 것이지 사물을 위해 사랑하지 마라. 이 또한 인이다. 우리는 사람을 사랑하는 것보다 사물을 사랑하는 길을 걷고 있다. 이러한 길은 결국 사람을 아프게 한다. 사람을 아프게 하는 것은 불인(不仁)이다. 현대의 불인은 무엇일까? 그것은 아마도 인간의 물질화(物質化)일 것이다.

우리는 인간의 관계를 배우려는 쪽보다 물질의 관계를 배우려는 쪽으로만 치닫고 있다. 그래서 우리의 속마음에는 돈을 사랑하지 사람은 사랑하지 않는다는 무기가 감추어져 있다. 이러한 무기가 경쟁 심리의 뇌관에 불을 붙이려고 항상 방아쇠를 잡고 긴장하고 있다. 그래서 현대인은 살벌하고 잔인하다. 이러한 현대인은 분명 불인의 길을 걷고 있는 셈이다.

공자는 인간을 인간의 길로 인도하려고 불멸의 길을 열었다. 그 길이 곧 인이다. 그 길을 어떻게 걸을 것인가? 공자는 사람에게 사람이 되는 것을 배우라 하며 이를 학문(學文)이라고 했다.

사람의 마음을 배우기 위해 시(詩)를 배우라. 사람의 행실을 배우기 위해 예(禮)를 배우라. 사람의 화합을 배우기 위해 악(樂)을 배우라. 천지의 움직임을 배우기 위해 역(易)을 배우고 올바른 다스림을 위해 춘추(春秋)를 배우라. 이러한 당부가 곧 공자의 학문이다. 왜냐하면 문(文)은 시예악역춘추(詩禮樂易春秋)의 집합으로 파악되어야 하기 때문이다. 이는 모두 인의 길을 인간이 스스로 걷도록 하는 배움이다. 이러한 배움을 게을리하지 않을 것을 공자는 항상 역설한다. 공자의 이러한 말씀은 우리의 믿음이 되어야 할 것이다.

배우고 때때로 익히면 기쁘지 않은가〔學而時習之 不亦說乎〕. 공자는 모든 인간을 향해 반문한다. 인간의 기쁨은 마음 씀씀이가 사랑함으로 이어질 때 온다. 그러니 인간이여, 사랑함〔仁〕의 화신(化身)이 되라. 이것이 곧 공자가 연 믿음이다.

(2) 멀리서 벗이 찾아오니 즐겁다

자리가 사람을 만든다고 한다. 지위가 높으면 사람들의 발걸음이 잦아진다. 정승집 개가 죽었다고 문상을 오는 사람들은 정승이란 자리 때문에 친한 척하는 무리들이다. 이들은 정승 자리가 떨어져 나가면 등을 돌리고 눈을 흘길 사람들이다. 그러므로 이들은 자리의 벗이지 사람의 벗은 아니다.

돈이 많으면 사람들이 붙는다. 그들은 돈이 많은 사람의 벗이 되고 싶은 사람들인 까닭이다. 그러나 그들은 돈과 벗하자는 것이지 사람과 벗하자는 것은 아니다. 사장님 앞에서 허리를 굽히는 사람은 달마다 받는 봉급 때문에 그렇게 한다고 여기면 된다. 이는 돈 아래에 사람이 있다고 믿는 까닭이다. 이들은 돈의 벗이지 사람의 벗은 아니다.

명성이 나면 사람들이 모인다. 그래서 사람들은 인기를 얻고 명성을 높이려고 한다. 가는 곳마다 환영을 하고 박수를 치며 팬이라고 아우성친다. 그러나 팬을 벗으로 여길 것은 없다. 그들은 명성의 벗이지 사람의 벗이 아닌 까닭이다. 명성이란 바람처럼 불어왔다가 바람처럼 불어가게 마련이다. 그 바람이 불고 가면 팬이었던 사람들은 흔적도 없이 사라진다.

공자가 말해 주는 벗은 오로지 사람의 벗을 말한다. 서로 사랑함을 마음껏 나누고 그 마음을 받기보다는 주기를 좋아하는 벗이 곧 공자가 밝힌 붕우(朋友)인 것이다. 서로 뜻이 맞는 사람들은 서로 벗[朋]이 되고 그 뜻을 서로 실행하는 것 또한 벗[友]이 된다.

공자가 바라는 뜻은 무엇일까? 사랑함[仁]으로써 온 사람을 편안하게 하자는 뜻이다. 세상을 올바르게 다스리려는 포부가 그 뜻이 되기도 한다. 이를 위해 먼저 나를 닦고[修身] 집안을 잘 이룩하며[齊家] 나라를 바르게 다스리고[治國] 온 세상을 평화롭게 하려는[平天下] 뜻을 세우라는 《대학》의 말씀을 상기하면 된다. 이러한 뜻을 실천하려는 사람을 공자는 군자(君子)라고 밝혔다. 군자는 누구인가? 그는 모든 사람의 벗이다.

벗이 있어 멀리서 찾아오니 즐겁지 않은가[有朋自遠方來 不亦樂乎]. 공자는 우리를 향해 이렇게 반문한다. 나에게 이러한 벗이 있느냐고 묻기 전에 내가 먼저 그러한 벗이 되고 있느냐고 물어야 한다. 세상의 엘리트들이 이러한 벗이 된다면 우리 사회에서 구조적인 부조리는 생기지 않을 것이다. 이러한 벗이 있다면 세상은 즐거워 춤을 추리라.

(3) 남이 몰라준다고 화내지 마라

굿은 일이 있으면 숨어서 다 하고 옳고 좋은 일이면 찾아서 다 하려는 사람이 군자이다. 군자는 남을 위해 자기를 버릴 수 있으며 그르고 나쁜 일에는 목숨을 걸고 거부한다. 그래서 군자는 세상을 다스릴 능력이 있고 권리를 갖고 있는 셈이다. 무슨 일을 잘했다고 공치사를 하면 결코 군자가 아니다.

성과가 좋으면 실적표가 올라가고 승급이나 승진이 남보다 빠르게 되는 성취의 세상에서는 사람과 사람이 서로 경쟁하게 마련이다. 사람을 경쟁의 대상으로 보기 시작하면 경쟁 심리가 도사리고 자기 과시를 하여 상대의 기를 꺾어야 한다는 심사가 앞서게 된다. 그래서 사람들은 잘못된 일은 숨기려 하고 잘한 일은 눈덩이처럼 불려서 세상에 자랑하려고 한다. 일 자랑은 아부나 아첨을 불러오고 결국 자신이 자신을 속이는 연극을 하게 만든다. 이렇게 되면 스스로 소인이 되어 버린다. 군자는 자신이 소인이 되는 것을 제일 무서워한다.

쓰레기는 아낌없이 고샅에 내놓고 보석은 집안에 깊숙이 감추어 둔다. 물질은 귀한 것이면 감춰지고 천한 것이면 내버려진다. 그러나 사람의 일은 천한 것은 숨기고 귀한 것은 드러내 자랑거리로 삼으려고 한다. 그래서 소인은 일 자랑을 하면서 뽐낸다. 일 자랑은 귀한 일을 천하게 만들어 버리는 셈이다. 사람을 돕고 천하를 돕는 일은 훈장이나 공훈이나 업적이 탐이 나서 하는 짓으로는 되지 않는다. 왼손이 한 일을 오른손이 모르게 하라. 물론 이 말은 《성경》의 말씀이지만 남으로부터 관심을 끌려고 일을 하는 것은 군자가 할 일이 아님을 밝힌 공자의 말씀과 통한다.

군자는 남의 관심을 사려고 사랑함[仁]의 일을 하지 않는다. 그는 그 일이 인간을 위한 최선의 길이므로 스스로 택해 걷는다. 명성이나 영광이나 부귀를 바라고 자신을 닦는[修己] 사람은 사람을 편하게 하는 것[安百姓]이 아니다. 그러나 공자의 이러한 군자관(君子觀)을 더럽힌 벼슬꾼들은 부귀영화를 누리려고 세상을 얼마나 어지럽히는가. 그래서 사이비 군자들이 세상의 지도자가 되면 백성은 그만큼 피땀을 흘리며 고생을 한다.

남이 몰라주어도 화를 내지 않으면 군자가 아닌가. 공자는 이렇게 충고해 놓고 있다. 어느 세상에서나 엘리트는 이 말씀을 경청해야 한다. 사이비 군자들이 세상을 더럽히는 까닭이다.

🌿 공자의 말씀

배우고 때때로 익히면 또한 기쁘지 않겠는가. 벗이 있어 멀리서 찾아오면 또한 즐겁지 않겠는가. 남이 몰라주어도 속상해 화를 내지 않으면 또한 군자가 아니겠는가.

學而時習之 不亦說乎 有朋自遠方來 不亦樂乎 人不知 而不慍 不亦君子乎

(4) 사랑함이 없는 것

울퉁불퉁 우그러지고 찌그러져 못날수록 모과는 향기를 더 낸다. 동글고 매끈한 모과는 진물만 낼 뿐 모과향을 품지 못한다. 잘생긴 모과일수록 모과 값을 못하는 셈이다. 사람의 말도 이와 비슷하다. 철철 흐르는 물처럼 거침없이 쏟아 내는 말솜씨는 말을 탕진하고 낭비해 버린다. 말은 태산보다 무겁고 바다보다 깊어야 한다는 마음이 있다면 한 번의 입을 열기 위해 열 번을 생각해 보아야 한다. 왜냐하면 말이 타락하면 인간은 철저하게 타락하기 때문이다.

언행이 하나가 되면 곧 그 하나가 진실이다. 이러한 진실을 떠나서는 사랑함[仁]은 불가능하다. 입으로는 평화를 말하면서 몸으로는 싸움을 벌이는 것이 인간의 전쟁이다. 공자는 왜 춘추 시대에 인간을 사랑하자는 인사상(仁思想)을 천하에 펴려고 평생을 바쳤을까? 비인간(非人間)적인 길을 걷는 인간을 인간화(人間化)의 길로 인도하기 위해서였을 것이다. 손에는 칼을 쥐고 있으면서 입으로는 너를 살려준다고 고마워하란 말은 결국 혀끝의 독과 같다.

예쁘게 보이려고 꾸미는 것은 자신이 더럽다는 것을 먼저 알고 하는 연극이다. 이러한 연극을 우리는 화장술이라고 한다. 제 모습을 버리고 다른 모습으로 사람의 눈을 속이려는 짓이다. 보기 좋은 떡이 먹기도 좋다는 것은 정성을 들여서 만들라는 말이지만 빛 좋은 개살구라는 말은 속없이 꾸민 겉모습을 말한다. 진실이 없는 말이나 진실이 없는 모습은 모두 꾸민 것에 불과하다. 꾸민 것은 인간의 진실과는 거리가 멀다. 그래서 꾸미는 인간의 관계는 항상 불화(不和)의 강물로 넘쳐서 사람을 아프게만 한다. 이는 인간이 인간을 사랑함과는 거리가 먼 것일 뿐이다.

말만 앞서는 사람은 주변 사람을 실망시킨다. 말의 신용을 얻지 못하면 말은 한낱 껍질이 되어 버린다. 꾸미는 말은 사람의 마음을 어지럽혀 홀리게 하고 꾸미는 모습은 참다움을 어긴 다음에 오는 변장일 뿐이다. 속마음이 얼굴에 나타난다는 것을 무서워하면 누가 누구를 속일 것인가.

듣기에만 좋은 말과 보기에만 예쁜 모습에는 사랑함이 적다. 이렇게 공자는 급소를 찌르고 있다. 온 사람을 사랑하는 군자는 누구를 사랑하고 누구를 미워하지 않는다. 그래서 사랑함을 꾸밀 줄 모른다. 그러므로 애증(愛憎)이 끓는 세상에서 군자는 외롭다.

듣기에만 좋은 말이나 보기에만 예쁜 모습에는 사랑함이 적다.

巧言令色 鮮矣仁

(5) 핵가족(核家族)이 잃는 것

옛날에는 삼대가 한 집안에서 살았다. 그러나 지금은 그런 가족을 보기가 힘들다. 지금은 핵가족 사회를 이루고 있기 때문이다. 핵가족은 윗사람을 모시는 삶을 면하게 해 주기 때문에 현대인은 이를 좋아하고 부모 모시는 일을 사무적으로 처리하려고 한다. 이런 까닭에 부모가 자녀를 사랑함은 아직 금이 가고 있지 않으나 자녀가 부모를 사랑함은 위기를 맞고 있다.

자녀가 부모를 사랑하는 것은 너무나 당연하다. 낳아 주고 길러 준 은혜를 자녀는 사랑으로 갚아야 한다. 이는 변할 수 없는 삶의 질서이다. 이러한 질서를 천륜(天倫)이라고 생각해도 된다. 그러나 요즘 젊은이들은 누가 태어나게 해 달라고 했느냐는 말을 서슴없이 한다. 부모가 뭐 해 준 것이 있느냐고 삿대질을 하고 제 부모가 못났다고 시비를 걸며 행패를 부리는 못난 녀석도 심심찮게 보도된다. 술값을 달라고 어머니에게 행패를 부리다가 쇠고랑을 찬 놈도 나오고, 간섭한다고 제 애비를 구타하고 몰매를 맞는 놈도 나온다. 이러한 일들은 위기를 맞은 효의 한 단면이다. 그 결과 이젠 불효 자식이라고 울지도 않는다.

자녀가 제 부모를 사랑으로 모시는 것을 효라고 한다. 그러한 효는 마음에서 우러나오는 사랑함이다. 낳아 길러 준 삶을 감사하는 마음을 떠나서는 사랑으로 부모를 모신다는 생각을 지닐 수 없다. 부모에게 재산이 많으면 부모의 눈치를 보고 순응하고, 부모가 가진 것이 없다고 부담으로 여긴다면 이는 효를 모독하는 꼴이 되고 만다. 늙어가는 사람들은 젊어서 번 돈을 모조리 아들의 수중에 맡기면 양로원에 간다고 근심하면서 운명의 순간까지 은행 통장에 돈이 있어야 하대를 면한다고 푸념한다. 이러한 세상은 서글프고 쓰라리며 초라하고 삭막할 뿐이다.

늙은이의 말을 젊은이가 경청하는 집안은 화목하다. 그러나 젊은이가 판을 치는 집안은 어지럽게 마련이다. 무엇이 잘한 일이고 무엇이 잘못된 일인지를 알기 위해서는 삶의 경험이 필요하다. 그러한 경험들은 한 집안의 행복을 받쳐 주는 둥지가 된다. 효는 한 둥지의 내리사랑을 행복으로 이끈다.

젊은이가 집안에 들면 효도하라〔弟子入則孝〕. 이렇게 공자는 간청한다. 오순도순 사는 가족을 바라는가, 아니면 뿔뿔이 흩어져 모른 척하고 사는 가족을 바라는가? 귀찮다고 부모를 멀리하는 젊은이는 늙어서 자신도 그러한 대접을 받게 되는 줄 알면 섬뜩할 것이다.

(6) 세상이 원하는 사람

제 부모를 사랑할 줄 아는 사람은 남의 부모도 모실 줄 안다. 제 가정이 중한 줄 아는 사람은 남의 가정도 중하다는 것을 안다. 이러한 마음가짐에서부터 사회생활의 태도가 출발한다. 아무리 세상이 바뀌어도 버릇있는 사람보다 버릇없는 놈을 선호할 리는 없다.

사회는 냉엄하다. 어느 사회나 능력이 있는 사람은 윗자리에 두고 능력이 없는 사람은 뒷자리로 몰아 버린다. 그러나 사회는 그 나름의 상식을 유지하면서 돌아가게 마련이다. 아무리 능력이 있어도 그러한 상식에서 벗어나면 낭패를 당하고 만다.

겸손하고 공손한 사람을 누가 멀리할 것인가. 오만하고 불손한 사람을 누가 좋아할 것인가. 사회가 평안하고 평화롭기를 바라는 사람은 누구나 자기가 속해 있는 사회를 감사하게 생각하고 법도를 따르려고 한다. 물론 못된 사회를 한탄하지만 사회 그 자체를 부정하지는 않는다. 자신의 사회를 감사하게 생각하는 사람은 자신의 사회가 잘되기를 바라고 자기 자신이 해야 할 일을 스스로 찾아 헌신하려고 한다.

이러한 사람이 진정 오늘날의 엘리트일 것이다. 공자는 이러한 엘리트를 군자라고 칭한다. 그러니 군자를 옛날의 낡은 선비상이라고 비아냥거려서는 안 된다. 군자는 영원히 이상적인 인간형으로 살아 숨쉬어야 한다. 군자는 사랑함의 방법을 실천하는 까닭이다. 니체의 초인도 공자의 군자를 닮고 있는 셈이다.

그러나 사회를 노략질하는 잘난 사람들 탓에 세상은 뒤숭숭하고 서글퍼진다. 부정을 일삼아 제 욕심만 채우고 남의 몫을 제 몫으로 챙겨서 사회를 못되게 하는 패거리들이 선량한 백성을 서글프게 한다. 힘이나 재물이 많은 사람들이 공자가 밝힌 군자의 길을 밟는다면 얼마나 좋을까. 백성의 세금으로 나라를 경영하는 시대일수록 군자가 그리워진다.

세상이 글렀다고 포기할 수는 없다. 물고기가 물을 떠나 살 수 없듯이 사람도 제 사회를 떠나서는 살 수 없다. 잘못 사는 것보다 제대로 사는 길을 바라는 사람은 먼저 어른들에게 공손히 하면서 사회의 질서와 기강이 허물어지지 않게 자신의 삶을 성실히한다. 인간이 사는 터전을 인간이 더럽힐 수 없음을 알고 사회의 부름에 순응한다. 사회로 나서면 공손하라〔出則弟〕. 이렇게 공자는 당부한다. 사회의 질서를 지키는 일은 그것을 세우는 일과 같다. 사회적인 효가 곧 제(弟)이다.

(7) 누가 듬직하고 한결같은가

남을 위하는 일에는 무엇이든 마다하지 않고 자기를 위한 일에는 삼가는 마음이 깊고 따뜻한 사람을 만나면 더없는 행복일 것이다. 요즈음은 그러한 사람을 만나기가 너무나 어려운 세상인 까닭이다. 마음이 듬직하여 행동이 진실하고 일마다 신중하여 한결같음[謹]을 지닌 사람을 만나면 얼마나 행복한 일인가. 이 세상 어디서 그러한 분을 만날까? 그런 분이 그립다.

마음속이 맑고 변함없는 사람은 눈빛이 밝고 맑다고 한다. 눈빛이 마음의 속을 비추는 거울 같다고 여기는 셈이다. 눈을 바로 보면서 입술에 미소를 짓고 말하는 사람은 남을 속이거나 등치지 못한다. 자기를 엄하게 다스리면서 남에게 관대한 사람은 사람과 사람 사이의 약속을 제일 중하게 여긴다. 다만 옳은 약속만을 택할 줄 알고 그른 약속은 처음부터 하지 않는 사람은 서로의 믿음을 생명처럼 여기는 분이다. 살벌한 세상일수록 믿을 수 있는 사람은 기댈 수 있는 언덕과 같다. 남을 믿고 자신을 남에게 맡기는 일[信]을 서슴없이 하는 사람을 어디서 만날 수 있을까? 어느 누가 이러한 사람을 그리워하지 않을 것인가. 믿음직한 사람이 그립다.

외면하고 말을 기어들듯이 하는 사람은 믿을 사람이 못된다. 남에게 감출 것이 많은 사람은 어딘지 켕기는 데가 있어서 당당하지 못한 법이다. 속이 음험하여 제 속만 차리고 이해득실을 따져 해가 된다 싶으면 변덕을 부리는 사람은 주변 사람들을 밥상 위의 반찬쯤으로 여기려고 든다. 짜면 짠대로 먹고 달면 단대로 먹으면 이득이 된다고 속셈을 차리는 사람은 남의 형편을 모른다. 저만 아는 사람은 제 속이 부르면 남이야 굶어 죽어도 모른 척한다. 이 얼마나 잔인한 잡식 동물 같은 인간인가. 이러한 인간은 남을 사랑할 줄 모른다. 다만 남을 이용하려고만 할 뿐이다.

남을 사랑하고 남이 자기를 어떻게 대하든 사람으로서 할 일을 해야 한다고 믿는 사람은 인자(仁者)에 가깝다. 어진 사람은 한없이 자애로운 어버이 같아 남의 아픔을 괴로워하며 한없이 따뜻한 손길로 어루만져 준다. 모두 다같이 행복하고 선량하기를 바라는 인자를 공자는 잊지 말라고 간청한다.

변함없이 믿음직하며 모든 사람을 사랑하고 어진 사람과 가까이 하라. 공자의 이러한 말씀은 언제나 변함없는 진실이다. 이러한 사람을 어디서 만날까? 누구든 영원히 그를 그리워한다.

🕯 공자의 말씀

젊은이는 집안에 들면 효도하라. 사회에 나서면 질서를 지키고 평화를 사랑하라. 그리고 변함없이 믿음직하며 백성을 사랑하고 어진 사람을 가까이 하라. 그리고 여력이 있으면 진실한 말씀[詩書禮樂易春秋]을 터득하라.

弟子 入則孝 出則弟 謹而信 汎愛衆 而親仁 行有餘力 則以學文

(8) 깊은 물, 영근 이삭

군자의 인품은 어떠한가? 군자는 소리 없이 흐르는 깊은 물 같은 분이고 익을 대로 익은 영근 이삭 같은 사람이다. 깊은 물은 속이 깊고 무거워 신중하며 영근 이삭은 고개를 숙여도 그것을 보는 이의 옷깃을 여미게 한다. 이처럼 군자는 언행이 무겁고 몸가짐에 위엄이 있다. 그러면서도 주변 사람들에게 친근감을 주며 의지할 수 있는 품안처럼 온화한 사람은 군자로 여겨도 된다.

마당에 떨어진 진주를 거위가 쪼아 먹는 풍경을 본 윤회라는 선비는 진주를 훔쳤다는 누명을 쓰고 기둥에 묶이면서도 매정한 주인에게 자신이 진주를 훔치지 않았다고 변명하지 않았다. 다만 거위를 함께 묶어 달라는 요청을 하고서는 하룻밤을 보내면서 거위의 뱃속에서 진주가 나오기를 기다렸다. 거위의 뱃속에서 진주가 나오자 그는 집주인을 불러 도둑맞았다던 진주가 거위의 똥 속에 묻혀 있음을 보게 했다. 무안해진 주인이 왜 어제 이 일을 말하지 않았느냐고 묻자 그는, 그랬더라면 주인은 거위의 배를 갈랐을 테니 지금 살아 있는 이 거위가 벌써 죽었을 것이 아니냐고 타일러 주었다. 그러니 도둑 누명을 쓰고 밧줄에 묶여 처마 밑에서 하룻밤을 새운 그 선비를 누가 초라하다고 할 것인가. 그 선비가 거위의 목숨을 건지게 해 준 마음씨와 행위가 바로 군자의 마음씨요 행위인 것이다.

잃어버린 진주에 눈이 어두워 모든 사람을 도둑으로 모는 주인의 행패는 얼마나 가볍고 무모한가. 사람의 일을 여러 갈래로 생각하고 이해하고 판단하려는 마음씨는 꽉 막힌 것이 아니라 하나를 보고 둘을 아는 슬기로움이다. 이러한 슬기로움을 배우는 일은 바로 사랑함의 길로 통하는 법이다.

마음의 헤아림이 깊은 사람은 행동을 취하는 데 신중할 수밖에 없다. 경망스러운 행위로 남이 상처를 입을 수도 있다는 것을 헤아리는 까닭이다. 돈독한 마음은 덕이 무르익은 선물이며 그러한 선물을 받은 사람은 그 선물의 주인공을 공경하게 된다. 군자는 백성들로부터 마음에서 우러나는 존경을 받는 사람이다.

군자가 무겁지 않으면 위엄이 없고 배움이 있으면 꽉 막힘이 없다. 이렇게 공자는 단언한다. 마음이 신중하고 돈독한 분은 오만이나 위세를 모르고 사랑함[仁]을 닦는 이는 제 고집을 모른다.

군자가 무겁지 않으면 위엄이 없다. 배우면 꼭 막히지 않는다. 언행
의 성실함과 신뢰를 으뜸으로 삼고 사랑함을 닦는 데 자기만 못한 자
와 가까이 마라. 그리고 허물이 있으면 서슴없이 고쳐라.

君子不重 則不威 學則不固 主忠信 無友不如己者 過則勿憚改

(9) 사랑함이 넘치는 집안

어린 손자는 할아버지의 무릎에 오줌을 싸도 효도를 하는 것이다.
할아버지의 마음을 기쁘고 즐겁게 하는 까닭이다. 그 손자는 철이 들
면 불편한 할아버지의 거동을 살펴 드리고 지팡이 구실을 하게 된다.
이 또한 효도의 연속이다. 효는 자녀가 사랑함[仁]을 집에서 실천하는
행위이다. 자녀가 부모의 뜻을 헤아리고 받드는 것은 부모의 뜻에 맹
목적으로 순종하라는 것이 아니라 부모의 뜻을 존중하여 부모의 마음
을 기쁘고 즐겁게 하려는 데 있다. 이것이 효의 근본이다.

부모의 뜻이라고 언제나 옳을 수는 없을 것이다. 세대 사이의 감각
이 서로 달라 의견이 다를 수도 있는 일이다. 그렇다고 자식이 애비
앞에서 의견이 서로 다르다고 입씨름을 걸고 나오면 그 집안은 화목
할 수 없다. 부자 간의 고집이 집안을 멍들게 하는 까닭이다. 이는 불
효의 근원이 된다.

효자는 가난한 집에서 나오고 부잣집 사랑채에서는 부자(父子)가 재
산 다툼을 한다는 말이 있다. 효는 마음에서 나오지 물질에서 나오는
것이 아니다. 재산이 많은 가솔은 겉으로는 오순도순 사는 것처럼 보

이지만 속을 들여다보면 서로 경계하고 시샘하면서 모두 다 제 몫을 크게 하려고 형제자매 사이가 항상 켕겨 있게 마련이다. 자녀의 효도를 재물로 살 수 없는 까닭이다.

언젠가 모자(母子)가 수십억 원의 재산을 놓고 송사를 벌인 사건이 신문에 오르내린 적이 있었다. 한 번은 아들이 이겨 며느리가 회심의 미소를 지었고 한 번은 모친이 이겨 시어머니가 회심의 미소를 지어 고부 사이가 원수처럼 되었다는 것이다. 말세란 이러한 꼴을 두고 하는 말이다. 효가 무엇인가를 털끝만큼이라도 안다면 그런 부끄러운 짓을 하지 못했을 것이다. 불효란 무엇인가? 부모의 가슴에 못을 박는 짓이다.

부모의 심정을 상하게 하고 섭섭하게 하고 서운하게 하지 마라. 부모의 사랑은 내림이고 자녀의 효 또한 내림이다. 콩 심은 데 콩 나고 팥 심은 데 팥이 난다. 내가 불효를 범하면 내 자식도 나에게 불효를 범할 것이다.

🌱 공자의 말씀

아버지가 살아 계시면 아버지의 뜻을 살피고, 돌아가시면 아버지의 행적을 살펴라. 삼 년을 두고 선친의 도를 고치지 않아야 효라 할 수 있다.

父在 觀其志 父沒 觀其行 三年無改於父之道 可謂孝矣

(10) 남을 다스리는 사람

남을 다스리는 사람은 나를 버릴 줄 아는 사람이다. 나를 위해 남을 이용하는 사람이 남을 다스리는 자리에 앉으면 탈이 난다. 남을 이용해 제 뱃속만 채우는 사람은 남들이 그를 등 뒤에서 욕한다는 것을 모르는 까닭에 결국 불행한 일을 겪는다.

정승이 지나가면 가던 백성들은 서서 고개를 숙이고 멈추어 있어야 했던 시절이 있었다. 솔선해서 그렇게 하는 것이 아니라 방망이를 든 정승의 서슬이 무서워 그렇게 하는 것이다. 존경한다는 것은 마음으로 하는 것이지 법도나 세도로 하는 것이 아니다.

높은 자리에 있는 사람이 남보다 좋은 옷을 입고 맛있는 음식을 먹고 호화로운 집을 마련해 놓고 호사를 누린다면 그 벼슬아치는 분명 구린내 나는 짓을 하게 마련이다. 권세가 못된 짓을 하면 백성은 자연 피땀을 흘려 바쳐야 한다. 양반 등쌀에 살 수 없다는 말은 양반들이 군자의 도를 뒤집어서 어겼던 탓이다. 세상을 참으로 정직하게 다스리는 사람을 군자라고 한다. 자신의 영달을 차지하려고 세상을 다스리는 사람은 군자가 아니라 군자를 앞세운 협잡꾼에 불과하다. 정치하는 사람들이 신용을 얻지 못하는 이유는 무엇 때문인가? 말로는 국가와 국민을 위해 봉사한다고 하면서 뒤에서는 제 자신의 영달과 치부를 위해 갖은 수작을 다하기 때문이 아닌가. 백성을 어리석게 보는 놈이 가장 바보일 것이다. 민심은 천심이라고 한다. 하늘을 속일 수 있는 것은 아무것도 없다는 말이다. 백성의 눈을 속여 뒷공론을 아무리 비밀스럽게 해도 결국엔 드러나고 만다. 지도자로서 백성의 사랑을 받으려면 먼저 제 자신을 엄하게 다스려야 한다.

공자가 밝히는 군자란 누구인가? 제 자신을 엄하게 다루면서 백성에게 후하고 관대한 사람이다. 군자는 자신을 용서하지 않으나 백성은 무한히 용서하면서 품에 안는 분이다. 어느 누가 이러한 군자를 멀리할 것이며 따돌릴 것인가.

남으로부터 사랑이나 존경을 요구하지 마라. 남을 사랑하면 그만이고 남을 이해하고 도우면 그만이다. 도와주었으니 사례를 하라고 하는 것은 권세의 자리를 이용해 뒷돈을 받는 도둑에 불과할 뿐이다. 불행하게도 우리에게는 먹물 든 놈이 상도둑이란 말이 굳혀져 있다. 윗자리에 오르면 아래를 능멸하고 착취하여 자신의 영달을 누리려는 버릇을 버리지 못한 악습이 관가나 정가의 전통을 이루고 있기 때문이다. 예로부터 서울 종로에서 침을 뱉으면 관가에 떨어진다고 푸념을 했다. 지금은 서울 시청을 복마전이라 부르기도 하고 청와대를 재벌 제조처라고 험담을 하기도 한다. 이러한 심정을 간직한 백성을 무슨 법으로 올가미를 씌울 생각을 하지 말고 백성을 위하여 과연 무슨 일을 하고 있는가를 제 스스로에게 묻는 이가 있다면 썩은 정치라는 오명을 벗을 것이고 백성에게서 도둑놈 소리를 듣지 않을 것이다.

군자라면 배불리 먹기를 바라지 마라. 이렇게 공자께서 숨김없이 말하고 있다. 제가 배불리 먹는 것이 아니라 백성이 배불리 먹게 땀을 흘리는 사람이 남을 다스리면 세상은 맑고 정직해진다.

🌿 공자의 말씀

군자라면 배불리 먹기를 바라지 마라. 편안히 살기를 바라지 말 것이며 할 일을 민첩하게 처리하고 말을 신중히 하라. 사랑함(仁)의 도를 쫓아 바르게 따르면 배우기를 좋아하는 사람이라 할 수 있다.

君子食無求飽 居無求安 敏於事而愼於言 就有道而正焉 可謂好學也已

(11) 제 발로 걷는 사람들

대마초를 피우다 걸려들어 쇠고랑을 찬 연예인들은 나름대로 변명을 늘어놓는다. 긴장을 풀기 위해 그렇게 했다는 게 그 변명이다. 빼어난 미모를 앞세워 연기를 하면 될 것이고 타고난 목소리로 노래를 부르면 될 터인데 대마초를 왜 피웠을까? 인기의 정상에서 밀려날까 겁이 나서 피우기도 하고 그 정상을 밟지 못해 안타깝고 초조해 피우기도 했다는 것이 대마초로 걸려든 연예인들의 푸념이었다. 텅 빈 속을 인기라는 바람으로 채우면 그것이 곧 명성으로 통하고 명성을 얻으면 부로 통한다고 믿었던 것이 마음을 조였던 셈이다.

남이 나를 알아주면 얼마나 좋을까 하는 바람을 만족시켜 주는 것을 인기라고 여기면 된다. 사람들의 우상이 되는 것이 행복한 일일까? 그렇다고 믿는 사람은 명성을 탐하고 인기를 노린다. 대중이 왕 노릇을 하는 세상에서 대중의 사랑을 받는 것이 명성과 부를 동시에 누릴 수 있음은 분명한 사실이다. 그래서 대중의 눈치를 보고 대중의 호감을 사려고 무엇을 꾸미기도 하고 하소연을 하기도 하고 수작을 부려 연극을 하기도 하면서 대중의 마음속에 남기 위해 온갖 편집을 다하며 얼굴과 이름을 팔려는 사람들이 많아지게 된다.

대중 사회에서 인기처럼 위력을 발휘하는 것은 없다. 한 나라의 대통령도 인기가 없으면 통치권을 행사하기가 어렵고, 재벌을 움직이는 총수라도 소비자의 인기를 얻지 못하는 기업은 각광을 받지 못한다는 것을 알기에 기업들은 이미지 제고를 위해 엄청난 광고비를 쏟아 붓고 있다. 이들을 가르치는 선생마저도 학생들의 인기를 얻어야 유능한 선생님이 된다는 잠재의식을 갖고 훈장도 인기 직업이라고 호언을 하는 형편이니 하물며 대중의 사랑을 받아야 주가가 올라가는 연예인이야 두말할 필요가 있으랴. 그러니 인기를 잃거나 놓치는 것이 두려워 대마초를 피웠다는 연예인들의 변명을 이해할 수가 있는 일이다.

그러나 남의 시선을 의식하고 삶을 꾸리는 일은 남의 등에 업혀 더부살이를 하는 것과 같다. 두 다리가 성하면서도 남의 등에 업히려는 생각은 옳지 않다. 인기에 연연하여 마음을 졸이고 초조해하며 입술을 태우는 짓이란 사막에서 신기루를 보고 물을 마시러 달려가는 행위와 다를 바가 없다. 무지개를 좇는 사람은 자신의 두 다리가 날개가 아니라는 사실을 모르는 사람이다. 하늘에 걸린 무지개를 손가락으로 만져 보겠다고 발을 아무리 동동거려도 발은 발이라 하루살이의 날갯짓만큼도 날지 못한다. 대중의 인기를 한몸에 받겠다는 욕심은 제 몸에 없는 날개를 있다고 착각하는 경우와 같다. 그러나 남이 나를 몰라준다고 마음을 태우면 결국에는 늦가을 벌판에 서 있는 허수아비 꼴처럼 되고야 만다.

남들이 나를 몰라준다고 애태우지 마라. 공자는 이렇게 충고를 하고 있다. 이는 자신이 자기 스스로를 모르고 있음을 부끄러워하라는 말과 같다. 눈치만 보는 인간은 속임수를 쓰는 병신에 불과할 뿐이다. 참다운 엘리트〔君子〕는 절대로 남의 등에 업히지 않는다.

🌿 공자의 말씀

남들이 나를 몰라준다고 애태우지 마라. 내가 남을 모르고 있음을 부끄러워하라.

不患人之不己知 患不知人也

3. 문답의 담론

(1) 행복한 삶의 둥지

인(仁)이 무엇이냐고 물으면 사람은 사랑함이라고 대답한다. 그러나 인을 사람들이 편안하고 행복한 삶을 누리게 하는 둥지와 같다고 하면 인이 무엇인가를 피부로 느낄 수 있을 것이다. 그래서 인을 사람이 편안히 사는 집[人之安宅]과 같다고 말한다.

어른을 모시고 어린 사람을 아끼고 보살필 줄 아는 사람은 일을 어기거나 남을 해치는 짓을 하지 못하는 법이다. 그러한 사람의 마음에는 사람이 사람을 사랑해야 한다는 마음이 있는 까닭이다. 술값을 주지 않는다고 어머니에게 행패를 부리는 형을 동생이 살해한 일이 있었다. 장사 밑천을 마련한다고 조카를 인질로 잡아 죽이고 돈을 요구했던 삼촌도 있었다. 인간이 이보다 더 타락할 수는 없을 것이다. 타락한 인간은 아무리 형벌로 다스려도 교화하지 못한다. 사람은 형벌을 속이는 버릇이 있는 까닭이다. 인간이 속일 수 없는 것은 제 마음밖에 없다.

어른을 모시고[孝] 어린 사람을 아끼고[弟] 살아야 인간이 된다는 것은 어디까지나 마음의 문제다. 그러나 형벌로 인해 이러한 마음을 이룰 수는 없다. 그래서 공자의 제자였던 유자(有子)는 인의 근본은 효제(孝弟)에 있다고 말했다. 그러나 지금은 이 효제를 인간의 개성을 무시한다는 이유로 비방하려고 한다. 무작정 순종만을 강조하는 것으로 알고 팽개치려고 한다. 그래서 세상은 온통 제멋만을 앞세우고 있다. 나를 존경하라고 고함을 치면서 남을 멸시하는 꼴이 지금 세상의 얼굴이다. 효제는 바보의 짓이라고 여기는 세태에서는 삶의 질서가 마음에서 일어날 수 없다. 그래서 오늘날은 후레자식의 시대로 변모하고 있다.

효제하라. 이 말씀은 서로 사랑하라는 말씀이며 또한 서로의 마음을 아프게 하지 말라는 말씀으로 통한다. 개성을 죽이고 무조건 순종하라는 말이 전혀 아니다. 내가 존경을 받기 위해 먼저 남을 존경해야 한다는 것을 안다면 사랑함은 서로 존경함으로 이루어짐을 효제가 밝혀 준다. 이러한 마음씨가 있으면 우리가 사는 세상은 삶의 보금자리가 될 수 있을 것이다. 공자가 밝힌 인은 행복한 삶의 둥지와 같다.

🫖 유자와의 담론

윗사람을 모시고 아랫사람을 아끼는 사람은 윗사람을 거스르지 않는다. 윗사람을 거스르지 않으면서 난을 일으키는 사람은 없다. 군자는 근본을 세우는 데 애를 쓴다. 근본이 서야 나아갈 길이 생기는 까닭이다. 효제는 바로 인을 실천하는 근본이다.

其爲人也孝弟 而好犯上者 鮮矣 不好犯上 而好作亂者 未之有也 君子務本 本立而道生 孝弟也者 其爲仁之本與

(2) 화목한 아름다움

사람이 사람을 만나면 반가울 수도 있고 무서울 수도 있다. 깊은 산속에서 사람을 만나는 것이 제일 무섭다고 말하는 산사람들이 있다. 사람은 강도가 되기도 하고 살인도 하며 남의 것을 빼앗아 제 것으로 훔치는 악한 마음을 간직할 수도 있는 까닭이다. 그래서 낯선 사람을 만나면 서로 경계하면서 눈치를 본다. 이러한 경계와 눈치는 예(禮)를 부정하는 심리인 것이다.

그러나 서로 수인사를 나누고 서로를 알게 되면 굳은 얼굴을 풀고 미소를 지으면서 서로의 안부를 묻는다. 그리고 서로 손을 잡고 악수를 나누기도 하고 고개를 숙여 서로 절을 하면서 삶의 안녕을 빈다. 이러한 인간의 마음씨는 예를 긍정한다.

예를 부정하는 인간은 아무도 좋아하지 않지만 예를 긍정하는 인간은 아무도 싫어하지 않을 것이다. 마음에서 나오는 예는 겉치레를 싫어한다. 서로 정을 나누고 그 나눔이 지나치지 않아야 예가 살아서 삶의 생기를 북돋워 준다. 그래서 지나친 예는 오히려 예를 업신여기는 꼴이 되어 버린다. 예를 멸시하는 짓이 아첨이다. 아첨은 변절의 예고일 수도 있고 배반의 속임수일 수도 있다. 사람이 사람을 이용하면 그 순간부터 예는 사라진다. 요즈음 사람들은 이용할 가치가 있으면 친한 척하고 그 가치가 없어지면 헌신짝처럼 버린다. 이는 사람들 사이에 예가 없어져 버린 탓이다. 이용당하는 삶은 항상 삭막하고 쓸쓸한 법이다.

예란 무엇인가? 삶을 흐뭇하게 하는 것이라고 여겨도 된다. 속마음은 꿍하면서도 겉으로는 공손한 체하며 체면을 차리는 것은 위선일 뿐이다. 옛날에는 예를 강조했지만 예법을 너무나 규범화하여 사람을 조여 매는 구실을 능사로 삼았던 잘못이 있었다. 이는 예의 근본을 멀리하고 말단에 매달린 어리석음이었던 셈이다. 예의 구실이 갖는 근본은 사람과 사람을 서로 화목하게 하는 데 있다. 화목한 삶보다 더 아름다운 삶은 없다. 그래서 예의 근본은 삶의 아름다움으로 통한다.

조선시대에는 오륜(五倫)이란 예법이 있었다. 아버지와 아들 사이에는 친밀함이 있어야 하고[父子有親], 임금과 신하 사이에는 의리가 있어야 하고[君臣有義], 남편과 아내 사이에는 분별이 있어야 하고[夫婦有別], 윗사람과 아랫사람 사이에는 서열이 있어야 하고[長幼有序], 벗과 벗 사이에는 믿음이 있어야 하는 것[朋友有信]이 그것이다. 아무리 세상이 변해도 인간과 인간 사이의 이러한 질서의 근본을 부정해서는 안 될 것이다. 서로 화목할 수 있는 근본을 오륜이 밝히고 있다는 것을 알면 누가 오륜을 낡았다고 할 것인가.

부자(父子)가 서로 다투면 집안이 망하고, 관청에서 상하가 서로 다투면 나라가 어지러우며 부부가 서로 다투면 자식들이 앓는다. 나이든 사람이 제 구실을 못하고 나이 어린 사람이 힘만 믿고 덤비면 세상은 막되어 버리며, 벗 사이에 믿음이 없다면 서로 원수가 되어 버린다. 서로 다투고 서로 겨루고 서로 의심하는 세상은 얼마나 살기 불편한가. 예는 이러한 불행을 막고 극복해야 한다는 마음의 근본이라고 여기면 된다.

삶의 행복이란 무엇인가? 서로 돕고 서로 사랑함으로써 이루어지는 행복이 아닌가. 이러한 삶의 행복은 경제나 제도에 의해 성취되는 것이 아니다. 삶의 행복은 오로지 사람의 마음에 달려 있다. 그러므로 행복한 삶을 성취하려는 마음가짐을 예라고 여긴다면 누가 그 예를 낡았다고 할 것인가. 그렇다면 예란 무엇일까? 그것은 서로 화목해야 한다는 마음가짐일 것이다.

🫖 유자와의 담론

예를 실행하려면 화목을 소중히 여겨야 한다. 선왕의 도는 이를 크나큰 아름다움이라고 하였다. 큰 일이나 작은 일이 이러한 화목에서 비롯되지만 잘 되지 않는 경우도 있다. 화목함을 알고 화목하려 해도 예로써 행하지 않으면 잘 시행되지 않는 경우가 있다.

禮之用 和爲貴 先王之道 斯爲美 小大由之 有所不行 知和而和 不以禮節
之 亦不可行也

(3) 친밀한 믿음의 선물

어른은 어린이의 맑은 두 눈을 보면 부끄러워진다. 사람의 마음이
맑으면 눈도 맑다는 말이 떠오르는 까닭이다. 마음이 맑다는 것은 부
끄러움이 없다는 말이다. 부끄러움이 없는 삶보다 더 귀한 인생의 선
물은 없다.

그러나 어느 사람이나 부끄러움을 안고 산다. 살다 보면 못할 짓을
범하고 몹쓸 마음을 부리는 경우가 허다하다. 믿음을 의심으로 갚아
마음이 아프고 부끄러운 경우도 있고, 사랑을 미움으로 갚는 어리석
음도 범하며 약속을 어기고 변명을 하는 얌체짓을 범해 수치를 둘러
쓰는 경우도 있게 마련이다.

인간은 왜 이렇게 하지 말아야 할 일을 범하면서 스스로를 부끄럽게
하는가? 이는 믿음의 소중함을 잃은 탓이기도 하고 올바른 삶의 이치
를 잊은 탓이기도 하고 서로 친밀한 정을 나누는 데 인색해진 탓이기
도 할 것이다. 이러한 탓들로 인간이 앓는 가장 아픈 상처의 징후는
사람이 사람의 말을 믿지 않는 의심을 만든다는 것이다. 사람의 말을
믿을 수 없는 세상만큼 무서운 세상은 없다. 말이 곧 믿음이 되고 그
믿음이 행위로 이어진다면 어느 것 하나 사랑함으로써 통하지 못할
것은 없을 것이다.

그러나 서로 말을 주고받으면서도 그 말을 서로 믿지 못해 증거로
담보를 잡아 두려는 세태를 이제는 아무도 부끄러워하지 않고 당연하
게 여긴다. 말보다 도장을 더 믿는 세상은 믿음과 올바름, 그리고 친

밀함이 모자란 결과이다.

무엇이 정말이고 무엇이 거짓말일까? 말과 행동이 맞지 않으면 거 짓말이 되고 둘이 맞아 들면 참말이 된다. 그래서 행동과 맞아 들지 못할 말은 하지 않는 것이 낫다. 이러한 까닭에 말보다 침묵이 정직하 다고 하는 것이다. 참말은 오히려 믿지 못하고 거짓말에 속아넘어가 는 것은 결국 삶이 거짓투성이란 것을 증언해 준다. 그렇기 때문에 선 한 사람은 못살고 악한 사람은 잘산다는 생각을 지니면서부터 인간은 악을 행하면서도 부끄러운지 모르고 살아가게 되었다. 세상이 모두 도둑의 소굴인데 누가 누구를 도둑이라고 흉볼 수 있단 말인가? 이렇 게 자탄하는 것은 얼마나 괴롭고 슬픈 일인가. 사람 치고 털어 먼지 안 나는 놈이 있느냐고 삿대질을 하는 인간 군상은 타락할 대로 타락 해 무엇이 믿음이고 무엇이 올바름이고 무엇이 친밀한 것인지를 모르 는 사람이다. 이러한 망각에 빠져 인간은 잔인한 동물이 되어 힘만 믿 고 설치는 현실을 삶의 현장으로 만들어 내고 있다.

🫖 유자와의 담론

믿음이 올바름에 가까우면 말은 행동으로 맞아 든다. 공손함이 예에 가까우면 수치스러움이 멀어진다. 서로 함께 있는 사람이 친밀함을 잃지 않으면 그보다 더 존경스러운 것은 없다.

信近於義 言可復也 恭近於禮 遠恥辱也 因不失其親 亦可宗也

(4) 날마다 세 번 반성하라

똥 묻은 개가 겨 묻은 개를 흉본다. 이는 남을 흉보지 말라는 말이 다. 남을 흉보는 사람은 제 허물을 감추어 두고 남의 허물을 꼬집어

내는 못된 성미를 부리는 사람이다. 이러한 사람은 반성을 모르고 제 삶을 막무가내로 몰아가는 염치꾼이다. 세상에서 가장 얄미운 사람은 염치를 모르는 사람일 것이다. 무엇이 부끄러운가를 알기 위해서는 스스로 자신의 마음을 들여다볼 줄 알아야 한다. 반성이란 무엇인가? 제 마음속을 제가 들여다볼 줄 안다는 말이다.

천하를 다 속여도 자기 자신은 속일 수 없다. 속임수는 거짓말을 날개 삼아 날아다닌다. 그러한 날갯짓으로 남을 속일 수는 있어도 자기 자신을 속일 수는 없다. 당당하고 떳떳한 사람은 스스로 자신의 속을 들여다보아도 부끄러울 것이 없는 사람이다. 이러한 사람을 아름답다고 한다. 서로 살을 나누며 살다 보면 단지 얼굴이 고와야 미인이 아니라 마음이 고와야 미인임을 실감하게 된다. 마음이 고운 사람은 스스로 자신을 돌이켜 본다. 다시 말하면 마음이 고운 사람은 반성하는 사람이다.

지금 세상에는 파렴치범들이 너무나 많다. 파렴치범을 가벼운 죄를 지은 사람이라고 하여 경범죄로 다스리기는 하지만 여전히 얌체족은 선한 사람을 울린다. 뒤로는 못된 짓을 밥먹듯이 저지르면서 겉으로는 선한 체하는 사람들이 앞장서서 세상을 멍들게 한다. 이러한 멍들이 정치를 썩게 하고 경제를 침식하고 사회를 문란하게 흔들어 대면 세상의 바람은 불만으로 가득하게 된다. 지금 우리의 현실은 반성하는 사람들을 갈망한다. 왜냐하면 지금 세상은 서로 자기 잘났다고 아우성을 치는 사람들로 시끄럽기 때문이다. 구린내가 나는 사람은 아무리 향기로운 말을 해도 역한 냄새만 풍긴다.

참으로 불행한 세상은 지도자란 사람을 썩은 놈으로 여기는 세상이다. 도둑놈이 되려면 정치를 하고 모리배가 되려면 장사치가 되라고 저주하는 말들이 백성의 입에서 떠나지 않는 세상을 말세라고 한다.

이러한 말세를 무슨 수로 고칠 수 있다는 말인가? 먼저 인간을 고쳐야 할 것이다. 어떻게 고치는 길로 들어설 수 있을까? 스스로를 반성하는 일에서 그 열쇠를 찾을 수 있을 것이다.

🫖 증자와의 담론

나는 매일 나를 세 번 반성한다. 남을 위하여 일을 하는 데 소홀하지 않았는가? 벗과 사귀는 데 믿음을 잃지 않았는가? 배운 바를 익히지 않고 지나쳤는가?

吾日三省吾身 爲人謀而不忠乎 與朋友交而不信乎 傳不習乎

(5) 왜 조상을 섬기는가

늙은 할머니를 지게에 지고 가는 아버지를 아들이 따라갔다. 살아 있는 할머니를 생매장하는 아버지를 아들은 보고 있었다. 할머니를 지고 갔던 지게를 버리고 아버지가 돌아가려고 할 때 아들이 그 지게를 챙겨서 도로 갖고 가려고 했다. 아버지가 왜 그 지게를 도로 갖고 가려 하냐고 물으니 아들은 아버지도 늙어 노인이 되면 지고 가려 한다고 대답했다. 그 말을 들은 애비는 생매장했던 제 어머니를 도로 집으로 모시고 갔다. 늙으면 생매장을 했던 고려장에 얽힌 이야기이다.

사람이 영원히 산다고 믿으면 사나워진다. 그러나 언젠가는 반드시 죽게 된다는 것을 안다면 순해진다. 운명을 모르면 모를수록 인간은 건방을 떨고 운명을 알면 알수록 숙연해진다. 인간은 태어나면 기뻐하고 목숨이 가면 슬퍼한다. 이것은 인간의 어쩔 수 없는 정의 표현이다. 삶과 죽음에 대한 정을 제대로 표현하면 사람은 사람다운 길이 어떤 길인가를 살펴보게 된다. 인간이 죽음을 생각하면 숙연해지는 것은 이승과의 이별을 알려 주는 까닭이다. 태어남을 만남이라고 하면 죽음은 헤어짐이다. 만났다 헤어지는 인생을 탕진하지 않고 소중히 여기게 되면 삶의 덕은 저절로 모습을 간직할 수 있다.

죽음에 대한 엄숙한 마음을 간직하는 순간 악한 사람은 없다. 살인을 범하고 교수대에 오른 죄수가 죽기 바로 직전까지 죄를 뉘우치지 못하고 목숨을 버리는 경우는 거의 없다. 잔인한 살인마는 남의 목숨이 소중함을 모른 탓에 살인을 했지만 제 목숨이 죽음에 이르면 목숨의 소중함에 가슴을 여민다. 그런 까닭에 자신의 죄를 뉘우치고 눈물을 흘리면서 삶 앞에 숙연해지는 법이다.

우리보다 앞서 간 조상들은 다시 한번 죽음을 새겨 보게 한다. 죽음을 새기면 헤어진 사람을 기억하게 된다. 우리는 떠나간 사람을 그리워하며 조상의 제사를 모시는 경우를 볼 수 있다. 살아 있는 자가 죽은 자를 모시는 마음에서 삶의 소중함을 깨우치는 까닭이 아닌가.

생명의 소중함으로 덕은 생생해진다. 덕이란 생명의 근본을 말하는 까닭이다. 생명을 해치고 삶을 고달프게 하면 부덕의 소치라고 한다. 덕이 없으면 목숨이 위태로워진다. 죽음 앞에서 삶이 생생해지는 것처럼 부덕한 소치 앞에서는 덕이 생생해지는 법이다. 그러므로 조상을 생각하고 모시는 마음은 사람을 경건하게 하고 머리를 조아리게 한다. 이러한 삶의 모습이 곧 덕의 모습일 수도 있다. 숙연해진 인간은 잔인할 수 없고 사나울 수 없다. 이러한 연유로 공자께서는 세상 인심이 후덕해지려면 조상을 소중히 여기고 모시는 마음을 가지라고 충고했던 것이다.

🫖 증자와의 담론

부모의 임종을 마음을 다해 모시고 조상을 추모하면 백성의 덕성은 두텁게 된다.

愼終 追遠 民德歸厚矣

(6) 배움을 실천하는 사람

말이 앞서고 뒤가 흐린 사람은 말이 헤프다는 뒷말을 듣는다. 지킬 수 없는 약속을 하는 사람은 허풍쟁이로 따돌림을 당한다. 세상 사람들의 손가락질을 받는 사람은 덕이 없는 경우가 대부분이다. 세상에서 불쌍한 인간은 누구인가? 돼먹지 못한 인간이라고 욕을 먹는 사람일 것이다. 이러한 욕은 덕이 없는 데서 비롯된다.

권력이 있다고 백성을 업신여기고, 돈이 있다고 가난한 사람을 얕보는 인간은 권력이나 돈이 없어지면 천하에 몹쓸 인간으로 낙인 찍혀 버리게 된다. 이 또한 덕이 없는 까닭이다. 덕이란 무엇인가? 사람이 되는 법을 덕이라고 여겨도 된다.

학식이 많다고 사람이 되는 것은 아니다. 왜냐하면 지식은 사람을 오만하게 만들기 때문이다. 손에 붓을 들었다고 도량이 넓은 것은 아니다. 지식은 사람을 마음이 좁쌀처럼 작고 소견머리가 꽉 막혀 남의 사정을 모르는 옹색한 골목으로 몰고 간다. 그래서 지식은 꽁생원을 만들기 쉽다. 현재 사회는 정보화 시대이다. 그래서 각 분야는 전문가의 진단을 필요로 한다. 이 세상을 한 마리의 코끼리로 친다면 코를 전문으로 하는 전문가는 이 세상을 코라고 우기고, 입을 전문으로 하는 사람은 입이 전부라고 주장하고, 꼬리를 전문으로 하는 전문가는 이 세상을 꼬리라고 천명할 것이다. 이렇게 하다 보면 세상은 통째로 없어지고 부분만 남아 설치는 꼴을 당해야 한다. 지식만 배운 사람은 외눈박이가 되기 쉽다. 결국 학식이라는 것은 삶에 두통을 일으키게 할 수 있다.

그러나 덕을 배운 사람은 내 생각과 남의 생각을 함께 볼 줄 안다. 내가 무엇을 고집하면 남도 나처럼 무엇을 고집한다는 것을 안다. 그래서 덕은 고집을 부리지 않는다. 학덕이 있는 사람은 지식을 배우는 일에 앞서서 덕을 배운다. 그러나 학식만 앞세우는 사람은 지식이 전부인 줄 착각하고 자기의 생각이나 의견이 제일이란 고집을 부린다. 고집을 부리면 쪽박이 깨지는 법이다. 덕은 삶을 사랑함으로 이끌고 지식은 삶을 옹색하게 한다.

🫖 자하와의 담론

어진 사람을 어질게 보고 욕망을 탐하지 않는 사람, 부모를 섬기되 온 정성을 다하고 임금을 섬기되 제 몸처럼 섬기는 사람, 벗을 사귈 때 말과 행동이 일치하는 사람은 비록 지식이 없다 해도 나는 그를 가리켜 학덕이 있는 분이라고 할 것이다.

賢賢易色 事父母 能竭其力 事君 能致其身 與朋友交 言而有信 雖曰未學 吾必謂之學矣

(7) 슬기로움이 주는 선물

자공(子貢)은 이재(理財)에 밝았다. 비록 가난하게 자랐지만 부를 누렸던 공문(孔門)의 제자였다. 자공이 스승인 공자께 다음과 같이 물었다.

"가난해도 아첨을 떨지 않고, 부자라고 교만하지 않으면 어떻겠습니까?"

"괜찮은 것이다. 그러나 가난하면서도 악(樂)을 좋아하고 부유하면서도 예를 좋아하는 것만 못하다."

이렇게 스승은 제자의 물음에 응해 주었다.

이에 자공이 《시경》에서 밝히고 있는 갈고 닦음이란 이를 두고 하는 말씀이군요." 하고 헤아려 말씀을 올리자, 공자는 기쁨에 넘쳐 "비로소 너와 더불어 시를 말할 수 있게 되었구나. 지난 것을 말해 주면 올 것을 미리 아는구나." 하고 자공의 슬기로움에 감탄했다.

가난함을 원한으로 바꾸면 바꿀수록 마음은 가난해진다. 비록 재물이 없어 가난하지만 마음만은 그렇지 않은 사람은 부를 누리면서 마음속이 말라 버린 부자보다 더 부유한 인간임을 공자는 말하고 싶은 것이다. 그래서 빈자일수록 마음의 악(樂)을 잃지 말라는 것이다. 악이란 무엇인가? 마음속을 즐거움으로 가득차게 하는 것이 아닌가.

부유하다고 교만을 떨면 떨수록 마음은 추해진다. 호주머니 속의 돈을 믿고 아무리 큰소리를 친다고 해도 마음속에 든 것이 없으면 교만함이 부끄러운 줄도 모르고 방정을 떨게 된다. 왜 세상이 졸부를 멸시하는가? 재물로 제 얼굴에 침을 뱉는 방정을 떨기 때문이다. 그래서 부유할수록 예(禮)를 따라야 한다. 예란 무엇인가? 그것은 마음을 다스려 몸가짐을 삼가게 하는 것이다. 겸손하고 공손한 부자는 언제나 보기 좋은 법이다. 돈이 없어 주머니는 가난하지만 마음이 부유한 사람을 만나면 언제나 훈훈하다. 또 돈이 있지만 겸손하면서 쓸 곳을 찾아 도울 줄 아는 부자를 만나도 역시 훈훈하다. 사람의 삶을 훈훈하게 하는 것은 바로 지혜의 선물임을 공자와 자공의 문답에서 헤아릴 수 있다.

🍵 자공과의 담론

가난해도 아첨하지 않고 부유하지만 교만하지 않으면 어떻겠습니까?

이렇게 자공이 물었다. "괜찮은 것이다. 하지만 가난하면서도 악이 있고 부유하면서도 예를 좋아하느니만 못하다." 이렇게 공자께서 응답했다. 자공은 다시 시경에 있는 갈고 닦음이란 이를 두고 한 말씀이냐고 되물었다. "사〔자공〕야, 비로소 너와 더불어 시를 말할 수 있구나. 지난 것을 말해 주면 다가올 것을 아는구나." 이렇게 공자께서 응했다.

子貢曰 貧而無諂 富而無驕 何如 子曰 可也 未若貧而樂 富而好禮者也 子貢曰 詩云 如切如磋 如琢如磨 其斯之謂與 子曰 賜也 始可與言詩已矣 告諸往而知來者

제2장
〈위정(爲政)〉편

1. 〈위정(爲政)〉편의 체험

(1) 정치를 등치는 사람들

사람은 홀로 살 수 없다. 그래서 사람은 나 하나의 삶과 우리 모두의 삶을 겹쳐 살아가야 한다. 정치는 그렇게 겹쳐 사는 삶을 다스리는 행위에 속한다. 그러한 행위가 바로 위정이다. 곧 정치를 하는 것이 위정인 셈이다. 그렇다면 그러한 행위는 누가 해야 하는가? 군자가 해야 한다고 공자는 확신한다. 왜냐하면 군자는 정치를 힘으로 하지 않고 덕으로 하기 때문이다. 군자는 법치를 의심하고 덕치를 확신한다.

정치를 하는 힘이란 무엇인가? 권력이다. 권력은 법령과 형벌을 앞세워 그 힘을 발휘한다. 그래서 권력을 쥔 사람은 항상 자신이 칼자루를 잡았다고 생각한다. 그 자가 세상을 호령하면 나는 새도 떨어진다. 이 얼마나 무서운가. 법치란 힘으로 하는 정치를 보기 좋게 화장을 해 주는 경우로 변질되기 쉽다. 법이란 거미줄과 같아서 새는 그 거미줄을 뚫고 날아가 버리지만 벌레 따위는 항상 걸리고 만다는 탄식이 백성의 입에서 떠나 본 적이 없다. 법망을 비웃고 날아가는 새는 무엇인가? 그것은 권력을 가진 힘있는 무리이다. 반대로 법망에 걸려드는 벌레란 무엇인가? 그것은 힘없는 백성을 일컫는다. 이러한 꼴이 백성을 아프게 하므로 공자는 힘으로 밀어붙이는 정치를 하지 말라고 한다.

덕으로 하는 정치란 무엇인가? 사랑함과 올바름을 실천하는 다스림이다. 사람은 사람을 서로 믿고 도우며 아껴야 한다. 이를 공자는 사랑함[仁]이라고 밝힌다. 사람은 사람을 위해 일해야 한다. 백성이 원하는 것이 무엇인가를 찾아서 맺혔으면 풀어 주고 막혔으면 터 주어야 한다. 이를 공자는 올바름(義)이라고 밝힌다. 그래서 공자는 인의로 정치를 하라고 절규한다. 호령하고 군림하는 다스림을 말 것이며 아끼고 보살피는 다스림을 하라. 이렇게 치자(治者)들을 향해 설파한다. 결국 공자가 말하는 덕치는 백성의 근지러운 곳을 찾아 긁어 주라는 다스림인 셈이다.

그러나 공자의 이러한 말씀을 들어준 군왕은 한 명도 없었다. 그저 말로는 인의로 정치를 한다고 하면서도 다스리는 행위는 항상 호령을 하고 군림하면서 백성의 피땀을 요구했다. 임금이라면 백성의 어버이가 되어야지 호령만 일삼는 주인이 되어서는 안 된다는 것이 공자의 덕치이다. 그러나 어버이가 된 임금은 얼마나 될까? 태평성대가 없었음을 상기한다면 그런 임금은 한 명도 없었음을 알 것이다.

이제는 인의로 정치를 해야 한다는 말마저 잊혀진 지 오래다. 그 대신 완전히 힘으로 정치를 하는 세상이 되고 말았다. 물론 모든 사람은 법 앞에 평등하고 모든 권력은 국민으로부터 나온다는 단서를 달고 치자들은 정치를 하지만 오늘날처럼 권력의 장치가 공고히 다져져 무서운 힘을 발휘한 시대는 없었다. 사람이 만든 법이 사람에게 군림하면서 법은 인간의 족쇄 구실을 하고 있다. 법을 어기지 않으면 아무 일이 없다지만 법대로만 해서는 살아갈 수 없다는 백성의 말을 흘려버릴 수 없는 일이다. 왜냐하면 법을 악용하는 무리들이 세상을 어지럽히고 더럽히기 때문이다. 누가 법을 악용하는가? 백성이 하는가 아니면 권력이 하는가? 법이 코에 걸면 코걸이가 되고 귀에 걸면 귀걸이가 되는 꼴을 첨단 과학의 시대에도 자주 본다.

권력을 앞세워 법을 악용하는 무리들은 정치를 등치는 짓을 하는 것이다. 아무리 법치의 세상이라 하더라도 정치를 하는 사람의 됨됨이가 인의에 바탕을 두지 않는다면 세상은 항상 무섭게 돌아가고 만다. 그럴수록 권력을 맡은 당사자는 사람을 사랑할 줄 알아야 하고 올바른 행위가 무엇인가를 알아야 할 것이다. 권력의 힘을 어버이의 손길로 변화시키면서 물 흐르듯이 세상을 다스릴 현대판 군자를 누가 원하지 않겠는가.

위정(爲政)은 올바른 정치를 하자는 것이다. 그러나 그릇된 정치는 왜 사라지지 않는가? 위정보다 위정(僞政)을 일삼는 치자가 있다면 그는 정치를 등치는 사람에 불과하며 백성을 속이는 사이비일 뿐이다. 권력을 치부의 수단쯤으로 여기는 사람이나 권력을 특권으로 여기는 사람 모두 사이비 정치꾼에 불과하다. 공자는 이러한 사람들이 세상을 다스리면 병이 들어 백성만 앓는다는 것을 말해 놓았다. 제발 정치를 등치지 마라. 이는 백성의 소원이다.

(2) 군자는 누구인가

군자(君子)는 태어나지 않는다. 군자는 스스로를 닦음으로써 만들어진다. 인간 자아(自我)에 의해서 군자는 형성되는 까닭이다. 이러한 비밀을 밝힌 선생이 바로 공자일 것이다. 공자께서는 이를 수기(修己)라고 했다. 나를 내 자신이 닦는 것이 수기가 아닌가. 그러므로 수기는 사람이 되는 길이며 그 길을 닦아 걸어가는 사람이 군자가 되는 셈이다.

사람은 누구나 평범하다. 물론 기이한 짓을 하는 사람도 있고 미친 사람도 있으며 지능이 낮아 바보 천치가 된 사람도 있다. 그러나 대부분의 사람들은 평범하게 태어난다. 다만 사람이 바라는 바를 찾아 깨우쳐 가고 닦아서 사람은 왜 사람이며 어째서 사람이 되어야 하는가를 생각하고 실천하면 그가 곧 군자의 길을 걷는 셈이다.

군자는 한순간에 나타나기도 한다. 사람의 일은 대개 이해 상관에 의해 일어나게 마련이다. 그래서 어떤 일에 부닥뜨리면 사람은 저마다 제 실속을 차리려고 한다. 내가 더 많은 몫을 차지하고 남이 덜 차지하기를 바라면 그것이 바로 욕심이다. 욕심만 부리면 다 되는 것으로 고집하는 사람은 군자이기를 포기한 사람이다. 그러나 사람이란 자기 나름의 욕심을 간직하게 마련이므로 더도 덜도 할 것 없이 공평무사하게 욕심을 나누어 갖도록 이해(利害)를 처리하면 그런 사람이 바로 군자의 모습을 보여 주는 셈이다.

오늘날처럼 각박한 세상에서 일생을 군자로 일관할 사람은 없다. 그러나 항상 무엇이 군자다운가를 생각하는 사람은 그렇지 않은 사람에 비해 마음이 넓고 깊어 너그럽고 관대하다. 너그럽고 관대한 마음은 나보다 남의 형편을 더 생각하려고 한다. 내가 그 사람의 처지가 된다면 어떨지를 따져 보고 그 남의 처지에서 나를 다루어 단련시키고 나의 내면에 용솟음치는 욕심을 절제하고 억제하여 일들을 풀어 간다. 이것이 바로 군자의 행위이며 사고인 셈이다. 그래서 군자는 한 가지 것만을 담는 그릇이 아니라고 공자는 밝혀 두었다. 간장 종지만 한 사람을 만나면 그 종지에 알맞는 사랑함[仁]과 올바름[義]을 보여 주고 물동이만 한 사람을 만나면 그 동이에 담을 만한 인의를 보여 준다. 그래서 인의에는 크고 작음이 없다.

군자는 자신의 생각을 살피고 자신의 행동을 살핀다. 자신의 생각이 부끄럽지 않고 당당하면 그것이 바로 군자의 생각이며 자신의 행동에 뉘우칠 것이 없다면 그 행동이 곧 군자의 것이다. 뉘우칠 짓이나 부끄러운 생각을 하지 않는 사람은 의심을 모른다. 남을 믿어 주고 남이 자신을 믿게 하면 그 사람이 바로 군자다운 것이다. 그래서 남의 말을 들을 때 의심이 가는 것은 한 귀로 흘려 버리고 확실한 것은 귀담아 들을 것이고 많은 것을 보되 위태로운 것을 제하고 바람직한 것만을 행하라고 공자는 밝힌다. 왜냐하면 군자는 말하기 전에 행동으로 옮긴 뒤에야 말을 할 필요가 있으면 하는 사람이기 때문이다.

군자는 어느 한편을 들어 패거리가 되려는 짓을 멀리한다. 군자의 도량에는 이 패 저 패로 갈라 편싸움을 하는 것이 없는 까닭이다. 모든 사람에게 두루 통할 수 있는 것이 가장 바람직한 것임을 깨우치고 실천하는 것이 바로 군자의 길을 걷는 셈이다. 못된 짓은 말리고 좋은 짓은 넓히는 마음에 파당이란 없다. 그래서 공자는 두루 통할 뿐 한편에 기울어지지 않는 이가 군자[君子周而不比]라고 밝혔다. 군자는 대인이다. 그렇다면 소인은 누구인가? 소인은 항상 편을 지어 싸움을 벌이는 자들이다.

군자는 사라지거나 죽지 않는다. 사람들이 모여서 삶을 누리는 한 군자는 항상 살아서 빛을 발한다. 왜냐하면 사람은 군자다운 생각과 행위를 할 수도 있고 소인다운 생각과 짓거리를 할 수 있는 심성을 간직하고 있기 때문이다. 나는 군자인가? 이렇게 물을 것도 없다. 나는 오늘 하루 군자다운 일을 얼마나 했는가? 이렇게 우리 모두가 매일매일 자문한다면 군자가 옛날에만 있었던 것은 아님을 깨닫게 될 것이다.

남을 편하게 해 주고 아끼고 돕는 일을 많이 한 날은 군자다운 삶을 보냈고 남을 속이고 불편하게 하면서 제 욕심을 못 이겨 화풀이를 한 날은 소인답게 하루를 보낸 셈으로 스스로 따져 본다면 그것이 바로 군자의 길을 걸어갈 수 있는 수기(修己)의 순간이 되는 것이다. 누구는 군자이고 누구는 소인배라고 결단할 것은 없다. 군자가 될 욕심이 있는가? 그러면 당신도 군자가 될 수 있다. 왜냐하면 군자는 어머니

자궁에서 잉태되는 것이 아니기 때문이다.

(3) 곡쟁이를 부르지 마라

모가 나거나 어긋난 짓을 하면 버르장머리 없는 놈이란 욕을 먹는다. 심하면 후레자식이란 욕설을 듣게 된다. 버르장머리니 후레자식이니 하는 말은 버릇없는 자를 두고 뱉는 속어들이다. 사람으로서 마땅한 짓을 하면 그것이 곧 예인 것이다. 예에 어긋난 짓을 하면 손가락질을 받게 된다. 왜냐하면 예란 삶을 서로 나누어 갖게 하는 약속인 까닭이다. 그러한 약속을 삶의 질서라고 한다. 그래서 예는 사람의 몸가짐을 삼가게 한다.

서양 사람은 개개인의 능력을 들어 그 질서를 삼으려고 하지만 동양 사람들은 태어난 운명의 순서를 존중하면서 그것을 질서의 근본으로 삼으려 한다. 그래서 나이 든 이와 어린 사람 사이에는 서열이 있다〔長幼有序〕. 그러한 질서는 무엇인가? 나이 든 이는 어린 자를 아껴 보살피고 어린 자는 나이 든 이를 공경하라는 내용이다.

그러나 사람들은 이러한 내용을 어기려고 든다. 나이를 먹었다고 다른 사람 위에 군림한다거나 복종을 요구하면 유서(有序)는 깨어지게 마련이다. 그런 자를 누가 존경할 것인가. 젊은 혈기와 힘만 믿고 젊은이가 제멋대로 굴어도 유서는 깨어진다. 그런 놈을 누가 아끼고 보살필 것인가.

그렇다면 예란 무엇인가? 그것은 사람의 대접을 받게 하는 것이 아닌가. 사람이 사람으로서의 대접을 받을 수 있는 근본을 공자는 효제(孝弟)에 두었음을 잊지 말아야 할 것이다. 모든 예는 사랑함과 올바름의 표시가 되어야 하므로 그 인의를 실천하는 행위는 어른을 모시고 아랫사람을 아끼는 것에서 출발한다. 그러나 지금 우리는 그것을 낡은 것으로 치부하려고 한다. 버스나 지하철에서 늙은이를 앞에 세워 두고 편안히 앉아 있는 젊은이보다 노인에게 선뜻 자리를 양보하는 젊은이가 더 돋보이고 아름답게 보인다는 사실을 아무도 부인하지 못할 것이다. 이처럼 마음에서 우러나오는 예는 삶을 아름답게 하지만 겉치장만 차리는 예는 구역질이 나게 만든다. 예는 겉모습이나 겉치장이 아니다. 몸가짐과 마음가짐이 하나로 마땅한 짓을 하면 그것이 바로 예가 되는 까닭이다. 그러나 예가 겉치레에 빠져 버릴 때 사람을 위선으로 몰아간다. 사나운 마음을 감추고 겉으로 얌전한 체하는 것은 예가 아니며 남의 눈이 무서워하는 척하는 것 역시 예가 아니다. 그래서 곡(哭)쟁이를 부르지 말라는 것이다.

조선시대는 예를 겉모습으로 치장하려는 버릇이 기승을 부렸던 시절이다. 그래서 예를 지키는 규범들이 산 사람을 어렵게 조여 매는 구실을 했다. 부모가 돌아가시면 예로써 장사를 지내라는 공자의 말씀은 사별의 아픔을 마음속 깊이 느끼고 부모의 은혜를 진실로 잊지 말라 함이다. 상을 당하면 문상객들이 오게 마련이다. 문상객이 고인에게 절을 할 때마다 상주는 곡을 하는 것이 예의 법도로 되어 있다. 뿐만 아니라 초상집에서는 곡소리가 끊이지 않아야 효자의 예가 돋보인다고 여기기도 했다.

그러나 삼일장이면 사흘, 오일장이면 닷새, 칠일장이면 이레 동안 줄곧 곡을 할 수는 없는 일이다. 생리적으로 불가능하기 때문이다. 그래서 목청이 좋고 구슬픈 소리로 우는 곡쟁이를 사서 상주 대신 곡을 하게 하기도 했다. 죽은 사람은 돈을 받고 가짜로 곡을 하는 것을 바라지 않는다. 다만 산 사람들의 체면을 살리자고 그런 짓을 한 것이니 이는 예를 모욕하는 짓이다. 죽음을 슬퍼하고 탄생을 기뻐하는 것이 예가 지닌 본바탕의 마음씨일 것이다. 죽음을 참으로 슬퍼하는 것은 고인을 참으로 사랑하는 까닭이며, 태어남을 참으로 기뻐하는 것은 태어난 생명을 참으로 사랑하는 까닭이다. 이처럼 예란 사랑함과 올바름의 마땅한 까닭을 실천하는 행위이다.

예는 가짜를 싫어한다. 군자는 예에 따라 행동하지만 그러한 행동으로 구속당한다고 여기지 않는다. 꾸미거나 숨기지 않는 마음 씀씀이가 곧 사랑함이요, 올바름이기 때문이다. 이러한 군자의 마음가짐을 덕풍(德風)이라고 여기면 된다. 바람이 불면 바람이 부는 쪽으로 풀잎은 쏠린다. 군자의 덕풍은 그렇게 불어 모든 사람의 마음을 기대게 한다. 왜냐하면 군자의 몸가짐과 마음가짐은 항상 삶의 보금자리와 같아서 사람이 기대는 언덕과 같다. 그래서 덕풍은 찬바람도 아니고 폭풍이나 강풍도 아니다. 찬바람은 풀잎을 얼게 하고 강풍이나 폭풍은 풀잎을 부러지게 한다. 보살펴 주고 아끼면서 마땅한 삶을 살아가게 부는 바람이 덕풍이다. 그러한 예의 바람에는 남의 눈치로 하는 짓이란 없다. 군자는 곡쟁이를 불러 부모의 장사를 지내지 않는다. 남의 눈이 무서워 연극하는 사람이 아닌 까닭이다.

(4) 치자(治者)여, 시(詩)를 읽어라

공자는 왜 군자가 되려면 시를 읽고 배우라고 했을까? 이는 시의 마음에는 거리낄 것이 없는 까닭이다. 어느 하나 거리낌없는 생각을 공자는 시에서 배우라고 당부한다. 《시경》에 있는 시들을 한마디로 말한다면 생각에 거리낌이 없는 것[思無邪]이라고 공자는 단언한다.

마음에 거리낌없이 세상을 다스리는 치자가 있다면 그러한 다스림을 받는 백성은 불평 불만에 말려들 이유가 없을 것이다. 아무리 세상이 이익 집단의 모임이라 할지라도 그 이익을 배분하는 데 거리낌이 없다면 나눌 이익을 놓고 서로 으르렁거릴 이유가 없어질 것이기 때문이다.

콩 한 쪽도 나누어 먹는다. 이렇게 나눌 수 있는 마음이라면 무엇을 나눔에 무슨 꾀가 필요할 것인가. 꾀를 부리고 속임수를 쓰고 감추는 속셈들은 모두 사(邪)에 속한다. 그래서 사는 사랑함[仁]을 짓밟게 하고 올바름[義]을 멀리하게 한다. 불인(不仁)과 불의가 곧 사인 셈이다.

대권을 노리는 당사자의 마음에 사가 없다면 백성은 두 발 뻗고 잠을 자도 별 탈이 없을 것이다. 사기를 당할 염려가 없기 때문이다. 가정집은 문단속을 잘하면 도둑을 막을 수 있지만 나라는 너무나 커서 문단속이 불가능하다. 대권이란 나라를 지켜서 백성을 편안케 하라는 열쇠를 쥐고 있는 최고의 자리이다. 그런 자리에 앉은 사람의 생각에 사가 있다면 생선 가게를 고양이에게 맡기는 꼴이 되고 만다. 세상을 다스리는 사람의 마음속에 불인과 불의가 없어지게 하기 위해 공자는 치자에게 시를 읽으라고 한다. 그러나 정치가 시와 담을 쌓은 것은 어제오늘의 일이 아니다.

국민의 의식 수준보다 정치가의 의식 수준이 낮다는 말들이 자주 들린다. 지식이 아무리 많아도 의식(意識)의 내용은 빈곤할 수 있고 정보의 양이 아무리 많아도 진단을 잘해야 한다. 마음의 눈을 밝게 하고 귀를 트게 하는 헤아림은 사람과 삶을 생각하는 마음에서 나온다. 그러한 마음이 마땅치 않다면 큰 일을 할 자격이 없는 법이다. 치자들의 의식이 빈곤하면 백성이 고생을 사서 하게 된다. 그래서 치자들의 의식은 풍요해야 한다. 말하자면 막후 협상의 기술이나 흥정에서 주고받는 묘수에 능한 술수보다는 사람을 위하는 마음이 앞서야 한다.

쌍둥이를 키우는 엄마는 왼쪽은 이놈 것이고 오른쪽은 저놈 것이라고 정해 놓고 젖을 물리지 않는다. 함께 젖을 빨게 하면서도 이 꼭지 저 꼭지로 번갈아 빨게 하면서 두 놈이 골고루 젖을 먹게 하는 쌍둥이 어멈의 지혜는 육아 지식이나 정보가 아니다. 두 놈이 다같이 튼실하게 자라야 한다는 어머니의 마음 때문에 그렇게 젖을 물린다. 만일 치자들에게도 그러한 지혜를 소중히 여기는 마음이 4공(四共) 박정희 대통령 시절에도 있었더라면 호남에도 공장을 짓고 영남에도 공장을 지었을 것이다. 현명한 쌍둥이 엄마처럼 백성에게 골고루 젖을 물리는 다스림을 베푼다면 지역 불균형이니 지역 감정이니 하는 말들이 오르내리고 그 점을 악용해서 술수를 부리는 일들은 덩달아 일어나지 않았을 것이다.

삶의 지혜를 등한시하는 치자는 항상 허망한 구석을 면치 못한다. 마음이 사악하면 몸을 감옥에 넣어도 소용이 없다. 몸은 가둘 수 있지만 마음은 가둘 수 없는 까닭이다. 마음속에서 사악함을 쓸어 낼 수 있는 빗자루는 오로지 지혜밖에 없다. 본래 모든 시는 감동으로 시작해서 지혜로 이어진다고 한다. 이러한 이어짐을 치자는 알아야 한다. 그래서 공자는 치자들에게 시를 읽으라고 한다. 왜냐하면 시는 사람들이 바라는 것과 버리는 것, 좋아하는 것과 싫어하는 것이 무엇인가를 체험하게 하기 때문이다. 그러한 체험이 곧 삶의 지혜가 아닌가.

시를 멀리하는 세상은 썩게 마련이라는 말을 현대인은 믿으려 하지 않는다. 지식이나 정보로 무장만 하면 세상을 주름잡는 무기를 쥔 것이라고 여긴다. 그래서 세상은 항상 춘추 전국 시대를 면할 수 없다. 공자는 이를 안타깝게 여겨 말을 들어주지 않는 군왕들임을 알면서도 《시경》의 시들을 읽어 보라고 간청했다. 그 속에는 백성의 마음이 담겨져 있으니 세상을 다스리려면 먼저 백성의 뜻을 알라 함이다. 첨단 과학의 도움으로 정보화 시대를 다스리는 치자라고 해서 이러한 공자의 말씀을 낡았다고 할 것인가? 아니다. 사람의 세상이 아무리 변해도 어쩔 수 없이 정치는 사람을 다스려야 한다. 사람을 잘 다스리는 진리란 무엇인가? 그것은 사람을 사랑하는 다스림일 뿐이다.

2. 공자의 어록

(1) 정치는 덕으로 하라

공자는 정치는 정치(正治)가 되어야 한다고 밝힌다. 이는 정치가 올바른 다스림이어야 함을 말하는 것이다. 무엇이 올바른 정치인가? 힘과 법령으로 다스리는 것이 아니라 사랑을 베풀어 다스리는 것이다. 그러나 항상 정치는 백성에 군림하는 다스림을 능사로 삼아 왔다. 그래서 사랑으로 베푸는 정치는 정치(正治)라고 하지만 법과 힘으로 군림하는 정치는 정치(征治)인 것이다.

오늘날의 정치는 사랑을 베풀 줄 모른다. 법과 힘으로 밀어붙이거나 갖은 술수를 부려 엄포를 놓아 주눅이 들게 하여 세상을 억지로 꿰어 맞추려고 한다. 그래서 변란이 일고 자리에서 밀려나고 물러나고 빼앗고 빼앗기면서 정권 다툼이 요란한 것이다. 치자들이 정권욕에 사로잡히면 젯밥에 눈이 팔려 염불을 못하는 땡중과 다를 바가 없다. 왜 백성들이 정치를 불신하는가? 정권을 잡으면 특권층이 신흥 세력으로 부상하고 정권을 빼앗기면 다음날로 또다른 신흥 세력에 의해 구세력이 축출되는 추태를 일삼는 까닭이다.

이승만 대통령 시절에는 인의 장막에서 부정부패가 기승을 부려 한평생 독립 운동을 했던 많은 사람들이 보람도 없이 망명을 해야 했고, 박정희 대통령 시절에는 독재의 엄호를 받은 측근 세력들이 세도를 부리다 자기들끼리 술판에서 총질을 하며 물러갔고, 전두환 대통령 시절에는 척족들이 이권의 사냥꾼이 되어 돈 사냥이 극심해 권좌에서 물러난 뒤 절간으로 가서 유배 생활을 해야 했다. 왜 이처럼 대권을 쥔 치자들의 말로는 비참하거나 부끄럽게 되었는가? 올바른 다스림인 정치(正治)를 하지 못하고 힘의 다스림인 정치(征治)로만 군림했던 탓이다.

그래서 공자는 '다스림을 덕으로 하라[爲政以德]'고 했다. 덕이 있는 치자는 누구인가? 그것은 말을 물가로 끌고 가는 마부를 생각해 보면 된다. 덕이 있는 마부는 말을 물가로 끌고 가 말이 스스로 물을 마실 때까지 기다릴 줄 안다. 그러나 덕이 없는 마부는 참지 못해 억지로 물을 먹이려다 말의 뒷발에 채여 상처를 입는다. 정치(征治)는 백성의 발에 밟히고, 정치(正治)는 백성의 품에 안긴다. 세상을 다스릴 뜻이 있는 사람은 이 점을 가장 먼저 알아야 한다.

🌱 공자의 말씀

덕으로 다스리는 것은 북극성이 한 자리에 가만히 있으면 여러 별들이 한결같이 북극성을 따름과 같다.

爲政以德 譬如北辰 居其所而衆星共之

(2) 치자여, 시를 읽어라

만일 인간에게 행복만 있고 불행이 없었다면 시나 노래나 춤은 생겨나지 않았을지도 모른다. 누구나 행복한 삶을 소망한다. 그러나 우리의 삶은 행복한 순간보다 불행한 순간에 더 많이 부닥뜨린다. 그래서 인간은 어쩔 수 없이 아픈 동물이 되어 시를 읊고 노래를 부르고 춤을 추어야 한다. 우리 모두의 삶을 사랑하는 사람은 그 마음 자체가 시가 될 수도 있는 일이다.

사랑할 줄 모르면 시를 모른다. 그래서 공자는 군자가 되고 싶으면 시를 읽으라고 타일렀다. 특히 나라를 다스리려는 뜻을 가진 사람이라면 시를 배움의 터전으로 삼으라고 충고를 한다. 왜냐하면 시가 담고 있는 마음은 거짓이 없고 인간을 위해 항상 맑고 투명하기 때문이다. 시의 말씀에 귀를 기울인다면 잔인한 마음이나 음흉한 마음은 부끄러워진다. 한 사람의 잔인한 생각, 무모한 생각, 허망한 생각이 만 사람을 괴롭힌다면 이 얼마나 억울한 일인가.

시를 외면하는 세상은 썩은 세상이고 반대로 시인이 많으면 많을수록 세상은 아픈 데가 많은 법이다. 아픈 상처를 이겨내기 위해 사람들은 자신들이 갈망하는 삶의 사랑을 시로 읊어야 하는 까닭이다. 그러면 뒤가 구린 치자들은 시인의 입을 막기 위해 위협을 하거나 회유하여 맑고 투명한 시의 말을 흐리려고 덤빈다. 시를 멀리하면서 시를 무서워할 줄 아는 것은 그 사람이 얼마나 썩었는가를 극명하게 털어놓는 꼴이 되고 만다.

맑은 물에는 물고기가 살지 못한다는 말을 치자들은 좋아한다. 물속에 먹이가 있어야 한다는 것이다. 그러나 먹이 중에는 먹어서 살이 되는 것도 있고 먹어서 병이 되는 것도 있다. 정신이 썩은 치자가 던지는 먹이는 항상 빈 쭉정이처럼 빛 좋은 개살구일 뿐이다. 백성은 동고동락을 원한다. 불행하면 함께 도전하고 행복이 오면 함께 기리기를 바란다. 이러한 바람에 거짓이란 없다. 아무리 세상이 바뀌어도 거짓 없는 말을 하는 것은 시일 것이다. 인간을 사랑하고 삶을 사랑하는 시이므로 공자는 '시의 말씀에 사악한 것이란 없다〔思無邪〕'고 했다.

🌱 공자의 말씀

《시경》 삼백 편을 한마디로 말한다면 생각 속에 사악함이 없다는 것이다.

詩三百 一言以蔽之 曰 思無邪

(3) 뻔뻔스러운 사람들

처녀가 애를 낳아도 할 말이 있고 핑계 없는 무덤은 없다고 한다. 잘한 일이나 못한 일이나 나름의 이유와 근거가 있다는 것이다. 사람들이 변명을 하고 별의별 구실을 달아 이 핑계 저 핑계로 책임만 벗으면 된다는 잔꾀를 부리는 세상은 잘못된 세상이다.

빠져나갈 구멍이 없는 법망은 없다. 하나의 법이 생기면 그 법을 어기는 수법을 개발해 보수를 받는 사람들이 생겨난다. 그들은 법을 지키는 것이 아니라 법을 이용하려고 한다. 왜 탈세를 하느냐고 물으면 절세를 하는 것이라며 시치미를 떼고, 법을 왜 어겼냐고 따지면 증거를 대라고 한다. 법에 억지를 부리려는 용심 탓에 형무소의 담장은 높아지고 감방의 자물쇠는 큼직해질 수밖에 없다.

법만 앞세우는 세상에서 양심은 항상 뒷전으로 물러나고 손해를 본다. 법대로 하다가는 숨이 막혀 살 수 없다고 백성은 속으로 아우성을 친다. 그래서 우리는 말마다 사는 것을 조여 매려고 덤비는 법을 피할 궁리를 하지 않을 수 없게 된다. 그 결과 법을 어기고도 마음에 부끄러움을 느끼지 않게 되고 법망을 교묘하게 피하거나 이용하는 것을 부러워한다. 그러나 세상을 법으로 다스리는 치자들은 무서운 형법을 만들어 엄포를 놓고 겁을 주어 백성들로 하여금 법을 지키게 한다. 이 것은 세상을 억지로 다스리는 것이다. 법이 치자의 힘으로 군림할 때 법 앞에 만인은 평등하다는 말은 거짓말이 된다.

공자는 법령으로 다스리고 형벌로 다스리면 백성은 빠져나갈 궁리를 하면서도 부끄러워하지 않는다〔道之以政 齊之以刑 民免而無恥〕고 했다. 쇠고랑을 차고도 만면에 미소를 짓고 형무소 출입이 권위를 보태 준다고 자랑하는 사람들이 늘어나는 꼴을 볼 때마다 위와 같은 공자의 말씀이 피부에 와 닿는다. 법이 많을수록 세상이 병들어 있다는 것은 예나 지금이나 다름이 없는 셈이다.

🕯 공자의 말씀

법령으로 다스리고 형벌로 다스리면 백성은 빠져나갈 궁리를 하면서도 부끄러워하지 않는다. 그러나 사랑함의 실천으로 다스리고 예로 다스리면 백성은 부끄러움을 알고 품위를 지킨다.

道之以政 齊之以刑 民免而無恥 道之以德 齊之以禮 有恥且格

(4) 사람 구실의 사다리

어린애가 어른다우면 얄미워 보이고 어른이 어린애 같으면 보기가 딱하다. 애늙은이는 허우대만 컸지 속은 철부지의 푼수를 넘지 못한 사람을 두고 빈정대는 말이다. 게으름뱅이는 하루하루를 그저 되는 대로 살아가는 사람이고 시간을 낭비하며 아까운 곡식을 축내기만 하는 사람이다. 그래서 하는 일이 없으면 먹지 말라는 것이다.

먹지 말라 함은 살지 말라 하는 것과 같다. 산다는 것은 그냥 숨만 쉬는 것이 아니라 할 일이 있음을 말한다. 사람은 저마다 나름대로의 할 일이 있어야 사는 맛을 느낀다. 이러한 맛을 느낄 수 없는 사람은 왜 사는가를 생각하지 않고 남이 사니까 나도 곁들여 산다고 여긴다. 이는 헛 사는 것이다.

일을 왜 하는가? 한 사람은 살기 위해 일한다 하고 다른 한 사람은 돈을 벌기 위해 일한다고 한다면 둘 중에서 누가 옳을까? 살기 위해 일한다고 말한 쪽이 옳은 셈이다. 돈이란 삶의 수단이지 목적은 아닌 까닭이다. 그러나 수단이 목적을 눌러 버린 세상은 모든 것이 물구나무를 선 꼴이 되어 버린다. 지금 우리가 사는 세상이 바로 그렇게 물구나무를 서고 있는 꼴이다.

재물이란 삶의 비료에 불과하다. 비료를 알맞게 주면 곡식이 잘 자라고, 너무 많이 주면 곡식이 열매 맺기를 잊어버린다. 부자가 삼대 가기는 어렵다고 한다. 분에 넘치는 비료를 받은 부자의 자식들은 웃자라 사람 구실을 못해 망해 버린다. 삶은 왜 살아야 하고 어떻게 살아야 제대로 사는가를 헤아릴 때 튼튼히 뿌리내리는 법이다.

젊어서 뜻을 세우고 그 뜻을 잃지 않고 한평생 키워 가는 것은 제 발에 맞는 신발을 신은 것과 같다. 신발은 발에 맞추어야만 발이 편하다. 신발에 발을 맞추면 편하게 걸을 수 없다. 삶의 뜻을 세우는 데 제 발에 꼭 맞는 신발을 맞출 것은 없다. 뜻은 자라면서 점점 커지므로 처음에 컸던 신발이 나중에 알맞게 되는 까닭이다. 그러나 너무 큰 뜻의 신발을 맞추어서도 안 된다. 그렇게 되면 한평생 뜬구름 잡는 푼수로 전락하기 쉽다.

사람은 바람든 무처럼 되어서는 안 된다. 속이 영글어 살이 깊어야 제 맛을 내는 것처럼 인간 역시 한평생 삶이란 꽃과 열매를 맺어 가는 나무와 같다. 그러나 그냥 나무가 아니라 생각하며 일하는 나무인 것이다. 서양의 파스칼도 사람을 생각하는 갈대라고 하지 않았는가. 생각이 허황되거나 속빈 강정 같으면 아무리 나이가 들어도 그런 인간은 바람잡이에 불과하다. 자신의 삶을 스스로 속이고 되는 대로 살면 태어나 죽을 때까지 철없이 살다가 소모되어 가는 꼴이다.

공자는 삶을 소모하거나 탕진하는 것을 안타까워했다. 그래서 열다섯 살에 배움에 뜻을 세우고 서른에 일가를 이루었다〔吾十有五而志于學 三十而立〕고 하였다. 공자께서도 일가를 이루느라고 배움의 길을 닦는 데 15년이란 세월이 걸렸던 셈이다. 마흔에 의심할 여지가 없었다〔四十而不惑〕고 했으니 한 점 부끄럼 없이 자신의 뜻을 실천에 옮긴 다음 스스로 자신이 자신을 판결한 선고가 아닌가. 그 이후로 공자는 자신이 세운 뜻을 펴기 위해 한평생을 바쳐 영원히 살고 있는 셈이다.

목숨이 허락 받은 순간을 허욕으로 소모하거나 탕진하지 마라. 제 발에 맞는 신발을 신고 뚜벅뚜벅 걸어 자신이 걷는 인생을 뜻있게 만들어라. 이러한 충고가 곧 하늘의 명령을 아는 것〔知天命〕이고 그 명에 따름〔耳順〕이며, 뜻대로 해도 걸림이 없는 것〔從心所欲 不踰矩〕일 것이다. 이 얼마나 당당한가.

🌱 공자의 말씀

나는 열다섯 살에 배움에 뜻을 두었고 서른 살에 일가를 이루었다. 그리고 마흔 살에 이르러 하는 일에 의심을 두지 않았고 쉰 살에 하늘의 명령을 알게 되었으며 예순 살에 이르러 순리를 따랐고 일흔 살에 이르러 마음 내키는 대로 해도 걸림이 없었다.

吾十有五而志于學 三十而立 四十而不惑 五十而知天命 六十而耳順 七十而從心所欲 不踰矩

(5) 촉새 같은 사람

말끝마다 톡톡 튀는 사람을 촉새 같다고 한다. 남의 말을 진득이 들어주고 가릴 것을 가려 들어줄 말만 들으면 될 것을 말꼬리를 붙들고 시비를 일삼는 사람을 만나면 누구나 체머리를 흔든다. 촉새 같은 사람은 대개가 건방지거나 자기 망상에 사로잡혀 아무것도 모르는 병신인 것이다. 멀쩡한 몸으로 멍청한 마음짓을 하는 사람을 얼간이라고하는데 이는 마음 병신을 말하는 것이다. 말을 함부로 하고 제 앞을 살필 줄은 모르면서 남의 흠을 찾아 쏘아대는 사람은 사나운 땅벌처럼 되는 대로 침을 쏘는 바보이다.

할 말을 하고 들을 말을 듣는 것은 당당하다. 당당한 것은 거만도 아니고 오만도 아니다. 당당할수록 보기 좋고 비굴할수록 보기가 딱하고 역겨워지는 법이 아닌가. 마음속 그대로만큼 당당한 것은 없다. 당당한 마음은 할 일은 하고 못 할 일은 하지 않는다. 여러 사정을 헤아릴 수 있는 도량을 간직한 사람은 당당해 보여 항상 옆에 있어도 마음을 든든하게 한다.

콩밭 근처에 송아지가 있으면 농부는 마음을 놓지 못하고, 끓는 물옆에 애가 있으면 애 어미는 사색이 된다. 농부는 콩잎을 마구잡이로 뜯어먹고 콩밭을 짓이길 송아지가 염려되고, 애 어미는 아이가 끓는물에 손을 넣을까 봐 놀라는 것이다. 건방을 떠는 인간은 콩밭 근처의송아지나 불 옆을 기어다니는 어린애에 불과하다. 정수리에 물렁뿔이솟으면 닥치는 대로 치받는 버릇 탓에 송아지는 목이 묶여 목매기가된다. 목매기의 목줄에 힘이 붙으면 소몰이꾼은 네 발을 묶어 눕혀 놓고 코를 뚫어 코뚜레를 걸어 꼼짝 못하게 한다. 이처럼 촉새 같은 인간은 제 버릇 탓에 제 코를 뚫리는 경우를 수시로 당한다. 공연히 말참견을 하여 면박을 당하고 무안을 당하고서는 분하다고 싸움을 걸어미운살만 더해 가는 인간은 제 입을 막을 줄 모른다.

옳은 말이면 옳게 들어 행동으로 옮기고 그른 말을 들으면 한 귀로듣고 한 귀로 흘려 버리면 된다. 사람과 사람이 만나면 말을 하게 마련이고 말에는 주워 담을 것도 있고 버릴 것도 있는 법이다. 버릴 말을 주워서 옮기면 험담이 되는 것이고 귀담아들을 말을 간직했다가 전하면 덕담이 되는 것이다. 그래서 공자는 옳은 말을 듣고 행동으로 옮기는 것[退而省其私 亦足以發]을 기뻐했다. 남의 말 듣기를 싫어하면서 제 말만 옳다고 아우성치는 세상은 버르장머리 없는 인간들로 붐빌 수밖에 없다. 모두 자기만 잘났다고 아우성을 치는 세상에서 옳은 말을 소중히 듣고 행동으로 옮기는 사람은 분명 귀한 손님으로 대접받을 것이다.

🌱 공자의 말씀

내가 안회와 더불어 온종일 말을 해도 한 마디도 되받지 않아 안회는 마치 바보처럼 보일 것이다. 그러나 물러나 그 자의 사생활을 살펴보면 내가 들려준 말을 행동으로 충분하게 옮기더라. 안회는 어리석은 사람이 아니다.

吾與回言終日 不違 如愚 退而省其私 亦足以發 回也不愚

(6) 사람을 짚어 보려면

열 길 물속은 알아도 한 길 사람 속은 모른다고 한다. 그러나 그 한 길의 사람 속은 결국 드러나고 만다. 마음 먹은 것은 행동으로 드러나는 까닭이다. 꿀 먹은 벙어리는 남의 꿀을 훔쳐먹은 입안의 꿀 탓에 말을 못해 결국 들통이 나고 못된 짓거리를 자주 하다 보면 꼬리가 길어져 밟히게 마련인 것이다. 그래서 사람의 속은 한순간 감추거나 숨길 수는 있을지언정 영영 감추지는 못한다.

유언비어는 거짓이 판을 치고 못된 짓거리가 횡포를 부리는 세상에서 부는 말의 바람이다. 바람이 어디서 부는지는 알 길이 없지만 하여

튼 바람은 땅 위의 모든 것을 흔든다. 유언비어는 세상 사람들의 마음을 흔들면서 이리저리 불어 다닌다. 그 유언비어가 사실로 드러나면 백성들은 아연실색을 하고 아무것이나 의심하려고 든다. 그리고 못 믿을 세상이라면서 민심은 한탄한다. 누가 속임을 당하고 기뻐하거나 즐거워할 것인가.

국회의원 선거철이 되면 입후보자는 유권자를 만나 허리를 굽히며 한 표를 애걸한다. 그 애걸을 진정으로 받아들인 국민의 태반은 나중에서야 허망한 꼴을 보게 된다. 굽실거리던 허리는 빳빳해지고 목에 힘을 주고 정치를 해야 당신들이 살 수 있다고 떵떵거린다. 이처럼 인간은 표변하는 성질을 감추어 두었다가 그때그때 용이하게 써먹을 줄 아는 영악한 동물인 것이다. 나는 너를 속이고 너는 나를 속이다 보면 무엇이 속임수인가를 모르게 되어 세상이 투전판처럼 되는 법이다.

변소에 갈 때와 나올 때의 마음은 서로 다르다. 급할 때는 공수표를 남발해 놓고 급한 불을 끄지만 불이 꺼진 뒤에는 먼 산을 바라보듯이 나 몰라라 하는 인간을 가까이 하면 할수록 헛된 짐을 지게 되거나 상처를 입고 쓴맛을 보게 된다. 지금처럼 지저분한 세상에서는 사람을 멀리하기도 어렵고 사람을 사귀기도 어렵다. 그래서 사람들은 눈꼬리를 깔고 서로 경계하면서 상대의 약점을 노리고 있는 살쾡이처럼 사나워져 가기만 한다. 이렇게 팽팽히 마주친 세상일수록 제대로 된 사람은 자신이 먼저 속임수를 부리지 않아야 한다는 마음을 간직하게 되는 모양이다. 어찌 제가 제 자신을 감출 수 있단 말인가〔人焉廋哉〕. 이렇게 공자께서는 급소를 찔러 주었다.

🌱 공자의 말씀

하는 짓을 살펴라. 그 연유를 살피고 자신이 한 짓에 대해 만족하는

지 않는지를 살피면 사람을 알아볼 수 있다. 어찌 제가 제 자신을 속일 수 있을 것인가. 결국 드러나고 만다.

視其所以 觀其所由 察其所安 人焉廋哉 人焉廋哉

(7) 윗자리에 앉을 스승

할아버지는 손자가 학교에 들어가면 미소로 응답하는 참뜻을 몸으로 터득할 수 있다. 그리고 할아버지는 학교에서 배운 것을 종달새처럼 알려 주는 손자 덕에 유식해질 수도 있는 일이다.

할아버지는 학교에 간 어린 손자를 기다리고 학교에 있는 어린 손자는 빨리 집으로 가 그날 배운 것을 자랑하기 위해 할아버지를 기다린다. 어쩌면 이러한 정경이 할배와 손자 사이에 맺어지는 사랑의 끈일지도 모른다. 물론 이러한 정경은 초등학교 저학년에 다니는 손자를 둔 할아버지의 경우에만 가능한 일일 것이다. 요사이는 별로 볼 수 없는 정경이지만 옛날에는 학교에서 돌아온 손자가 사랑방에 들러 할아버지에게 그날 배운 것을 자랑하고 옛날에 들었던 할아버지의 이야기가 거짓말이라며 할아버지의 무식을 고쳐 주는 손자를 보고 빙긋이 웃는 늙은이들을 어느 가정에서나 볼 수 있었다.

할아버지, 바람은 왜 불지? 구름을 데려오고 나뭇가지를 흔들어 주려고 바람은 분다. 왜 구름을 데려오는 거야? 비를 오게 하려고 그런단다. 비가 내려야 나무도 자라고 곡식도 자라 사람이 먹고 산단다. 왜 나뭇가지를 흔들어 주는 거야? 나무가 뿌리에게 밥을 달라고 보채는 거란다. 우는 아이에게 젖을 준다는 말이 있단다. 바람에 흔들리는 나뭇가지는 밥 달라는 나무의 말이나 같은 게란다. 할아버지와 이러한 이야기를 나눈 손자가 학교에 가서 바람을 가르치는 선생의 말을 들고 오면 할아버지는 면박을 당한다.

할아버지는 저기압 고기압이 무엇인지 모르지? 모른다. 할아버지는 수은 온도계도 모르지? 모른다. 섭씨니 화씨니 이런 말도 모르지? 모른다. 오늘 학교에서 배웠는데 온도가 올라가면 공중에 있는 공기가 부풀고 온도가 내려가면 공기가 움츠러든대. 이것도 할아버지는 모르지? 모른다. 부풀어지는 공기가 웅크린 공기 쪽으로 밀려오는 것이 바람이라고 선생님이 가르쳐 주었단 말이야. 옛날에 할아버지가 가르쳐 주었던 바람은 거짓말이야. 이렇게 말을 하면서 할아버지를 무식하다고 놀려대는 손자를 할아버지는 대견해하면서 무릎 위에 올려놓고 무식하니 배우는 족족 가르쳐 달라고 청탁을 하는 것이다.

손자에게 할아버지가 가르쳐 준 바람은 지혜의 바람이고 학교 선생님이 가르쳐 준 바람은 지식의 바람인 것을 알게 되려면 더 많은 세월을 보내야 한다. 세월이 흘러 그 손자가 어른이 되었을 때 천지에 부는 바람을 바라보며 그는 학교에서 어릴 적에 배웠던 지식의 바람보다 이미 돌아가신 할아버지가 가르쳐 주었던 지혜의 바람을 만나게 되는 순간을 맞이할 것이다. 왜냐하면 지식은 날로 변하지만 지혜는 변하지 않기 때문이다.

참다운 가르침이란 어떤 것일까? 앞으로 끌어주려는 지식과 뒤에서 밀어주는 지혜를 알맞게 섞어서 가르치는 것이 참다운 가르침일 것이다. 지혜는 옛것에서 오고 지식은 새것에서 온다. 이를 공자는 옛것을 살펴 새것을 알라[溫故而知新]고 이미 말씀해 두었다.

🌱 공자의 말씀

옛것을 살펴 새것을 알라. 그래야 스승이 될 수 있다.

溫故而知新 可以爲師矣

(8) 군자는 누구인가

남을 위해 마음을 쓰는 사람은 군자의 마음을 지닌 사람이다. 제 몸을 돌보고 자기 자신을 위해 마음을 쓰는 것은 일반 사람들이 누구나 다 간직하고 있는 마음이다. 소인은 자기 자신을 위해 마음을 쓰고 대인은 남을 위해 마음을 쓴다. 몸이 작아 소인이 아니고 마음이 작고 좁아 소인이며 몸이 크다고 대인이 되는 것이 아니라 마음이 크고 도량이 넓어야 대인이 되는 것이다.

내가 나를 위해 남을 이용하려는 마음을 욕심이라고 한다. 이러한 욕심보는 소인의 것은 한없이 크다. 그러나 대인의 욕심은 남을 위하고 돕고 보살피는 마음씨는 크지만 자기를 위하려는 욕심은 아주 초라하다. 이러한 대인을 공자는 군자라고 일컬었다.

공자께서는 군자는 그릇이 아니다〔君子不器〕라고 했다. 그릇이란 작은 것도 있고 큰 것도 있게 마련이다. 찬을 담는 보시기가 간장을 담는 종지를 작다고 깔보면 국사발은 보시기를 작다고 한다. 국을 담는 대접이나 밥을 담는 주발이 밥상에서는 크다고 우쭐댈 수 있지만 부엌에 가면 사구 속에 들어가 설거지거리가 되어 종지나 보시기나 사발이나 대접이나 가릴 것 없이 잔챙이 그릇이 되어 버린다. 그러나 부엌에서 설거지물을 담는 사구나 마신을 담아 두는 동이가 큰그릇이지만 장독대에 가면 작은 그릇에 불과하다. 된장을 담은 독과 간장을 담은 독이 버티고 있기 때문이다. 이처럼 그릇은 크고 작음이 그 쓰임새에 따라 결정되는 것이므로 크고 작음을 따져 가치를 정할 수 없다. 모든 그릇은 제 할 일이 정해져 있다. 밥상의 대접은 국을 담아야 제 할 일을 하고 주발은 밥을 담아야 제 할 일을 하는 것이다. 이처럼 그릇은 제 할 일이 저마다 달라서 만들어져 쓰이게 된다. 그래서 할 일에 따라 그 크고 작음이 결정 나게 마련이다. 군자는 이러한 그릇 같은 성질의 인간이 아님을 공자는 헤아리게 한다. 군자의 도량은 얼마나 큰지를 가늠할 수 없을 만큼 큰 까닭이다.

한 집안의 크고 작은 일을 아무런 잡음 없이 처리하는 사람은 그 집안의 군자에 속할 것이다. 한 고을의 대소사를 아무런 잡음 없이 불편부당하게 처리하여 온 고을 사람들이 믿고 의지하며 따르게 된 사람이 있다면 그 또한 그 고을의 군자일 것이다. 한 나라를 그렇게 하면 그 나라의 군자일 게고 온 세상을 그렇게 하면 온 세상의 군자일 것이다. 그러나 군자의 뜻은 끊임없이 넓혀 가야 한다는 꿈을 지녀야 하므로 그 크고 작음을 결정할 수 없는 것이다. 집안을 잘 다스리면 고을을 잘 다스리는 경지로 이어지고, 고을을 잘 다스리면 나라를, 나라를 잘 다스리면 온 세상을 잘 다스리는 경지로 통해야 군자는 군자로서 제 길을 걷는 셈이다.

군자의 다스림은 통치(統治)가 아니다. 힘과 법령으로 세상을 다스리는 것이 아니라 사랑함[仁]과 올바름[義]의 마음으로 세상을 감화시켜 다스리는 일을 하는 까닭이다. 영웅호걸이 군자가 될 수 없는 이유는 그들의 손에 총칼이 들려 있어야 그렇게 할 수 있기 때문이다. 군자에게는 남을 홀리고 후리는 말솜씨도 필요 없고 남을 겁주고 억누르는 총칼이나 법령도 필요가 없다. 군자는 다만 사람은 사람을 사랑해야 하고 올바로 대접해야 함을 실천하여 사람들을 다스린다. 이러한 일을 해야 하는 군자는 어느 하나에 집착하여 어느 이익 집단의 대변자가 될 수 없다. 불편부당한 사람이 나타나 큰 도량으로 백성의 아픈 곳을 찾아 고치고 근지러운 곳을 찾아 긁어 줄 군자는 어디에 있는가? 아직 한 번도 나타난 적이 없으니 군자를 기다리는 마음은 여전히 강렬하다. 언제쯤에야 군자의 정치로 세상은 조용해질까?

군자는 그릇이 아니다.

君子不器

군자는 두루 통해 어느 편에 치우치지 않는다. 소인은 어느 편에 치우쳐서 두루 통할 줄 모른다.

君子周而不比 小人比而不周

(9) 생각하는 갈대

사람은 왜 다른 만물과는 달리 자신의 존재를 변화시킬 수 있을까? 사람은 생각할 수 있는 능력을 간직하고 있기 때문이다. 목숨이 있는 것이라면 모두 그 나름의 본능을 간직하고 있다. 이러한 본능에서 본다면 사람이나 짐승이나 다를 바가 없다. 암내 나는 암소를 보면 황소는 발정을 하며 흥흥거리고 통통한 암탉을 보면 장닭은 올라타려고 수작을 부린다. 인간 역시 아름다운 여인을 보면 사내의 눈길이 음흉해지고, 치맛자락이 올라가면 곁눈질로 눈요기를 하려고 눈을 부릅뜬다. 이는 성욕의 본능일 것이다. 이렇게 보면 인간이라고 다를 게 없다.

목숨은 먹어야 하고 먹기 위해서는 일을 해야 한다. 일을 하다 보면 힘이 든다. 힘이 들면 쉬거나 자야 한다. 이러한 것들도 모두 목숨의 본능이다. 사람도 목숨의 하나이므로 같은 본능을 간직하고 있으면서도 생각하는 마음을 간직하여 그 자신의 존재를 변화시킬 수 있다. 물론 사람이 아닌 다른 목숨들은 생각을 하지 못한다는 생각 자체가 사람의 일방적인 결단일지도 모른다. 그러나 사람만이 문화를 누리고 산다는 것에서 사람 이외의 목숨은 자신을 변화시킬 능력이 없다는 것을 알 수가 있다.

생각하는 것은 단지 무엇을 되풀이하여 기억한다는 것이 아니다. 이리저리 달리 궁리를 하는 것이 생각하는 것이며 그러한 궁리를 통해 미처 몰랐던 것을 터득하게 될 때를 그리워하는 인간의 마음 때문에 생각은 항상 새로운 생각을 낳게 마련이다. 이러한 생각의 흐름이 곧 그리움이다. 그래서 옛날에는 생각하는 것은 사랑하는 것으로 통했다. 사랑은 홀로 하는 것이 아니라 짝이 있어야 한다. 연인끼리 서로 생각하는 것도 사랑이고 넘어가는 해의 남겨진 노을 빛을 보고 감동하는 것도 만물과 만나 나누는 사랑이다. 그래서 생각한다는 것은 무엇을 알게 된다는 말과 같다.

사람은 저마다 생각한다. 그래서 사람이 서로 만나면 서로의 생각을 나누어 갖게 마련이다. 남이 한 생각을 알게 되면 그 생각을 배우게 된다. 그러므로 남의 생각을 알게 되는 것은 배움이다. 자기 스스로 생각하는 세계와 남이 생각한 것을 알게 된 세계가 알맞게 합쳐지면 사람은 서로 이해하고 서로 판단을 나누어 갖게 된다. 이렇게 하여 사람은 서로 어울려 살아갈 수 있는 것이다. 내 자신이 생각하고 또한 남의 생각을 배우는 일이 잘 조화를 이루어야 사람은 외곬의 고집에서 벗어날 수 있게 된다. 제 고집을 부리는 사람은 남의 생각을 외면하려는 짓이고, 남의 생각에 장단을 맞추는 꼭두각시는 스스로 생각하는 것을 포기한 얼간이다.

인간은 고집통이 되어도 딱하고 얼간이가 되어도 딱하다. 서로 이해하고 서로 판단하면서 서로 돕고 서로 사랑하며 살아야 한다. 이것이 바로 공자의 이상이었다. 그래서 공자는 제 생각만 하고 남의 생각을 모르면 어둡고, 남의 생각만 주워듣고 제 생각이 없으면 위태롭다고 충고를 한다.

배우기만 하고 스스로 생각하지 않으면 어둡고 제 생각만 하고 배우지 않으면 위태롭다.

學而不思則罔 思而不學則殆

(10) 모르는 게 약이다

사람이 사는 데는 알아야 할 것이 있고 몰라야 할 것이 있다. 서로 사랑하는 것은 배울수록 삶을 살찌게 하지만 서로 미워하는 것은 배울수록 삶을 아프게 한다.

빵을 구워 먹으라고 주는 사람과 총을 만들어 쏘라고 주는 사람의 마음이 같을 리가 없다. 비록 총을 주면서 선한 사람을 보호하고 악한 사람을 징벌하라고 충고한다고 해도 이미 총을 간직한 사람은 해치는 법을 배워야 하는 까닭이다. 이처럼 선한 것은 알수록 좋지만 악한 것은 모를수록 좋다. 그러나 인간에게는 선악이 함께 있으므로 언제나 이단(異端)이란 문제가 제기된다.

이단은 어디서 오는가? 진리에 대한 견해 차이에서 오고 선악에 대한 견해 차이에서 오며 아름다움에 대한 견해 차이에서 온다. 기독교를 믿는 사람은 뱀을 악마의 하수인으로 보고 증오하지만 뱀을 잡아 생계를 이어가는 땅꾼의 아들은 뱀을 아름답게 여긴다. 땅꾼의 아들과 기독교 신자가 만나 뱀에 관해 이야기하다 보면 서로간에 견해 차이가 나게 마련이다. 그들은 생각이 달라 서로 이단이라고 속셈을 하게 된다. 당연히 그들은 서로 멀어지고 마음을 나눌 수 없게 된다.

서로 더불어 살아야 하는 인간은 한 무리 속에서 서로 통하는 정을 나누어 갖추어야 한다. 그러나 다른 무리에서도 통하는 정을 알아야 한다. 로마에 가면 로마의 법을 따라야 하지만 바로 로마의 무리가 되라는 것은 아니다. 삶의 법도는 고을에 따라 다를지언정 그 법도가 진실한가 선인가 그리고 아름다운가를 따져 보아야 한다. 진실에 어긋나면 이단이며 선에 어긋나도 이단이고 아름다움에 어긋나도 이단이다. 그러므로 유일신을 믿는 어느 종교가 다른 신을 믿는 다른 종교를 이단이라고 하는 것만이 이단은 아니다.

사랑함[仁]에 대한 미워함[不仁]은 이단이며 올바름[義]에 대한 그릇됨[不義]도 이단이다. 소홀함이 없는 마음[忠]에 대한 경솔한 마음[不忠]도 이단이며 믿음[信]에 대한 의심[不信]을 하는 것도 이단인 것이다. 효의 이단은 불효가 아닌가. 그러나 우리는 지금 이단의 소용돌이 속에 살아가고 있다. 남을 사랑하는 사람[仁者]을 만나기가 어렵고 웃어른을 모시고 아랫사람을 보살피는 것[孝弟]을 몸으로 실천하는 사람을 만나기가 어렵다. 이해득실을 떠나 진심으로 충성을 바칠 수 있는 사람을 만나기도 어렵고 아무리 믿어도 모자람이 없을 사람도 만나기가 어렵다. 이는 인의로 묶여진 세상이 아니라 이해득실로 얽힌 세상이어서 그렇다. 누가 지금 인의에 대한 이단이 이해(利害)라고 하면 찬성할 것인가? 그러나 공자의 말씀을 들으면 인의는 사람을 사랑스러운 존재가 되게 하고 이해는 사람을 잔인한 존재가 되게 함을 확인하게 된다. 누가 사랑을 받는 존재가 되기를 싫어할 것이며 누가 잔인한 존재로 욕먹기를 원할 것인가? 아무도 없다. 그러나 현대인은 인의를 떠나 이해로 만나고 헤어진다. 이단에 대한 무감각 때문이다.

이단은 알면 알수록 해롭고 모르면 모를수록 약이 된다. 선할수록 좋고 악할수록 나쁘기 때문이다. 그러니 '이단을 배우지 말라[攻乎異端]'는 공자의 말씀은 귀담아들어야 할 것이다.

이단을 배우지 마라. 배울수록 해로울 뿐이다.

攻乎異端 斯害也己

(11) 앎이란 무엇인가

반풍수가 한 집안을 망친다. 명당에 조상을 모시면 가문이 일어나고 집터가 좋으면 후손이 융성해진다고 무덤 자리와 집터를 잡아 주고 지관들은 대접을 받는다. 그러나 풍수지리에 따라 터를 잡는 일이 어디 쉬운 일인가. 물론 인간의 운명을 길흉으로 따져 점을 치고 사는 세상은 이미 사라졌지만 사람들이 불확실한 미래에 대한 보장을 얻어 보려는 소망을 버린 것은 아니다. 그러한 인간의 약점을 빌미로 거짓말을 해서 사람을 후려서 한몫 챙기려는 거짓말쟁이를 반풍수라고 한다.

반풍수는 아는 것을 모른다고 하고 모르는 것을 안다고 해서 거짓말을 하는 치에 불과하다. 돌팔이 의사도 그런 반풍수이고 사기꾼도 그런 반풍수인 것이다. 위선자도 반풍수이고 모리배도 반풍수이다. 오늘날 우리 세상에서는 정치하는 사람을 거의 믿으려 하지 않는다. 정치를 한다면서 너무나 반풍수 짓을 밥먹듯이 해 온 까닭이다.

나라가 허풍을 치면 백성은 지갑을 털어야 한다. 오늘은 도로를 포장했다가 내일은 파내고 하수도 공사를 하는 꼴을 어디에서나 볼 수 있다. 이러한 짓도 반풍수 짓이다. 선량들의 공약(公約)이 공약(空約)으로 그쳐도 백성은 무감각하다. 공약이란 내놓고 거짓말을 하는 짓이 아닌가. 이제 백성은 하도 반풍수 짓에 진절머리가 나서 콩을 콩이라 하고 팥을 팥이라 해도 머리를 젓는다. 이렇게 반풍수 짓거리는 인간의 믿음을 의심하게 만들어 백성의 마음을 벌레 씹은 얼굴처럼 일 그러지게 한다.

왜 이러한 불행이 판을 치는가? 거짓말이 참말을 잡아먹고 오리발을 내미는 꼴이 되어 그러한 것이다. 거짓을 일삼고 시치미를 떼며 나라를 사랑하고 민족을 아끼라고 아무리 절규를 해도 그러한 절규는 메아리 없는 공허한 만용에 불과할 뿐이다.

우리는 왜 이렇게 성미가 급하고 사사건건 남의 탓으로 돌리면서 섭씨 백도가 넘는 분을 품고 오뉴월 자갈밭에 올라온 지렁이처럼 꿈틀대다가 소중한 목숨을 탕진하는 어리석음을 해마다 되풀이하는가? 나라를 다스리는 위치에 있는 모든 사람들이 앎에 대한 엄정성이 결여되어 있는 탓인 것이다.

공자의 제자 중에 용맹스러우나 성급하고 조급한 제자가 있었다. 그의 이름은 유(由)였고 자는 자로(子路)였다. 유가 앎이 깊지 못하여 만용을 서슴지 않으니 아마도 공자는 유에게 앎을 제대로 알라고 당부를 했을 것이다. 앎이란 무엇인가? 아는 것을 안다 하고 모르는 것을 모른다 함이 곧 앎이다. 이러한 공자의 말씀은 항상 마음에 담아 두어야 할 것이다.

🌿 공자의 말씀

유야, 너에게 앎이 무엇인가를 가르쳐 주마. 아는 것을 안다 하고 모르는 것을 모른다 함이 곧 앎이다.

由 誨女知之乎 知之爲知之 不知爲不知 是知也

(12) 듬직하여 든든한 사람

　세상에서 제일 무서운 사람은 믿을 수 없는 허풍쟁이이다. 허풍쟁이는 무엇이든 약속을 하지만 지키는 약속은 하나도 없는 사람이다. 서로 마음을 다지고 주고받는 것이 약속이다. 약속을 어기는 사람은 남의 마음을 받아서 떠보기만 하고 헌신짝처럼 남의 마음을 버리는 사람이다. 남의 마음을 업신여기는 짓보다 더 무섭고 잔인한 짓은 없다.

　옛날 어느 마을에 아주 예쁘고 다소곳한 처녀가 하나 있었다. 그 처녀에게 마음을 두고 그 고을의 많은 총각들이 서로 몰래 짝사랑을 퍼붓고 있었다. 중신아비들은 처녀집을 들락거리며 신랑감을 소개했지만 번번이 퇴짜를 맞았다.

　얼굴이 잘생긴 총각은 얼굴값을 믿고 출랑거리고 집안이 좋다는 총각은 제 집안 뼈대만 믿고 거드름을 피우고 학문을 해서 아는 것이 많다고 고개를 드는 총각들은 모두 퇴짜를 맞았다. 그래서 부아가 난 중신아비가 처녀 애비에게 딸을 처녀 귀신이 되게 할 작정이냐고 역정을 냈더니 그 애비는 중신아비의 손을 잡고 그대가 천거하는 총각들은 모두 제 속을 믿는 놈들이 아니고 얼굴을 믿고 뼈대를 믿고 학문을 믿고 출랑대는 난놈들에 불과하다고 타일러 주었다는 것이다. 본래 난놈들은 믿을 수가 없어 잡놈이 되기 쉽고, 잡놈에게 잡힌 아낙은 평생을 눈물로 살아야 하니 어느 애비가 난 놈에게 딸을 주겠느냐고 면박을 주었다는 것이다.

　중신아비가 어느 신랑감을 원하느냐고 물었더니 든놈을 찾아보라고 귓속에다 소곤거리면서 내 딸이 엿들을지 모르니 바로 옆집 총각에게 뜸을 들여 달라고 청을 했다는 것이다. 옆집 총각은 못생긴 무지렁이 농사꾼으로 통했던 모양이다. 어디 하나 볼품없는 선머슴 같은 놈에게 왜 딸을 주려 하느냐고 중신아비가 물었다. 그러자 처녀 애비는 본래 등잔 밑이 어두운 편이라며 타이렀다. "그 총각은 밤이면 책을 읽어 학문을 하고 낮이면 밭을 갈아 열심히 일을 하네. 그가 심은 곡식은 무엇이든 잘되고 그가 기르는 소와 돼지는 항상 살이 찌고 그 가솔들은 항상 행복한 삶을 산다네. 이는 다 그 총각이 뚜벅뚜벅 할 일을 하고 제 분수를 아는 놈이란 말일세. 그러니 든놈이 아닌가. 든 놈이어야 사람이 되는 법이니 딸을 둔 애비 치고 든든해서 사람이 된 놈을 마다할 것인가. 그러니 옆집 총각이 신랑감으로 안성맞춤이지." 그래서 중신아비가 다리를 놓아 떠꺼머리 숫총각이 예쁜 신부를 맞이하였더니 난 놈들은 상사병만 앓다가 제 풀에 꺾였다는 이야기를 옛날 노인들은 들려주며 집안 젊은것들의 바람기를 잡았다는 것이다.

믿을 수 있는 사람이 제일 아쉽다. 믿을 수 없는 세상일수록 신용이 있는 사람을 기다리는 법이다. 누가 믿을 수 있는 사람일까? 말과 행동이 같은 사람일 게고 겉과 속이 같은 사람일 게다. 얼굴로는 웃으면서 속으로는 살기를 품은 인간처럼 잔인한 동물은 없는 것이 아닌가. 공자는 인간의 이러한 잔인성을 갈파하고 인간에게 소중한 것이 곧 믿음이라고 밝혀 놓았다.

🌿 공자의 말씀

사람이면서 신의가 없다면 무엇에 쓸 것인가. 큰 수레든 작은 수레든 멍에가 없다면 어떻게 끌고 간단 말인가.

人而無信 不知其可也 大車無輗 小車無軏 其何以行之哉

3. 문답의 담론

(1) 어기지 마라

공자가 맹의자(孟懿子)를 만나고 수레를 타고 돌아가는 길이다. 공자의 제자인 번지(樊遲)가 수레를 몬다. 맹의자에게 속에 담았던 말을 해 준 공자는 속이 후련했던 모양이다. 맹의자가 효를 묻길래 '어기지 말라'고 한 마디 해주었다고 공자가 번지에게 귀띔해 준다. 그러자 번지가 무슨 뜻이냐고 되묻는다. 효는 섬기는 것임을 번지도 알고 있었을 것이다. 그러나 선생께서 어기지 말라고 하였다니 숨은 뜻을 번지도 알고 싶었던 것이다.

맹의자는 노 나라의 대부였다. 공자의 시대인 노 나라 시절에는 세 가문의 대부가 갖은 권세와 횡포를 부려 말이 아니었다. 어느 나라나 권문세가가 판을 치면 죄 없는 백성이 허리띠를 졸라매고 갖은 고초에 신음을 하게 마련이다. 백성을 보살피는 권력이 아니라 백성을 못 살게 구는 권력은 세도를 부리는 사람의 칼자루 구실을 하고, 그렇게 되면 백성은 그 칼날을 붙들고 가련하게 살아가야 한다. 맹의자 역시 칼자루를 휘두르면서 세상을 호령하며 떵떵거리던 위인이었다. 그런 자가 효가 무엇이냐고 물었을 때 공자가 어기지 말라고 일침을 가한 것은 숨김없는 직언인 셈이다.

그러나 맹의자에게 쏘아 주었던 말을 그대로 번지에게 풀어 줄 공자가 아니다. 번지는 맹의자 같은 권세의 기생충이 아닌 까닭이다. 맹의자는 권력을 쥐고 있으니 백성을 다스릴 때 부모를 모시는 효처럼 하라는 숨은 말씀이 담겨 있을 것이지만 권세가 없는 번지에게 그렇게 풀이해 줄 이유가 없다. 그래서 공자는 번지에게 살아 계시는 부모를 예로써 모시고 돌아가신 뒤에도 또한 예로써 장사를 지내 모셔야 한다고 말해 준다. 예란 무엇인가? 나보다 남을 존중하고 존경하며 사랑함이 아닌가. 생시의 부모도 그렇게 모시고 돌아가셔도 그렇게 모시는 일을 어기지 마라. 이 두 가지를 어기면 효는 불가능하기 때문이다. 예는 효의 근본인 까닭이다.

서구 문화는 효를 모른다. 그래서 서구의 인륜은 우리와 다르다. 우리는 태어난 시간을 존중한다. 나이 어린 사람이 나이 많은 사람을 존중하고 존경하는 마음을 우리는 소중히한다. 그러나 서구에선 오로지 인간의 능력에 따라 생활의 규범을 세우려고 할 뿐이다. 그런 서구 문화의 물결을 타게 된 우리도 효를 멀리하고 잊어버리려고 하고 있다. 효가 없으면 힘이 앞서는 밀림의 법칙을 닮게 마련이다. 우리의 삶도 살벌하고 무섭게 되어 가고 있다.

🫖 맹의자와의 담론

맹의자가 공자에게 효에 대해 물었다. 그러자 공자는 어기지 말라고 응해 주었다. 수레를 모는 번지에게 맹의자가 효를 묻기에 어기지 말라고 한 마디 해 주었다고 공자께서 말하였다. 번지가 무슨 뜻의 말씀이냐고 묻자 공자께서 살아 계시는 부모를 예로써 모시고 돌아가시면 예로써 장사를 지내고 또한 예로써 제사를 올려야 한다고 말해 주었다.

孟懿子問孝 子曰 無違 樊遲御 子告之曰 孟孫問孝於我 我對曰 無違 樊遲曰 何謂也 子曰 生 事之以禮 死 葬之以禮 祭之以禮

(2) 존경하라

파고다 공원에 가면 늙음이 서럽다는 것을 눈으로 볼 수 있다. 무료하게 가만히 앉아서 바삐 오가는 사람들을 멍하니 바라보면서 시간을 때우는 노인들을 보면 길 잃은 외기러기처럼 보인다. 쓸쓸하고 서글픈 노인들은 옛날에는 효도라는 것이 있었다는 것을 기억할 뿐이다.

아들에게 아침에 천 원을 받아 나오는 노인은 행복한 축에 낀다는 말을 노인정에 가면 들을 수 있다는 것이다. 노인정에 나온 한 노인이 며느리 흉을 보는 내용을 들으면 누구나 서글퍼질 것이다. 애완용 개가 감기가 들어 가축 병원에 가야 한다는 며느리에게 개고뿔이란 말이 있는데 무슨 병이냐고 했더니 귀한 개를 앓게 해서는 안 된다면서 개를 안고 갔다는 것이다. 치료비가 무려 2만 원이 들었다는 말을 듣고 그 노인은 자신의 호주머니 속에 아들이 몰래 넣어 준 천 원을 만지고 기가 찼다는 이야기를 노인들에게 했다는 것이다. 그런데 좌중의 노인들은 화를 내기는커녕 그 노인의 아들이 효자라고 입을 모았다는 것이다. 천 원이라도 안 주면 어떻게 하느냐. 늙음이 서러울 뿐 버릇없는 젊은이들을 어떻게 한다는 말인가. 이처럼 효는 이미 동이 나고 말았다.

자유(子游)가 공자께 효가 무엇이냐고 물었다. 요즘은 효를 물질로 하는 것처럼 생각하는 모양이다. 개나 말도 먹이를 얻어먹을 수 있는 일이니 무엇을 준다고 효가 되는 것은 아니다. 존경하는 마음이 없다면 무슨 효가 되겠느냐고 공자께서 응해 주었다.

자하(子夏)도 공자께 효에 대해 물었다. 즐거운 낯으로 항상 부모를 모시기는 어려운 일이다. 힘든 일은 젊은이들이 하고 맛있는 음식이나 술이 있으면 어른께 드린다고 효도를 다하는 것은 아니라고 공자께서 대답했다. 효의 행위는 마음속에서 우러나야 한다. 겉치레로 모시는 시늉을 하는 것은 두 번 속이는 셈이다. 거짓으로 효도하는 척해서 자신을 속이고 제 부모를 속이는 까닭이다. 속이는 마음은 존경할 줄 모른다. 존경하는 마음은 어른을 사랑으로 모시는 마음일 것이다.

아들딸이 부모를 모시는 것은 마음에서 우러나야 한다. 체면에 못이겨 억지로 모시는 척하는 것은 효가 아니라고 공자께선 밝힌 셈이다. 2만 원을 들여 동물 병원에 가는 며느리와, 아내 몰래 천 원을 건네는 자식을 둔 그 노인을 공자께서 만난다면 무슨 말을 할까? 생각하기조차 싫은 일이다.

🫖 자유와의 담론

자유가 효는 무엇이냐고 물었다. 요사이는 효를 공양하는 것으로 여기는 모양이다. 그러나 개나 말도 양육을 받을 수 있는 일이다. 존경하는 마음이 없다면 무엇이 다를 것인가.

子游問孝 子曰 今之孝者 是謂能養 至於犬馬 皆能有養 不敬 何以別乎

🫖 자하와의 담론

자하가 효에 관해 물었다. 즐거운 낯으로 항상 대하기는 어렵다. 힘든 일이 있으면 젊은이들이 하고 맛있는 음식이나 술은 어른께 드린다고 효도를 다하는 것이라고 말할 수 있겠는가.

子夏問孝 子曰 色難 有事 弟子服其勞 有酒食 先生饌 曾是以爲孝乎

(3) 허풍을 떠는 사람

약속을 잘하는 사람은 약속을 잊어버리기 쉽다. 너무나 많은 약속을 해서 무슨 약속을 했는지 감을 잡을 수 없는 까닭이다. 약속을 하고 잊어버린다면 약속은 지켜질 수 없다. 그리고 그런 버릇으로 그는 허풍선이로 몰리고 만다. 허풍선이가 되면 참말을 해도 거짓말로 들어주므로 참말을 할 수 없게 된다. 그러면 그 사람은 저절로 신용을 잃어버린다. 그리고 허풍선이의 말로는 결국 거짓말쟁이로 떨어진다.

약속을 잘 지키는 사람은 좀처럼 약속을 하지 않는 사람이다. 할 수 있는 일이면 어렵사리 약속을 하고 할 수 없는 일이면 매정하게 거절한다. 그러면 그는 매정한 사람이라는 뒷말을 듣게 된다. 이런 뒷말을 겁내거나 우려하지 않고 자신의 능력을 제대로 알고 일을 헤아리는 사람은 남의 말에 따라 중심이 흔들리지 않는다. 그래서 신용을 잃지 않고 자기 분수대로 산다. 그리고 단단한 사람이라는 소리를 듣는다.

허풍선이는 제 실속마저도 차리지 못해 얼간이 구실을 하면서도 입만 살아서 기고만장이다. 말만 잘하면 천 냥 빚을 갚는다는 말을 맹신하고 입을 멋대로 놀려 사람의 말을 죽이는 짓을 할 뿐이다. 단단한 사람은 손해볼 짓은 아예 하지 않으므로 제 실속을 차리고 자신에게 손해되는 일은 하지 않는다. 단단한 사람은 남을 이해하고 도와주는 일에는 인색한 편이어서 알고 보면 제 욕심으로 속이 차서 단단할 뿐이다. 그러므로 속이 단단한 사람은 입은 죽어 있지만 속에는 욕심이 살아서 기승을 부린다.

허풍쟁이보다 제 실속만 챙기는 깍쟁이가 더 무섭다. 허풍쟁이는 장마 뒤의 물방개처럼 말로만 빙글빙글 돌지만 과묵하면서 제 욕심에 사나운 사람은 음흉한 개처럼 물 수 있는 이빨을 감추고 있는 까닭이다. 군자는 허풍쟁이의 말을 부끄럽게 하고 깍쟁이의 욕심을 부끄럽게 하는 사람이다. 그래서 군자는 든든한 사람인 것이다.

든든한 사람이 옆에 있으면 마음이 푸근해진다. 믿고 의지해도 되는 까닭이다. 참으로 사랑해 주는 이의 가슴은 바다보다 넓고 깊다는 말이 있다. 그러한 말을 몸으로 실천하는 사람이 군자인 것이다.

공자의 제자 중에 말을 잘하는 제자가 있었다. 그가 자공(子貢)이다. 그런 재주를 믿고 말을 앞세우다 보면 허풍쟁이가 될 가능성이 있는 법이다. 그 자공이 군자란 무엇이냐고 공자께 물었다. 스승은 어떻게 대답을 했을까? 실천한 다음에야 말을 하는 사람이 군자라고 응해 주었다. 제자의 아픈 곳을 찔러 고쳐 주려는 스승의 사랑인 셈이다. 그렇다면 어떻게 실천한다는 말인가? 제 욕심을 위해서 무슨 짓을 실천한다면 단단한 사람은 될 수 있을지언정 든든한 사람은 될 수 없는 일이다. 그러므로 군자는 남을 사랑하는 일을 실천한 다음에 그 사랑함〔仁〕을 말하는 사람일 것이다.

우리 주변에는 허풍쟁이가 득실거리고 단단한 사람들 또한 많다. 그러나 온 사람이 믿고 기댈 만큼 든든한 사람을 만나기는 너무나 어렵다. 공자가 주장하는 군자는 초인적(超人的)인 인물이 아니어도 된다. 범인이면서도 남을 사랑하고 남의 삶을 기뻐하는 마음씨가 영근 사람이면 그 또한 군자인 것이다.

🫖 자공과의 담론

자공이 군자는 어떠한 인물이냐고 물었다. 말의 내용을 먼저 행동으로 옮긴 다음에야 말을 하는 사람이라고 공자께서 응해 주었다.

子貢問君子 子曰 先行其言 以後從之

(4) 차지철의 죽음을 아는가

높은 벼슬을 누리고 싶은 사람은 이승만 대통령 시절의 최인규를 생각해 보고 박정희 대통령 시절의 차지철을 생각해 보기 바란다. 최인규는 내무부 장관이었고 차지철은 대통령 비서실장이었다. 관리로서는 올라갈 만큼 다 올라간 관직을 누렸던 사람들이다. 그러나 최인규는 교수대에서 죽임을 당했고 차지철은 술판에서 한통속의 총탄에 맞아 생목숨을 잃었다. 높은 관직이 탐나는 사람은 그들이 왜 그렇게 죽임을 당했던가를 생각해 보면 좋을 것이다.

최인규는 정상에 있는 사람만 잘 보살피면 관운이 하늘을 찌를 듯이 오를 줄 알고 백성을 얕본 탓에 목에 밧줄을 두르게 된 것이고 차지철은 정상의 신임만 있으면 못할 짓이 없다는 기질 탓에 머리통에 총알을 맞아야 했다. 최인규가 백성에게 살쾡이 짓을 해서 윗사람의 눈에 들려고 했다면 차지철은 백성에게 멧돼지 짓을 해서 윗사람의 신임을 얻으려고 했다. 그러나 이러한 치들은 가장 어리석은 자들이다. 백성이 강물이라면 임금은 쪽배에 불과하다는 남명(南冥) 조식(曺植) 선생의 말씀을 알았더라면 최인규는 교수대 위에 서지 않았을 것이고 차지철은 총을 맞고 죽지 않았을 것이다.

남명 선생은 지리산에서 은거하면서 나라를 걱정했던 큰 선비였다. 도산서원에 군림했던 퇴계 선생도 높이 받들 만큼 공맹의 말씀을 실천하였던 남명 선생은 선조 임금을 만나 백성은 강물이요, 임금은 쪽배이며 강물이 화가 나면 쪽배 따위는 산산조각이 난다고 직언했다. 이에 선조가 화가 치밀어 사약을 내려 죽이려 했지만 퇴계가 나서서 말렸다. 남명 선생의 말씀에 따라 관리를 하면 망한다고 여기는 치들이 관직에 많으면 많을수록 백성은 신음해야 한다.

높은 사람이 되려면 백성의 숨소리를 들을 줄 알아야 하고 높은 사람이 되어서도 그래야 한다. 그러면 현명한 임명권자라면 그를 선택하여 더 높은 관직으로 초대할 것이다. 그러나 현명한 임명권자가 귀하니 탈이다. 아첨 잘하고 굽실거리는 사람을 좋아하는 사람이 상석에 있으면 아랫자리의 사람들은 모두 개가 되어 백성을 쓰레기통쯤으로 알고 뒤지다가 백성이 놓은 쥐약을 먹고 생목숨을 앗기는 법이다.

고관이 되려면 남의 말을 잘 듣되 의심나는 것은 제하고 나머지를 귀담아 들으라. 그러면 허물이 적어질 것이다. 많은 것을 살피되 확실하지 못한 것을 빼놓고 나머지를 행동으로 옮겨라. 그러면 뉘우침이 적어질 것이다. 이렇게 하여 제가 하는 말에 허물이 적고 제가 하는 행동에 뉘우침이 적다면 봉급을 많이 받는 자리는 저절로 온다는 공자의 말씀을 좀 안다면 최인규류의 관리나 차지철류의 관리는 없을 것이 아닌가. 최인규 같은 장관이 되어서 뭐하고 차지철 같은 경호실장이 되어서 뭐할 것인가. 높은 자리란 항상 뜨겁게 익은 감자란 것을 안다면 함부로 물어서 이빨을 뽑힐 짓은 하지 않을 것이다.

🫖 자장과의 담론

자장이 벼슬을 해서 높은 봉급을 받는 방법을 가르쳐 달라고 하였다. 그러자 공자께서 많은 말을 듣되 의심나는 것을 제하고 나머지를 귀담아 들으면 허물이 적을 것이고 많이 살펴보되 위태로운 것을 빼버리고 나머지를 행동으로 옮기면 뉘우침이 적을 것이다. 말에 허물이 적고 행동에 뉘우침이 적으면 녹이란 그 안에 있게 마련이라고 했다.

子張學干祿 子曰 多聞闕疑 愼言其餘則寡尤 多見闕殆 愼行其餘 則寡悔 言寡尤 行寡悔 祿在其中矣

(5) 이승만 대통령은 하와이로 가고

백범(白凡) 김구 선생이 우리나라의 초대 대통령이 되었으면 어떠했을까? 썩기만 했고 무능했던 이승만 정권을 바라보면서 백성들이 자주 들먹였던 푸념이다. 왜놈에게 테러를 가해 간담을 서늘케 했던 백범이 대권을 잡았더라면 다른 것은 몰라도 친일파를 그대로 내버려두지는 않았을 것이다. 백범은 우남(雩南) 이승만 선생에 비해 정치 감각은 뒤졌을지 몰라도 민족을 배반한 무리를 그냥 두면 부정부패와 무능의 온상이 된다는 진리를 알았기 때문이다.

일제의 탄압에서 벗어난 직후 온 백성은 백범을 존경했고 또한 우남을 존경했다. 그 두 사람을 내일의 빛으로 여기고 자유로운 민족의 앞날을 백성은 고대했다. 그러나 백범은 못난 안두희의 총탄에 돌아가셨고 온 백성은 통곡을 했다. 그리고 우남은 초대 대통령으로 취임했다. 백범이 서거하고 우남이 대권을 잡았을 때 아마도 친일파들은 한시름 놓았을 것이다. 친일파를 제거하면 백성이 우매해진다는 해괴한 망발을 서슴지 않았던 우남이 대권을 잡았으니 그 밑에서 아양을 떨면 목숨을 부지할 수 있을 뿐만 아니라 일본놈 밑에서 누렸던 영화도 연장되리라는 속셈을 친일파들이 할 수 있었을 것이기 때문이다.

독립 운동의 후예들은 못살고 친일파의 후예들은 잘산다. 이러한 일이 사실이라면 탈이어도 보통 탈이 아니다. 민족을 배반한 짓은 살인강도보다 더 못된 짓이 아닌가. 살인강도는 어느 한 사람을 살해하지만 민족을 배반하는 놈은 민족 전체를 죽이는 짓을 한 놈이니 말이다. 우남은 그러한 무리를 감싸고 치안을 유지한다면서 일제 때 독립 운동을 하던 사람을 사냥했던 고등계 형사들을 치안 유지의 요직에 앉혀 놓고 세상을 다스리려고 하였으니 우남의 말로는 뻔했던 셈이다.

우남은 백성의 말을 들을 수 없었다. 우남에게 아첨하는 무리들이 장막을 치고 솔깃한 말만 해 주는 탓에 놀아나 노망을 부리고 있었다. 쌀이 없어 밥을 굶는다고 하니까 빵과 계란을 먹으면 될 게 아니냐고 했다는 우남은 세상을 몰랐고 백성을 몰랐다. 이것으로 우남은 대통령의 자리에 있을 권리를 상실했던 셈이다. 일제 때 독립 운동으로 청춘을 다했던 우남의 정신을 무엇이 이렇게 타락시켰을까? 천하에 못된 놈들이 권력을 탐진하게 했던 까닭이 아닌가.

임금이든 대통령이든 사람을 가려서 쓸 줄 알아야 한다. 굽은 사람과 곧은 사람을 가릴 줄을 알아야 제대로 된 임명권자가 되는 법이다. 굽은 인간은 난사람일 수는 있지만 못된 놈이게 마련이다. 곧은 사람은 옳고 그름을 갈라 옳으면 하고 그르면 하지 않는 사람이다. 우남은 된사람보다 난사람을 택해 자리에 앉혔으니 그 말로는 백성의 힘에 의하여 쫓겨나는 부끄러움을 면할 수 없었던 것이다.

국민이 원하면 물러나겠다며 하와이로 망명한 우남은 비행기 속에서 무슨 생각을 했을까? 그분은 공맹을 알았을 터이니 공자께서 애공 (哀公)에게 들려준 말씀을 되새겼는지도 모른다. 노 나라의 군주였던 애공이 백성을 따르게 하는 방법을 묻자 공자는 굽은 사람을 물리치고 곧은 사람을 쓰면 백성이 따른다고 타일러 주었다. 우남의 주변에 누가 있었던가? 박 마리아의 치마폭에 놀아났던 이기붕을 믿고 무엇을 할 수 있었을 것인가. 썩은 양고기를 먹으려는 개미 떼만 모였고 그래도 괜찮았던 사람들은 그 옆에서 떨어져 나갔다. 하와이행 망명 비행기를 타야 했던 우남의 말로는 독립 운동의 공에 똥물을 뿌린 짓을 했던 셈이다. 그러므로 우남은 젊어서는 위대했지만 늙어서는 노망짓으로 백성을 실망시켰던 셈이다. 이는 굽은 사람을 써서 망신을 당한 꼴이 아니고 무엇인가?

🫖 애공과의 담론

애공이 백성이 따르게 하는 방법을 물었다. 그러자 공자께서 곧은 사람을 들여 굽은 사람 위에 앉히면 백성이 따를 것이고 굽은 사람을 들여 곧은 사람 위에 앉히면 백성이 따르지 않는다고 밝혀 주었다.

哀公問曰 何爲則民服 孔子對曰 擧直錯諸枉 則民服 擧枉錯諸直 則民不服

(6) 탈을 쓴 사람

세상에서 제일 무서운 사람은 권력을 쥐면 칼자루를 잡았다고 여기는 무리일 것이다. 이러한 무리를 세도가라고 한다. 어느 세상이나 세도가가 판을 치면 말로의 길을 걷게 된다. 고려조도 그 무리 탓에 끝을 맺었고, 조선조 역시 그 무리들 탓에 나라를 망치고 말았다.

세도가는 임금에게 떡을 올리고 그 떡에 묻은 고물을 조금이라도 얻어먹으면 성은을 입었다고 아양을 떤다. 그런 아양에 놀아난 임금은 그 떡이 세도가가 파놓은 함정과 덫인 줄도 모르고 받아먹는다. 함정에 빠진 임금은 꼭두각시가 되어 발목을 잡힌다. 그리고 세도가는 임금으로 하여금 사약을 제조하는 공장이 되게 한다. 이쯤 되면 떡은 세도가가 먹고 임금은 떡고물을 얻어먹는 신세가 되고 만다. 조선조가 나라를 팔아먹을 때 고종 황제는 뒷전에서 아무리 속을 태웠어도 신하들은 조정에 모여 매국 문서에 도장을 찍었다. 이처럼 세도가는 백성을 죽이고 마지막에는 나라의 땅을 팔아먹고 새로운 주인을 찾아 아양을 다시 떨면 된다는 족속들이다. 나라를 가문의 뒤주쯤으로 여기는 무리들이다.

요사이는 세도가란 말보다 신흥 세력, 특권층이란 말을 자주 쓴다. 특권층이란 현대판 세도가를 말하는 것이다. 옛날의 임금은 세도가를 키워서 망했고 지금 대통령들은 특권층을 만들어 망신을 당한다. 그러니 권력의 못된 병은 여전히 남아서 병균을 옮기는 셈이다.

권력으로써 백성의 사랑을 얻는 것은 아니다. 권력을 쥔 사람의 마음에 따라 백성의 사랑을 얻기도 하고 잃기도 할 뿐이다. 공자가 살았던 노 나라에 세도를 누렸던 세 가문이 있었다. 이를 삼환(三桓)이라고 하는데 그 작폐는 이루 말할 수 없었다. 그중 하나가 계강자(季康子)를 우두머리로 하는 세도가였다. 그 계강자가 어떻게 하면 백성이 자기를 존경하게 하고 충성을 바치고 근면하게 할 수 있느냐고 공자에게 물었다. 계강자의 이런 말을 듣고 공자의 마음은 어떠했을까? 착잡하고 서글펐을 것이다. 힘만 믿는 세도가란 대개 제비에게 쌀을 주면서 먹으라고 칭얼대는 무리이기 쉽고 호랑이더러 풀을 먹으라고 윽박지르는 성미를 지닌 무리들인 까닭이다.

제비는 벌레를 먹어야 살고 호랑이는 고기를 먹어야 산다는 것을 모르는 무리가 제비를 키우고 호랑이를 사육한다면 살아날 제비나 호랑이는 없을 것이다. 힘밖에 모르는 무리들이 존경과 충성 그리고 근면을 바란다면 그들은 힘으로 겁을 주어 탄압하는 수단밖에 모를 것이다. 공자는 힘으로 사람을 다스리지 말고 사랑함으로 백성을 다스리는 군자를 희구했다. 계강자가 군자도 아니면서 군자인 척하려는 짓을 보고 공자는 뭐라고 했을까?

계강자여, 장중하라. 권세만 믿고 경거망동을 마라. 그러면 백성은 계강자를 존경할 것이오. 사랑함을 실천하고 효도를 하라. 권세만 믿고 무례한 짓을 말라. 그러면 백성은 계강자에게 충성을 할 것이오. 선량한 사람을 아껴 쓰고 부족한 사람을 가르쳐 주면 선한 일을 권하는 셈이니 악한 짓을 하지 말아라. 이처럼 공자는 계강자에게 세도의 탈을 벗어던지라고 직언했다. 본래 좋은 말은 입에 쓰고 못된 말은 입에 달다. 공자의 직언을 듣고 계강자가 얼마나 달라졌을지는 모를 일이지만 아마 계강자는 벌레 씹은 인상을 지었을 것이다. 공자의 말씀

에 귀를 기울여 준 군왕이나 공자의 말씀을 따른 세도가는 하나도 없
었다. 남이 몰라주어도 화를 내지 않는다고 했던 공자의 깊은 마음을
누가 알 것인가. 아무리 말을 듣지 않아도 사람이 사는 세상은 사랑함
으로 다스려져야 한다는 것이 불변의 진리이며 그 진리를 위하여 공
자는 고행의 길을 밟았던 셈이다. 그러나 항상 계강자류의 무리가 득
세를 하고 세상을 아프게 하여 백성은 병을 앓는다. 권세의 병균을 옮
기는 무리들은 결국 쇠고랑을 차지만 또 다른 무리가 나타나 병균을
옮기는 짓을 한다. 그래서 더욱 공자의 말씀은 값지고 빛난다.

🫖 계강자와의 담론

백성으로 하여금 열심히 존경심을 갖게 하고 충성심을 갖게 하려면
어떻게 하면 되느냐고 공자께 물었다. 장중하게 임하면 존경을 받게
되고 부모를 모시고 어린 사람을 아끼면 충성을 받게 되며 선한 것을
높이고 부족한 이를 가르쳐 베풀면 백성은 근면하게 된다고 공자는
응해 주었다.

季康子 問使民敬 忠以勸 如之何 子曰 臨之以莊 則敬 孝慈 則忠 擧善而
教不能則勸

제3장
〈팔일(八佾)〉편

1. 〈팔일(八佾)〉 편의 체험

(1) 공자를 버린 사람들

누가 공자를 따르고 누가 공자를 버렸는가? 힘있는 자들은 공자를 저버리는 짓을 쉽게 저질렀고 힘없는 백성들은 공자를 뒤따랐다. 가난한 백성은 공자를 믿었고 권문세가의 부유한 지배층은 공자를 팔아 이용만 했을 뿐 공자의 참뜻은 저버렸다. 그래서 공자가 바랐던 태평성대는 이루어지지 않았다. 사람의 세상이 항상 춘추 전국 시대인 것은 권문세도가들이 공자를 버렸기 때문이다.

궁궐의 벼슬아치들은 공자를 입으로만 불렀고 초야의 선비들은 공자를 따르려고 하였다. 물론 벼슬꾼 중에는 공자를 어길 수 없어 낙향하는 사람도 없지는 않았다. 그러나 궁궐은 사서삼경(四書三經)을 편리한 대로 주물러 유린했다. 말로는 항상 덕치(德治)를 한다면서 그것을 실제로 옮긴 적은 많지 않다. 허다한 임금 중에서 성군(聖君)은 몇 명이나 되는가? 별로 없다. 이것은 무엇을 말하는가? 예부터 힘으로 세상을 다스렸지 사랑함과 올바름으로 다스린 적이 없다는 사실을 나타내는 것이 아닌가.

공자는 허다한 군주들로부터 버림을 당했지만 그들을 깨우치려는 마음을 버린 적이 없었고 피한 적도 없었다. 임금의 호감을 사서 영화를 누리자고 공자가 군왕을 찾은 것은 아니다. 군왕이 인의(仁義)를 버리면 백성이 아프게 되는 까닭에 공자는 끈질기게 힘을 버리고 사랑으로 세상을 다스려야 한다고 말해 주어 미움만 샀다. 아부나 아첨은 듣기에는 달콤하지만 직언은 마음을 찔러 부끄럽게 한다.

정치를 없애고도 인간이 살 수 있다면 아마 공자는 정치를 버리자고 했을 것이다. 그러나 사람은 어쩔 수 없이 사회적 동물이므로 그것을 버릴 수 없음을 뼈저리게 알았다. 그러니 사납게 힘으로 행패를 부리는 정치를 고쳐야 한다는 정신을 버릴 수 없음을 공자는 알았던 것이다. 패도(覇道)를 왕도(王道)로 바꾸어야 백성이 행복하게 산다는 믿음을 공자는 천하에 펴려고 했지만 치자(治者)들은 공자를 버렸다.

패도란 무엇인가? 백성에 군림하며 외면하는 정치로 여기면 된다. 왕도란 무엇인가? 백성에 의지하며 사랑하는 정치로 여기면 된다. 그리고 패도는 사랑함[仁]과 올바름[義]을 어기는 다스림이며 왕도는 인의를 따라 실천하는 다스림으로 여기면 된다. 공자는 궁궐을 끼고 도는 모든 벼슬아치들에게 패도를 버리고 왕도를 펴라고 호소했다. 그러한 공자를 왜 벼슬의 집단은 외면했을까? 벼슬의 생리는 봉사하는 마음보다 군림하는 마음을 좋아하기 때문이다. 벼슬아치들이 이러한 생리를 버리지 않는 한 언제 어디서나 정치는 패도의 길을 밟고 백성은 패도의 눌림에 아파해야 한다. 백성이 아파하는 세상을 춘추 전국 시대라고 새겨도 된다.

악법이라도 법이라면 따라야 한다. 이러한 말을 남기고 독배를 든 소크라테스와 임금에 충성을 다하라는 공자 사이에는 서로 통하는 점이 있다. 인간은 세상을 다스릴 문물제도를 떠나서 살 수 없음을 새겨주기 때문이다. 임금을 이용하면 권문세도가 되고 임금을 도와 백성을 사랑하는 정치를 펴게 하면 충신이 된다. 권문세도는 임금을 팔아 백성을 손아귀에 넣고 임금을 뒷방에 눌러 놓고 백성의 주인 행세를 한다. 공자는 이러한 권문세도를 질타했다. 그래서 권문세도는 공자를 어디서나 쫓아내려고 했다.

임금이 아니면서 임금처럼 행세했던 권문세도가 이제는 없어졌다는 말인가? 임금은 없어졌지만 그러한 집단은 여전히 남아 있다. 현대를 민주 시대라고는 하지만 여전히 패권 시대이다. 권력은 곧 힘이라고 강변하는 그것이 곧 패권이다. 이제 어느 나라에나 대통령이나 수상이 있다. 그들은 대권을 쥐고 나라를 다스린다. 어떻게 다스리는가? 사랑함과 올바름으로 다스리는가, 아니면 힘으로 다스리는가? 물을 것도 없다. 왜냐하면 공자의 말씀은 이제 정치에서 떠났다고 여기기 때문이다. 이제는 백성인 시민들도 공자의 말씀을 어기고 멀리한다. 남을 사랑하는 데는 인색하고 자기를 사랑하는 데만 골몰하는 현대인은 인의를 묻지도 않는다. 그래서 세상은 살벌하고 사납다. 옛날은 나라와 나라가 춘추 전국이었지만 이제는 사람과 사람이 서로 춘추 전국이다. 벗은 없어지고 서로 적처럼 아우성이다. 사람이라면 짐승이 되지 말고 사람이 되라. 이것이 곧 예인 것을 모른다.

(2) 세조여, 고문하지 마라

임금과 신하 사이에는 올바름이 있어야 한다〔君臣有義〕. 이것은 임금과 신하 사이에 예를 형성하는 절대 조건이다. 만일 임금이 올바름을 저버리면 예를 짓밟는 셈이고 신하가 올바름을 저버리면 이 또한 예를 어기는 짓이다. 그래서 공자는 예로써 신하를 쓰고 신하는 충성으로 임금을 모셔야 한다고 말해 두었다. 이러한 공자의 말씀이 산산조각 나는 모습이 세조와 사육신 사이에서 섬뜩하게 드러난다.

세조(世祖)가 조카 단종을 몰아내고 왕위를 빼앗아 임금이 되었다는 것은 세상이 다 아는 사실이다. 힘이 세다고 왕위를 빼앗는 짓은 올바름이 아니다. 세조의 불의를 용서할 수 없다는 단종의 신하들을 세조가 처참하게 단죄한 사실도 세상이 다 안다. 사육신의 죽음은 그른 짓이 올바른 짓을 짓밟은 꼴이다. 세조는 왜 그른 짓을 탄핵하는 단종의 신하들을 처참하게 유린해야 했을까? 어긋난 짓을 범하면 턱없는 짓을 범하고 마는 까닭이다. 턱없는 짓이 백성을 아프게 하면 하늘에 죄를 범하는 짓이다. 그러면 빌 곳이 없다고 공자는 밝혔다. 세조가 공자의 이러한 말씀을 지켰다면 단종의 슬픈 역사는 없었을 것이고 노량진에 있는 사육신의 묘도 없었을 것이다.

사육신 중에서 가장 모진 고문을 당하면서도 눈썹 하나 끄떡하지 않았던 사람이 유응부일 것이다. 세조가 유응부에게 무슨 짓을 하려 했느냐고 물었다. 유응부는 세조를 발바닥 밑만도 못한 놈〔足下〕이라고 일갈하고 한칼로 네 목을 베려고 했다고 말했다. 화가 치민 세조는 무사로 하여금 유응부의 살가죽을 벗기게 하고 달군 쇠꼬챙이를 유응부의 사타구니에 넣어 고문하게 했다. 달궈진 쇠는 사타구니에서 지글지글 끓었고 유응부의 살가죽은 타고 익었다. 그러나 유응부는 쇠가 식자 태연히 다시 달구어 오라고 하면서 고문에 굴하지 않았다. 유응부에게 세조는 임금이 아니었다. 그는 세조가 예를 버렸다고 여기기 때문이다. 그러니 그는 세조에게 충신이 될 수 없다는 것이다. 충신은 충복이 아니다. 충복은 주인의 개이지만 충신은 올바름만을 사랑한다. 올바름을 어긴 세조를 징벌하려던 유응부를 세조가 고문한다. 패도란 무엇인가? 유응부의 살갗을 태우는 달궈진 쇠와 같다.

어느 때나 권문세도에서 충신이 나오기는 어렵다. 대개 권문세도는 임금의 충복이 되겠다면서 임금을 이용할 뿐이다. 그래서 세조의 시대에도 백성들은 임금을 팔아 이익을 꾀한 무리들이 제 임금을 못된 짓을 하게 만들고 저들은 쾌재를 부른다고 입질을 했다. 백성은 단종을 영월 땅으로 쫓은 뒤에 죽이도록 간한 정인지, 신숙주 등을 원망했고 생목숨을 앗긴 단종을 불쌍히 여겨 눈물을 흘렸다. 단종을 향해 쏟은 눈물은 무엇인가? 그 눈물은 백성의 마음을 말한다. 어느 시대나 백성은 왕도를 바란다. 그러니 단종에게 바친 백성의 눈물은 왕도의 갈망인 셈이다.

임금의 시대는 이제 갔지만 패도는 여전히 기승을 부리고 있고 왕도는 여전히 희망 사항으로 남아 있을 뿐이다. 그렇다고 패도와 왕도의 의미마저 소멸된 것은 아니다. 힘으로 다스리면 패도이고 덕으로 다스리면 왕도인 까닭이다. 패도는 수많은 엄한 법을 대동하지만 왕도는 약간의 법만으로도 충분히 세상을 다스린다. 오늘날 공자가 있다면 '일국의 원수들이여, 왕도를 걸으라' 고 일갈할 것이 분명하다. 민주 시대에 대통령의 왕도는 무엇일까? 시민의 머슴이 되겠다는 생각을 행동으로 옮기면 그것이 곧 왕도일 것이다.

이승만 대통령은 왜 하와이로 망명했던가? 올바름을 실천하는 예를 버렸던 까닭이다. 그리고 그의 충복이었던 이기붕 일가는 스스로 목숨을 끊었다. 박정희 대통령은 왜 피살되었는가? 아무리 경제 부흥을 이루었다 해도 자기를 다스리는 올바름을 잃어서 그리 되었던 것이다. 그는 결국 주지육림(酒池肉林)에서 측근의 총알을 받아야 했다. 결국 이들은 모두 왕도의 길을 밟지 않았던 탓에 뒤가 망측한 꼴이 되고 말았다. 참으로 어느 시대나 세상을 다스릴 사람은 측근을 충복으로 만들어서는 안 된다. 충복은 주인의 귀와 눈을 빼앗고 주인의 입을 앵무새의 혀처럼 만들어 버리는 까닭이다. 그러면 백성과 등을 지고 대권을 위임받은 사람은 결국 꼭두각시가 되고 마는 법이다.

어디 임금이나 대통령만 예를 지켜야 하는가? 사람이라면 모름지기 누구나 예를 지켜야 사람이 된다. 예란 무엇인가? 사람이 되는 방법일 뿐이다. 그 방법은 정성스러운 마음에서 자라난다. 그러므로 사람이 마음을 업신여기면 예는 절단이 나고 세상은 엉망으로 뒤틀려 버린다.

(3) 예란 무엇인가

마음은 무엇인가를 한사코 행동으로 옮기려고 한다. 마음이 있으면 행동이 있게 마련이다. 마음이 행동의 주인인가, 아니면 행동이 마음의 주인인가? 예는 어느 주인을 좋아하는가? 앞의 주인을 원한다. 예는 스스로 행동하는 사람을 좋아하는 까닭이다. 다만 그 마음과 행동이 덕이 되어야 한다는 단서를 단다.

덕이란 무엇인가? 천지에 두루 통하는 것이 덕이다. 공자는 그것을 인의(仁義)라고 밝히고 장자는 무위(無爲)라고 했다. 물론 장자는 인의를 인위라고 비판했다. 무위는 자연의 짓을 말하고 인위는 사람의 짓을 말한다. 장자는 자연의 짓을 믿었고 사람의 짓을 철저하게 불신했다. 그래서 장자는 인을 앞세우면 불인이 생겨나고 의를 앞세우면 불의가 생겨난다고 주장했다. 그러나 공자는 사람의 짓이 불인이면 아무런 의미가 없다고 보았다. 그래서 사람의 불인을 극복하기 위해 인을 밝혔고 사람의 불의를 극복하기 위해 의를 밝혔다.

예(禮)란 무엇인가? 사람의 마음과 행동이 사랑함과 올바름으로 이어지게 하는 방법이다. 예의 목적은 인의에 있는 셈이다. 자연을 사랑함에 앞서 먼저 사람을 사랑할 것이며 자연에 대한 올바름에 앞서 먼저 사람에 대하여 올바라야 할 것을 예는 주장한다.

할아버지가 손자를 보듬고 예뻐하는 것은 위에서 아래로 향하는 예이다. 이를 제(弟)라고 한다. 손자가 건강히 잘 자라기를 바라는 할아버지의 마음은 곧 인이며 의이다. 할아버지 품에 안긴 토실토실한 손자가 연신 조잘대며 할아버지의 수염을 손으로 잡고 할아버지를 기쁘게 해 주는 것 또한 예이다. 이는 아래에서 위로 향하는 예이며 이를 효라고 한다. 손자가 잘 크는 것 역시 할아버지에게 인이며 의이다. 이처럼 효제는 예의 바탕을 이룬다. 이를 넓혀서 인간을 순수한 마음으로 사랑하고 순수한 행동으로 올바르면 예가 된다. 겸손하라, 양보하라, 성실하라, 정직하라 등등은 바로 예의 마음씨를 말하는 것이고 몸가짐을 말하는 셈이다. 이러한 예는 아무리 세상이 바뀐다 해도 살아 있어야 하는 것이 아닌가.

예는 겉치레가 아니다. 며느리가 시어머니 앞에서는 다소곳하다가 친정에 가서는 흉을 본다면 예가 아니다. 속은 꽁하면서 얼굴에 미소를 띠는 것은 거짓이다. 거짓은 예가 아니다. 거짓부렁은 인을 속이고 의를 저버리는 까닭이다. 정승집 개가 죽으면 문상 가는 무리 따위를 예는 가장 싫어한다. 그러나 이러한 무리들이 많아 점잖은 개가 부뚜막에 먼저 올라간다는 말이 생겼다. 위선자는 예를 팔아 등치게 마련이다. 그래서 공자는 사람에게 인이 없다면 예가 무슨 소용이 있느냐고 반문한다. 사랑하는 마음은 무엇이든 이용할 줄 모른다. 참으로 사랑하는 마음은 다만 아끼고 보살피며 도와주는 것으로 만족한다.

사랑하는 마음은 이기는 것보다 지는 쪽을 택한다. 사양할 줄 알면 예에 가깝게 된다. 예가 이러하므로 사람 사는 세상을 조용하게 하고 너그럽고 윤택하게 한다. 엄하고 딱딱한 것은 겉치레로 굳어진 예일 뿐이다. 조선시대 양반들이 만든 예를 공자가 바라는 것은 아니다. 속보다 겉에 매달린 예는 빛 좋은 개살구에 불과할 뿐이다.

제 욕심만 부리고 제 속만 차리는 사람은 무례의 본보기가 된다. 나를 뒤로 하고 남을 앞세우는 마음을 극기라고 한다. 이렇게 되면 저절로 사람은 예로 돌아간다. 모두가 지려고 하면 모두가 이기는 것이고 모두가 이기려고 하면 그 모두는 지고 만다. 이러한 비밀을 극기복례

(克己復禮)가 가르쳐 준다. 이러한 말씀은 오늘을 살아가는 우리 모두를 부끄럽게 한다. 우리 모두는 저마다 지나치고 분에 넘친 성취욕으로 삶의 애간장을 태우고 있기 때문이다. 남이야 굶든 말든 내 배만 부르면 그만이라는 세상은 얼마나 잔인하고 삭막하고 답답한가. 정신없이 바쁘게 돌아가는 이 세상은 남을 헐뜯고 자기를 앞세워야 한다는 욕심들로 출렁인다. 옛날에는 패도가 권세의 손에만 있었지만 지금은 그것이 모든 이의 가슴속에 묻혀 있는 셈이다. 공자가 살았던 춘추 시대보다 더 무서운 싸움질을 현대인은 모두 하고 있는 중이다.

지기 위한 싸움을 한다면 얼마나 좋을까? 이렇게 예는 우리에게 질문을 던진다. 삶의 올바름을 사랑하라. 그러면 그것이 곧 예라고 공자는 밝힌다. 이 얼마나 분명한 진실인가.

(4) 악(樂)이란 무엇인가

숲속에 가면 무수한 새소리를 들을 수 있다. 그 새들은 노래하는 것일까, 아니면 우는 것일까? 듣는 사람의 마음에 따라 새소리는 노래로 들리기도 하고 울음으로 들릴 수도 있을 것이다. 새소리는 기쁜 마음에는 노래로 들릴 것이지만 슬픈 마음에는 울음으로 맺혀 올 것이다. 이처럼 하나의 소리지만 사람의 마음에 따라 다르게 들린다. 이는 모두 사람의 감정 때문이다.

배고픈 사람은 한 그릇의 밥을 원하고 목마른 사람은 한 대접의 물을 원한다. 밥을 먹으면 배고픔은 없어지고 물을 마시면 목마름이 가신다. 괴로운 배고픔은 한 그릇 밥으로 가셔져 유쾌하게 된다. 괴로운 갈증도 한 대접의 물로 가셔져 상쾌하게 된다. 이처럼 몸에 어긋나는 감각은 괴롭고 그 반대로 알맞는 감각은 유쾌하다. 이는 사람의 감각 때문이다.

손가락 끝이 무엇을 만지면 마음은 그것을 알아본다. 몸이 느끼면 마음은 나름대로 알아차린다. 그리고 사람은 무엇인가를 생각한다. 느끼는 것으로 만족하면 쾌적할 수 있지만 즐거울 수는 없다. 즐거움이란 생각하는 마음이 누릴 수 있는 까닭이다. 악(樂)이란 무엇인가? 사랑함을 생각하는 순간에 그것은 시작된다. 이처럼 악은 마음속에 어린다. 왜냐하면 즐겁다는 것은 마음속 모습을 말하기 때문이다. 노자는 그 모습이 텅 비면 즐겁다 했고, 공자는 사랑함으로 그득하면 즐겁다고 했다. 노자가 사랑함이 있으면 미워함이 있게 된다고 보았다면 공자는 사랑함이 미워함을 이겨내야 한다고 보았던 셈이다. 악은 마음속의 적을 물리치고 벗을 이루게 한다. 그래서 악은 마음먹기에 달려 있는 것이다.

어떻게 마음을 갖출까? 지나치지 마라. 알맞게 하라. 예도 지나치면 무례인 것처럼 악도 지나치면 방탕일 뿐이다. 그래서 공자는 알맞음〔中庸〕을 항상 앞자리에 세운다. 경기장에 가면 흥분할 수는 있어도 즐거울 수는 없다. 흥분하지 마라. 흥분은 마음을 미치게 하는 까닭이다. 디스코텍에 가면 쾌락을 누릴 수는 있어도 즐거울 수는 없다. 쾌락은 마음속을 썩게 하는 까닭이다. 악을 송두리째 잃어버린 사람은 누구인가? 아편쟁이 같은 사람이 그런 치에 속한다. 그러므로 무엇인가에 탐닉하면 악은 상처를 입는다. 지나친 애정은 증오의 옆집에 있다는 말이 생겼다. 그래서 공자는 '즐거워하되 음탕하지 말라〔樂而不淫〕'고 했다.

현대인은 욕망이 지나쳐 탈이다. 왜 현대인은 사납고 암울한가? 욕망의 노예로 시달리고 있는 까닭이다. 욕망이 지나치면 마음이 비곗덩어리처럼 되어 느끼할 뿐 담백하지는 않다. 걸핏하면 성내고 신경질을 부리는 현대인은 악을 잃어버린 증세인 것이다. 힘만 믿고 설치는 사람은 사나울 수밖에 없다. 공자는 이를 두려워했다. 사람을 부드럽게 하고 따뜻하게 하는 악은 사랑할 줄 아는 마음을 잇는 즐거움인 것을 누누이 공자는 밝혔다. 특히 세상을 다스릴 꿈을 간직한 사람이라면 마음의 악을 잊지 마라고 시(詩)의 가르침을 앞세웠던 셈이다.

악(樂)은 사람들을 하나이게 한다. 사랑함의 행동이 예라면 사랑함의 마음은 악일 수 있다. 다정히 손을 잡고 가는 연인은 악을 보게 하고 서로 반가워 손을 잡는 벗 또한 악을 보게 한다. 유치원으로 아이를 데리고 가는 어머니의 얼굴에서 악을 만나고 일터에서 집으로 돌아가는 가장의 처진 어깨에서도 악을 마주한다. 악은 기쁨에 빠져 마음이 치우치는 것도 우려하며 고통을 피하고 무슨 원한에 잡혀 마음을 상하게 하는 것도 우려한다. 왜냐하면 악이란 삶을 슬기롭게 하는 빛살과 같기 때문이다. 그러므로 기쁨이 슬기로움으로 통하면 그 기쁨이 악이 되고 고통도 지혜로 통하면 악이 되는 셈이다. 시는 감동으로 시작해서 지혜로 이어지는 최상의 말씀이다. 그래서 공자도 시를 읽고 삶을 터득하라 했던 셈이다.

악은 사람 밖에 있지 않고 안에 있다. 그 안은 어디인가? 마음속이다. 마음에는 무수한 감정도 있고 무수한 생각도 있게 마련이다. 그것들이 무슨 탓으로 얽혀 혼란스러운 것보다는 밝고 맑게 평온하기를 악은 바란다. 이는 마음속이 서로 하나가 되어 평화스럽다는 것을 말한다. 어느 때 누가 이러한 마음의 평화로움을 바라지 않을 것인가? 아무도 없다. 이처럼 우리가 잊어서도 안 되고 잃어서도 안 되는 삶의 즐거움을 공자는 악이라고 밝힌 셈이다. 그러나 우리는 얼마나 악을 버린 채 마음을 조이며 사는가. 이는 우리가 어진 마음을 버리고 사는 까닭이다. 어진 마음, 그것은 곧 사랑함[仁]이 아닌가.

2. 공자의 어록

(1) 권세의 야심은 무섭다

꿈이 없는 사람은 내일이 있는 것을 모른다. 나는 무엇이 되어 살 것인가? 그리고 나는 어떻게 살 것인가? 이러한 물음을 자신에게 던지면서 사는 사람은 오늘을 그냥 살지 않는다. 내일이 오면 지나가는 이 오늘을 후회하지 않으려는 마음을 간직한 사람은 사는 일을 헛되게 보내지 않는다. 사는 일을 뜻있게 하고 보람으로 마감하려는 사람은 삶의 꿈을 나름대로 지니고 가꾸게 마련이다.

그러나 미리 설계하는 꿈은 야망이게 마련이다. 그 야망이 야심이 되어서는 위험하고 위태하여 사람을 무섭게 할 수도 있다. 왜냐하면 품은 야심이 사람을 위하는 것이라면 다행이지만 그렇지 않은 경우가 허다하기 때문이다. 제 자신만을 위하려는 야심처럼 무서운 것은 없다. 그것은 세상을 어지럽히고 들뜨게 하는 바람이 되는 까닭이다.

《욕망이라는 이름의 전차》라는 영화가 있었다. 우리가 사는 세상은 그러한 전차와 같다. 모든 사람들이 나름대로 표를 사서 그 전차를 타고 삶의 골목을 누비고 있는 중이다. 그러한 표를 뭉개 버리는 사람들이 있어서 백성들의 욕망이 절망으로 이어지는 꼴을 볼 때마다 좌절하거나 분노하거나 반항한다.

한때는 정신적인 대통령이란 말이 유행했다. 백성의 마음에서 우러난 표에 의해서 선출된 대통령이 아니라 힘에 의해서 만들어진 대통령이 권좌에 앉게 되자 힘에 밀려났던 후보자가 그런 말을 했다. 백성들은 권좌를 차지한 이나 밀려난 이나 과연 참된 대통령감인가 하는 불안을 버리지 못했다. 따지고 보면 야심을 펼치려는 숨은 뜻을 가슴에 담고 있다는 불신을 샀던 사람들이었다. 대권에 침을 흘리는 품이 권력의 탐욕에 빠져 나 아니면 안 된다는 고집들로 뭉쳤다는 인상을 버릴 수 없어 백성들은 불안했다. 이처럼 대권을 향한 야심은 백성들의 마음을 불안하게 한다. 이것이 우리의 불행이라면 불행이다.

공자께서도 이러한 불행을 겪으면서 살았던 모양이다. 당대의 세도가들이 임금도 아니면서 임금 행세를 하는 꼴을 보고 공자의 마음은 편치 못했다. 권세만 믿고 겁없이 백성을 후리는 세도가들에게 미움을 사 조국에서 쫓겨났던 공자를 생각하면 어느 시대나 권력의 미움을 사면 추방당하는 모양이다. 권세를 한손에 잡았다고 제 집에서 천자의 춤을 추다니 무슨 짓을 못하겠느냐고 꼬집었던 공자의 말씀은 지금 우리에게도 따끔하게 들린다.

실세나 주류(主流)만 되면 겁날 게 없다는 듯이 세상을 주물러 온 짓들로 백성을 분노하게 하는 꼴들이 어느 날에나 없어질까? 그것은 나만을 생각하는 야심이 백성을 위하는 꿈으로 탈바꿈된다면 가능할 것이다. 이러한 가능성의 실현을 위해 나를 양보하라. 이것이 공자께서 밝히는 다스림의 예(禮)이다. 그러면 예를 갖추고 꾸는 야망의 꿈은 도둑의 꿈으로 바뀔 수 없을 것이다. 제발 나를 위해 남을 도둑질하지 마라. 이것이 바로 현대인에게 요구하는 예의 명령이다. 백성을 위해 자신을 버리는 사람을 예를 갖춘 치자(治者)라고 한다. 어느 시대 어느 백성이 이러한 치자를 따르지 않을 것인가.

🌱 공자의 말씀

제 집에서 천자의 춤을 추게 하였으니 그런 짓을 해치울 수 있다면 무슨·짓인들 못할 것인가. 세도를 믿고 천자의 춤인 팔일무를 제 집의 뜰에서 추게 한 계씨를 공자는 꼬집었다.

孔子謂季氏 八佾舞於庭 是可忍也 孰不可忍也

노 나라의 권력을 쥐고 있던 세 대부의 집에서 제사를 마칠 때 옹이란 시를 읊었다. 공자는 이를 두고 다음처럼 비판했다. 《시경》의 〈옹(雍)〉편은 제후들이 천자를 돕고 받들어 기뻐하는 천자의 모습은 아름답다는 시구를 지니고 있다. 천자에게 바쳐지는 시를 어찌 세 대부의 사당에서 취해 쓴단 말이냐.

三家者以雍徹 子曰 相維辟公 天子穆穆 奚取於三家之堂

(2) 남을 사랑하라

등쳐서 간을 빼 가고 눈뜨고 코를 베이는 세상이란 말을 자주 듣는다. 나는 남의 것을 빼앗으려 하고 남은 나의 것을 빼앗으려 하는 세상꼴을 일러서 그렇게 말한다. 뺏고 빼앗기다 보면 호주머니 속에 무엇인가 가득할 것 같지만 그런 사람의 호주머니는 밑이 뚫어져 뺏어 집어넣었던 것이 빠져나가게 마련이다. 이는 욕심이 게걸스러워 당하는 것이고 그런 헛욕심은 내가 나를 도둑이 되게 하는 벌이 된다. 마음속이 벌을 서면 몸이 축나고 입술이 타게 된다. 결국 제 욕심을 부리다 저를 잃어버리는 어리석음을 범한다. 이러한 어리석음을 깨우치기 위해서는 남을 빼앗으면 자신을 잃어버린다는 것을 알아야 한다. 이처럼 헛욕심은 마음을 호주머니로 만들지만 그 입구만 묶을 줄 알지 밑이 뚫려 있음은 모른다.

욕심이 많은 구렁이는 새수리의 밥이 된다. 새알을 잔뜩 훔쳐먹은 구렁이는 제 뱃속에 든 새알 껍질을 부수려고 나무로 올라가 가지에 제 몸을 감아 주리를 튼다. 이때 하늘을 날던 새수리가 잽싸게 내려와 구렁이의 목덜미를 쪼아 억센 발갈퀴로 몸뚱이를 난도질해서 채어 하늘로 날아간다. 순한 새들의 알을 너무 많이 훔쳐먹은 벌로 억센 새의 밥이 되는 구렁이는 제 욕심 탓에 죽임을 당하는 것이다. 이처럼 헛욕심은 항상 남을 해치려다 도리어 벌을 받는다. 허욕이란 무엇인가? 그것은 나를 사랑할 줄은 알아도 남을 사랑할 줄은 모르는 것이다. 공자는 이러한 허욕을 사람의 마음에서 쓸어 내는 비질을 한 분이다.

어진 마음이란 허욕이 없는 마음이다. 어진 마음은 항상 복을 받는다. 복이란 무엇인가? 덕이 주는 선물이 아닌가. 베풀어서 되돌아오는 마음의 메아리 같은 덕은 허욕을 쓸어 내고 사랑함〔仁〕을 드러나게 한다. 인은 어디서 첫발을 디디는가? 남을 사랑하는 것에서부터 디딘다. 그래서 공자는 남을 사랑하는 마음이 없다면 행동을 다스리는 예(禮)가 무슨 소용이 있고 마음을 즐겁게 하는 악(樂)이 무슨 소용이 있느냐고 반문한다. 허욕으로 마음이 어두운 사람은 썩은 물에 마음을 담그고 제 몸을 깨끗이 씻는 시늉을 할 뿐이다. 이를 우리는 위선자라고 한다.

남의 것을 빼앗으면서 사랑하는 체하지 마라. 그러면 새수리의 밥이 되는 경우가 있다. 남을 사랑하라. 이것이 어진 사람이다. 공자께서는 이를 한 중심에 두라고 절규하고 절규하지만 사람들은 자꾸만 잔인한 동물로 변해 간다.

🌿 공자의 말씀

사람에게 사랑함이 없다면 예가 무엇이며, 사람에게 사랑함이 없다면 악이 무슨 소용이란 말인가.

人而不仁 如禮何 人而不仁 如樂何

(3) 저 잘난 세상

산중에 호랑이가 없어지면 토끼가 판을 친다. 이는 못난 것이 잘난 척하는 꼴을 꼬집는 말이다. 배가 고픈 호랑이가 한번 으르렁거리면 그 산속의 뭇짐승들은 모두 숨는다. 겁없이 까불면 호랑이 밥이 되고 말기에 짐승들은 알아서 숨는다. 그러나 이러한 꼴은 힘 앞에 굴복하는 것에 불과하다. 사람은 그렇게 굴복하지는 않는다. 그래서 인간은 붓이 칼보다 강하다고 말해 왔다. 물론 법보다는 주먹이 가깝다고 하지만 그것은 한순간이고 언제나 때린 자는 밤잠을 설치고 맞은 자는 발을 뻗고 잔다. 이러한 진실은 힘으로만 다 되지 않는 인간의 삶을 알게 한다.

그러나 힘있는 자가 힘없는 자를 억눌러 놓고 이래라 저래라 하는 세상은 없어지지 않는다. 인간은 마치 싸우기 위해 존재하는 것처럼 싸움질을 벌인다. 왜 인간은 싸움질을 멈추지 못하는가? 어진 마음을 멀리하고 힘만 믿는 까닭에 그렇다고 공자는 선언했다.

공자가 살았던 시절에 어진 마음으로 백성을 다스리는 임금은 없었다. 힘만 믿고 다스리던 임금들은 힘에 밀려 뒷방으로 물러나고 임금에게 힘을 제공해 주던 세도가들이 세상을 주물러 행패를 부렸다. 임금의 시대는 어진 임금이 세상을 다스리면 백성이 편하고 민주의 시대는 어진 대통령이 세상을 다스려야 백성이 편하다. 지금 공자가 살아 있다면 어진 대통령을 찾을 것이다.

향기로운 꽃 주변에는 나비 떼가 날지만 썩은 고깃덩이에는 개미 떼가 우글거린다. 어진 마음은 삶을 향기롭게 하지만 사나운 마음은 삶을 썩게 해서 역겹게 한다. 백성을 나비 떼처럼 아름답게 다스릴 수 있는 마음을 어느 백성이 싫어할 것인가? 하나도 없을 것이다. 백성을 개미 떼처럼 역겹게 다스리는 마음을 어느 백성이 좋아할 것인가? 이 또한 하나도 없을 것이다.

공자께서 '임금이 있는 오랑캐와 임금이 없는 중원과는 같지 않다〔夷狄之有君 不如諸夏之亡也〕'고 말한 것을 어떻게 받아들이면 될까? 임금이 있다 해도 문화가 없는 오랑캐가 임금이 없어졌지만 문화가 있는 중국이 낫다고 새길 것인가, 아니면 어진 임금이 없는 중국은 임금이 있는 오랑캐만 못하다고 새겨야 할까? 아마 이도 저도 아닐지 모른다. 왜냐하면 어디든 어진 임금은 없었기 때문이다. 역사책에 보면 성군(聖君)이란 낱말이 많이 있지만 그것은 말뿐이지 공자께서 바라던 사랑함과 올바름을 실천하는 왕도(王道)의 임금은 없었다. 모두들 저 잘났다고 떵떵거리는 세상일수록 힘센 놈이 판을 치고 나약한 백성은 신음을 해야 했다. 공자는 이를 슬퍼했고 분노하여 결국 세도가들의 눈 밖에 나서 조국인 노 나라에서 쫓김을 당했던 것이다.

저 잘났다고 판을 치면서 백성을 얕보는 무리들은 권력에 빌붙은 벼슬아치에 불과하다. 그런 벼슬아치의 아첨에 놀아나 백성의 말을 듣지 못했던 임금도 망했고 그런 대통령들 역시 망했다. 백성을 못살게 굴면 한때는 세상을 휘두를 수는 있겠지만 오래 가지는 못한다. 권세는 십 년을 가지 못한다는 말은 백성의 뜻에서 나온 진실이 아닌가. 백성을 사랑할 줄 모르는 임금과 세도가들 때문에 춘추 시대의 공자는 고뇌했고, 사람의 마음을 사랑할 줄 모르고 물질의 힘만 믿고 겁없이 판을 치는 특권층과 신흥 세력들 때문에 첨단 과학 시대의 공자는 고뇌한다. 어느 시대나 저 잘났다고 목에 힘을 주는 사람들은 결국 백성의 몰매를 맞는 법임을 안다면 공자의 말씀에 귀를 기울일 것이 아닌가.

오랑캐에게는 군주가 있다 해도 군주가 없어진 중국과는 같지 않다.

夷狄之有君 不如諸夏之亡也

(4) 태산을 밟지 마라

자리가 사람을 만든다고 하지만 앉을 자리에 앉아야 사람은 제구실을 한다. 물론 사람은 누구나 낮은 자리보다는 높은 자리를 좋아한다. 사원으로 평생 있기를 바라거나 말단 공무원으로 한평생을 살고 싶어하는 사람은 아무도 없을 것이다. 이는 남자든 여자든 다를 바가 없다. 승급하고 승진하는 것은 권한이 그만큼 많아지고 봉급도 따라 오르는 일이다. 그래서 사람은 누구나 높은 자리를 탐한다.

그러나 높은 사람에게 잘 보여서 출세 가도를 빨리 달린다고 좋은 것은 아니다. 과속하는 자동차가 사고의 위험이 많은 것처럼 늘 위태롭기 때문이다. 아첨이나 아부를 해서 높은 자리를 차지하는 것도 좋을 리 없다. 아첨이나 아부는 입으로 경쟁을 하는 것이므로 뛰는 입 위에는 나는 입이 있어서 아첨의 강도가 날로 심해지면 아첨꾼은 제 입 탓에 발목을 잡혀 결국 나락으로 떨어지고 마는 까닭이다.

제 할 일을 뚜벅뚜벅 하다 보면 제 일에 능력이 붙는다. 누구보다도 그 일을 잘할 수 있으면 다른 일 역시 잘 처리할 수 있다는 신용을 얻게 된다. 그러한 신용을 바탕으로 높은 자리를 알맞게 올라가는 사람은 남을 제치거나 해치는 일을 모른다. 할 일을 성실하게 하면 남의 눈치를 살핀다거나 남의 비위에 관심을 둘 필요가 없다. 군자는 샛길을 가지 않고 큰길을 가려 한다. 새치기한 사람 치고 뒤가 좋은 법은 없다.

특권층은 권력의 틈바구니에서 새치기를 하는 무리들이다. 사람의 세상에는 언제나 특권층이 있게 마련이다. 그러나 그 특권층은 한순간 득세를 하다가 권력의 흐름에서 밀려나면 개밥의 도토리처럼 되어 버린다. 그러나 득세할 때는 그렇게 되리라는 생각을 하지 못한다. 권력의 울타리를 단단히 세우기만 하면 죽을 때까지 권세를 누릴 수 있을 것이라고 착각한다. 그래서 백성이 화가 나면 권력을 휩쓸어 버리는 강물이 된다는 것을 모른다. 특권층이 아무리 담을 단단히 쌓아도 물은 스며든다. 그리고 썩은 찌꺼기를 쓸어 버린다. 그러나 권력을 독식하는 특권층은 막가는 짓인 줄 모르고 행패를 부린다.

노 나라에 세도가가 셋 있었다. 그중 하나가 계씨가(季氏家)였다. 그 계씨 패들이 태산에 제사를 지내려고 태산을 향해 떠나려 할 때 공자는 제자인 염유에게 그만두게 하라고 했다. 그러나 염유는 자신의 힘으로는 저지할 수 없다고 했다. 염유는 계씨의 신하였지만 권력을 거머쥔 계씨의 무모한 짓을 막을 수는 없었던 것이다. 천자도 아니면서 천자의 행세를 하는 계씨가 노 나라의 임금은 자기 손안에 있다고 여기는 판에 누구의 말을 들을 것인가. 태산에 제사를 지내 하늘을 모시는 천자의 임무를 계씨가 모를 리 없었다. 알면서 그렇게 한다는 것은 자기가 곧 천자라는 착각 때문에 행패를 부리는 것인데 누가 막을 것인가. 결국 백성이 막을 수밖에 없다.

군왕은 공자의 말을 빗겨 들었지만 백성은 공자의 말씀을 들을 줄 알았다. 누가 인의(仁義)를 실천하며 살았는가? 조선시대를 보아도 초야에 묻힌 선비들이 가르쳐 준 공자의 도(道)를 백성은 따라 실천했지만 궁궐의 담장을 넘나든 사대부는 인의를 말로만 팔았지 뒤로는 권력을 쥐는 벼슬에만 눈이 어두웠던 것이 아닌가.

5공(五共) 시절을 보면 특권을 누리는 신흥 세력의 행패를 알 수 있을 것이다. 대통령의 형이 대권을 쥔 듯 호기를 부렸고 대통령의 아우가 대권을 쥔 듯 기고만장했다. 특혜를 나누어주는 연줄로 착각한 무리들이 빌붙어 아양을 떨고 손을 비벼대니까 대통령이 된 것으로 착각을 하고 못할 짓거리들을 서슴없이 했었다. 그러나 한 5년 그렇게 굴다가 감옥으로도 갔고 척족의 문단속을 하지 못했던 당사자는 절로 유배 생활을 하러 갔다. 바로 이것이 잘못한 권력의 말로인 셈이다. 그 와중에 결국 백성만 녹아나게 된다. 이러한 불행을 공자는 일찍 안타까워했고 사랑할 줄 모르는 권력이 얼마나 무서운 병을 옮겨 백성을 앓게 하는가를 공자는 알았다. 그런 몹쓸 병을 고치려는 군자만이 세상을 다스린다고 했다. 백성을 못살게 하는 계씨가 태산을 밟을 자격이 없는 것처럼 백성을 몰라주는 자는 권좌에 앉을 자격이 없다.

🌱 공자의 말씀

계씨가 태산에서 제사를 올리려고 했다. 공자가 계씨의 가신(家臣)이던 염유를 불러 그 짓을 막을 수 없느냐고 물었다. 자신의 힘으로는 막을 수 없다고 대답을 하자 공자는 태산의 예(禮)가 무엇이냐고 물었던 임방보다도 못하다고 한탄했다.

季氏旅於泰山 子謂冉有曰 女不能救與 對曰 不能 子曰 嗚呼 曾謂泰山不如林放乎

(5) 다투지 않는 사람

이제 다투지 않는 사람은 없다. 참으로 현대인은 시샘 투성이다. 유치원의 아이들은 옷단장으로 서로 다툰다. 수험생들은 실력을 놓고 서로 다투고 어른들은 권력과 명성과 재물을 놓고 서로 다툰다. 현대인의 모든 다툼은 인의로 통하는 것이 아니라 이권(利權)으로 통한다.

돈을 써야 하는 다툼도 치열하지만 돈을 벌어야 하는 다툼은 더더욱 치열하다. 십만 원의 옷값을 들여 아이를 치장해서 유치원에 보낸 어머니는 그 옷의 메이커를 자랑하면서 다른 어머니들의 기를 꺾으려고 덤빈다. 그러면 다른 어머니는 이십만 원짜리 옷을 입혀서 십만 원짜리 옷을 사 입힌 어머니의 콧대를 꺾어 버린다. 이러한 돈 쓰는 다툼이 여인들의 사치에 오면 더욱 가관이다. 살롱 구두를 맞추고 살롱의 맞춤옷을 입고 수천만 원짜리 보석을 몸에 감고 서로 경쟁을 벌인다. 돈이 많은 유한 부인들의 다툼이 이렇게 저질로 치닫고 있으니 그런 판에서 이긴다면 저질의 여왕이 되는 셈이다. 이러한 부끄러움을 모르고 서로 다투니 돈들이 눈이 멀었다고 가난한 사람들은 푸념한다. 썩은 돈은 썩게 쓰이는 법이고 결국 썩어빠진 다툼을 하는 꼴이다. 이 얼마나 소인배 무리들인가.

돈벌이의 다툼은 목숨을 내놓고 한다. 권력을 잡으면 부와 명성을 한손에 쥔다는 생각이 앞서면 백성을 편하게 다스려 세상을 물 흐르듯이 한다는 높은 뜻은 뒷전으로 밀려난다. 그렇게 되면 정치가는 없고 정상배만 득실거린다고 백성은 한탄하게 된다. 돈줄로 묶여진 권력 다툼은 백성의 세금을 훔치는 도둑질로 이어져 특권과 특혜가 만든 강도가 되어 버린다. 특혜란 무엇인가? 특권이 주는 권력의 뇌물이다. 특혜는 다시 특권에게 재화로 뇌물을 바친다. 이렇게 권력과 재화가 맞물려 돌면 세상은 온통 다툼의 수라장으로 변하고 서로 물고 뜯는 추태를 보이게 마련이다. 이러한 추태를 세상 어디서나 볼 수 있다.

현대는 돈 다툼의 절정기에 속한다. 모든 길은 로마로 통한다고 했지만 이제는 모든 길은 돈으로 통한다. 권력도 돈으로 통하고 명성도 돈으로 통하고 심지어 종교와 학문, 그리고 예술도 돈으로 통한다. 삶이 곧 돈벌이의 행진인 것처럼 생각한다. 그래서 이 세상은 인기의 세상이 되어 간다. 인기란 인품이 아니라 돈이 편집해서 불게 하는 바람에 속한다. 돈 바람을 불게 하면 그 바람은 마치 부메랑처럼 더 많은 돈을 안고 되돌아온다. 왜냐하면 돈 다툼에 이골이 난 백성은 편집된 인기의 바람에 지닌 돈을 쉽게 날려보내기 때문이다. 왜 이러한 돈 다툼의 세상이 되었을까? 정신과 물질의 관계가 뒤바뀌어 버렸기 때문이다.

공자는 정신을 위에 놓고 물질을 아래에 두라고 당부했다. 사랑함〔仁〕과 올바름〔義〕으로 세상을 살라는 공자의 말씀은 이를 두고 한 말이다. 삶에서 어김없이 인의를 실천하는 사람을 군자라 부른다. 정신의 핵인 인의가 물질의 핵인 돈에 좌우되지 않아야 세상에 살맛이 피어난다고 공자는 보았던 셈이다. 군자는 청빈하므로 부자일 수 없고 돈을 탐하지 않고 그 대신에 사랑함과 올바름을 탐하므로 군자는 이해(利害)의 다툼을 모른다.

군자는 다투지 않는다고 공자는 밝혔다. 군자가 다툼을 한다면 활쏘기 정도라는 것이다. 화살을 적중시키려면 마음을 집중해야 한다. 마음을 집중하는 다툼은 군자도 하는 모양이다. 활쏘기에서 이기면 진 자에게 벌주를 마시게 한다. 그 벌주를 누가 살까? 활쏘기에서 이긴 군자가 진 군자에게 산다. 이처럼 마음내기 다툼에서는 이긴 자가 돈을 쓰지만 돈내기 다툼에서는 진 쪽이 이긴 쪽에 돈을 주어야 한다. 왜 공자는 이러한 말씀을 남겼을까? 사랑함과 올바름을 실천하려는 마음을 단련하는 다툼은 좋으나 물질의 재화를 축적하려는 다툼은 삶을 고통스럽게 한다는 가르침을 숨겨 두고 싶었던 모양이다. 그러나 지금 우리는 돈내기 인생이 최고인 양 살고 있으니 어느 누가 마음내기 활쏘기를 하고 싶어할까? 한 사람도 없다고 말하는 게 정직한 해답이다. 모두들 이해의 다툼질로 피투성이가 되어 신음을 하고 있기 때문이다. 공자는 이를 슬퍼한다.

🌿 공자의 말씀

군자는 다투지 않는다. 어쩔 수 없이 경쟁을 한다면 활쏘기 정도이다. 그때에는 서로 절하고 사양하며 활터를 오르내린다. 이긴 자는 진 자에게 벌주를 낸다. 이렇게 다투는 모양이 군자답다.

子曰 君子無所爭 必也射乎 揖讓而升 下而飮 其爭也君子

(6) 떨어진 꽃잎들의 이야기

산천 따라 물을 타고 떠내려온 진달래가 시냇물에 이르러 누렇게 떠서 함께 떠 있는 장미꽃을 만났다. 진달래가 왜 물을 따라 마음 편히 떠나지 않고 이렇게 멀뚱멀뚱 머뭇거리느냐고 장미에게 물었다. 그러자 장미는 울상을 하면서 어디로 갈지를 몰라 이렇게 맴만 돈다고 서글퍼했다. 그 말을 들은 진달래는 물속이든 바람 속이든 결국 흙으로 가서 제 뿌리를 찾아가면 되지 않느냐고 장미에게 물었다. 진달래의 말을 들은 장미는 꽃병에 꽂혔다가 버려진 꽃의 설움을 몰라서 그렇게 말할 수 있다며 산천의 물을 타고 떠내려온 진달래를 부러워했다. 왜냐하면 진달래는 살아 있는 진달래 나뭇가지에서 필 만큼 피어 있다가 질 때가 되어 떨어져도 자기를 피게 한 뿌리를 알 수 있지만, 장미꽃은 꺾여서 꽃가게로 팔려 와 다시 어느 집으로 팔려 가서 며칠 꽃병에 꽂혀 있다가 버림을 받았으므로 자기를 피워 준 뿌리를 잃어버려 어디로 갈지를 모르기 때문이다.

이는 어느 유치원 보모가 어린이들에게 조상의 의미를 가르쳐 주기 위해 들려준 한 토막의 이야기이다. 이 이야기를 들려준 보모는 어린것들에게 조상이 왜 소중한가를 피부로 느끼게 해 준 셈이다. 뿌리를 잃어버렸거나 잊어버리면 생명이 이어지지 못함을 초목을 보면 누구나 알 수 있다. 꺾인 나뭇가지는 다시 잎이나 꽃을 피우지 못한다. 그 나뭇가지는 뿌리를 잃었기 때문이다. 왜 우리는 조상을 기억하고 소중히 모셔야 하는가? 우리의 조상은 우리의 뿌리인 까닭이다.

돌아가신 부모가 어제 떨어진 꽃잎이라면 지금 살아 있는 우리는 내일 떨어질 꽃잎이다. 그리고 우리의 후손들은 모레 떨어질 꽃봉오리다. 사람의 목숨을 피고 지는 꽃으로 여긴다면 우리의 조상이란 세세연년 피고 지는 꽃의 뿌리를 확인할 수 있다. 이러한 확인은 곧 목숨을 태어나게 해 준 은혜에 감사하는 마음으로 통한다. 이런 마음이 인간에게는 있기 때문에 조상을 모시기 위해 우리는 제사를 지낸다. 인간은 조상의 돌아가신 날을 기억했다가 그날이 되면 그 뿌리에서 핀 꽃들이 모여 경건한 마음으로 지난 세월을 생각하고 이미 떠나간 사람의 체취를 다시 느끼면서 살아서 숨을 쉬고 있는 은혜를 고맙게 추스리는 순간을 가질 줄 안다. 이러한 순간은 인간을 경건하게 한다.

경건해진 인간은 망나니처럼 함부로 생각하고 막가는 행동을 하지 않는다. 그래서 조상 앞에 부끄러움이 없는 인간이 되라고 아비는 자식에게 타이르는 것이다. 그렇다고 조상을 귀신쯤으로 생각하여 잘 모시면 복을 주고 함부로 하면 화를 준다고 생각해서는 안 된다. 생명을 있게 해 준 은혜를 감사해야 할 것이며 삶의 길을 열어 준 은혜에 보답하는 마음으로 조상을 모시면 그만이다. 다만 모시는 마음이 진실하고 경건해야 할 뿐 제사의 상차림을 얼마나 호화스럽게 했느냐는 문제가 되지 않는다. 그러므로 조상에게 제사를 올리는 것은 미신이 아니며 다만 인간다운 삶의 연속에서 생명의 뿌리를 고마워하는 마음일 뿐이다.

제사를 모실 때 공자께서는 마치 조상이 당신의 앞에 있는 것처럼 모셨다는 말씀을 생명의 뿌리에 대한 경건한 마음의 표시로 이해한다면 공자의 깊은 속을 헤아릴 수 있을 것이다. 부모가 돌아가신 날에는 집으로 돌아가 제사를 올려라. 무슨 일이 있다고 핑계대면서 바빠서 제사에 참석하지 못했다고 하면 제사를 올리지 않은 것과 같다는 공자의 말씀은 조상을 모시는 경건한 마음이 새삼스러워진다는 비밀을 알려 준다. 경건해진 마음속에는 자연스럽게 사랑함과 올바름의 삶이 겹치는 까닭이다.

🌿 공자의 말씀

제사를 올릴 때는 조상이 그 앞에 있는 듯 했고 산천의 신을 모실 때는 신이 바로 그 앞에 있는 듯 했던 공자께서는 제사에 참석하지 않음은 제사를 지내지 않음과 같다고 밝혔다.

祭如在 祭神如神在 子曰 吾不與祭 如不祭

(7) 왕조(王朝)는 끊어지고

정몽주의 〈단심가(丹心歌)〉는 고려가 망할 무렵의 심정을 체험하게 한다. 이 몸이 죽고 죽어 일백 번 고쳐 죽어도 고려조를 지켜야 한다는 정신이 〈단심가〉에 담겨 있는 까닭이다. 그러나 이방원의 〈하여가(何如歌)〉는 선조가 망하게 될 무렵의 운명을 점쳤다는 징조를 맛보게 한다. 이런들 어떠하며 저런들 어떠하냐는 〈하여가〉가 어쩐지 조선조의 말로를 운명적으로 예언하고 있다는 느낌을 주기 때문이다.

고려가 망했을 때 두문동 72인이 있었다는 야사(野史)가 있다. 그들은 망한 고려를 잊지 못해 두문동에 불을 지르고 그 속으로 뛰어 들어가 자결했다. 이러한 자결은 〈단심가〉의 마음과 서로 통한다. 그런데 조선이 망했을 때는 나라를 팔아먹는 문서에 도장을 찍은 매국노(賣國奴)가 72인이었다고 한다. 이러한 매국노는 〈하여가〉의 마음과 서로 통하는 셈이다. 왜냐하면 조선이 이러면 어떻고 저러면 어떠냐는 〈하여가〉의 심정으로 개국의 변을 삼았으니 망할 때도 역시 이렇게 망하면 어떻고 저렇게 망하면 어떠냐는 구실로 통하기 때문이다. 그러나 망했을지언정 고려는 사직을 지켜야 한다는 72인의 충신을 얻었지만 조선은 사직을 팔아먹은 72인의 매국노를 얻었던 셈이다. 고려는 망해도 체면을 잃지 않았지만 조선은 망해도 망신스럽게 망했다. 그러니 조선조의 왕통은 백성에게 면목을 송두리째 잃었다.

일제의 식민 통치를 물려준 조선조의 사직은 할 말이 없을 것이다. 유교를 국시로 삼았던 조선의 사직에서 녹을 먹었던 궁정의 신하들은 불사이군(不事二君)이란 군신의 예를 헌신짝처럼 버리고 거의 모두 일본의 국록을 먹는 작위를 받고 친일파의 후예로 살면서 배를 불렸으니 무슨 말을 할 수 있겠는가. 8·15 광복을 맞았을 때 끊어진 조선왕조를 잇자는 소리는 어느 귀에도 들려오지 않았다. 이처럼 백성을 저버린 사직은 헌신짝 신세가 되고 만다.

왜 조선조의 유가 정치(儒家政治)는 '나는 주(周) 나라를 따르겠다'는 공자의 말씀을 새겨듣지 못했을까? 백성을 위한 문물제도를 갖춘 나라를 따라야 한다는 공자의 말씀을 제대로 들었더라면 그처럼 망신스럽게 망하지는 않았을 것이고 다시 광복이 되었을 때 백성이 은혜를 입었더라면 망했던 조선조의 사직을 재건하자는 백성의 소리가 나왔을 것이 아닌가. 세계 정세의 추세가 민주 시대로 간 이유라고 변명할 것은 없다. 민주 시대의 발상지 구실을 한 영국은 상징적일지라도 여전히 왕국이며 그 백성은 왕가를 사랑하지 않는가. 백성을 이롭게 한 왕가라면 그 체통이 끊어지지 않는 법이다. 그러나 혹독한 신분 사회를 열고 양반 위주로 백성을 괴롭혔던 조선조의 유가 이념은 공자의 정신을 배반했던 셈이다.

공자가 말하는 문물제도는 인의에 의한 제도이며 그러한 제도는 백성을 언덕으로 삼고 임금은 백성을 어루만지고 보살피며 사랑해야 하고 올바르게 이끌어야 한다는 데 그 생명이 있다. 공자의 정신을 앞세웠던 조선조를 공자는 칭찬하지 않을 것이다. 왜냐하면 왕도는 양반을 위주로 위하는 것이 아니라 백성을 위주로 펼쳐지는 덕치(德治)이기 때문이다. 세도 가문(勢道家門)의 꼭두각시로 전락한 왕도란 없다. 그러한 잘못을 범한 조선의 왕조는 백성의 사랑을 받을 수 없었던 것이다. 그래서 광복이 되어서도 조선조를 따르겠다는 백성은 없었다.

광복 이후 우리는 여러 공화국을 거쳤다. 우리가 거친 공화국 중에서 어느 한 공화국을 따른다면 그 정통성이 있을까? 대답하기가 난감하다. 참으로 백성을 위한 문물제도를 세우고 시행한 공화국이 없는 까닭이다. 온 백성의 사랑을 받은 대통령은 누구이며 총리는 누구인가? 현대의 통치자도 '나는 주 나라를 따르겠다' 던 공자의 말씀을 주목해야 한다. 망신스럽게 물러나지 않으려면 임금이든 대통령이든 덕치를 해야 한다. 첨단 문명의 시대라고 해서 공자가 밝힌 왕도가 낡은 것은 아니다. 백성을 사랑하며 올바르게 이끄는 것이 왕도인 까닭이다. 오늘날은 다만 백성을 국민이나 시민이라 불러 그 호칭이 달라졌을 뿐이고 반상(班常)의 신분 사회가 평등한 시민 사회로 바뀌었을 뿐이지 세상을 다스리는 근본은 변함이 없다. 어느 누가 덕으로 다스리란 치세(治世)의 왕도를 싫어할 것인가. 아무도 없을 것이며 공자의 왕도를 실천하는 후보자라면 어떤 투표에서도 패배하지 않을 것이다.

❧ 공자의 말씀

주 나라는 하(夏)와 은(殷) 두 나라를 본받았다. 그래서 문물제도가
빛났다. 나는 주 나라를 따르겠다고 공자가 말했다.

子曰 周監於二代 郁郁乎文哉 吾從周

(8) 무서운 성취욕

우리는 어느 길로 가든 서울만 가면 그만이지 않느냐고 서슴없이 말
한다. 그러나 목적이나 목표가 있으면 무슨 수단이든 모조리 동원해
서 그것들을 달성하면 그만이라는 생각은 사람을 무서운 사냥꾼으로
몰아 버린다.

한때 하면 된다는 구호가 판을 친 적이 있었다. 일단 일부터 벌여 놓
고 그때그때 메방을 치면 죽이 되든 밥이 되든 해내게 된다는 것이다.
그러나 죽을 끓이는 일과 밥을 짓는 일은 다른 법이다. 쌀죽을 끓이자
면 물이 많아야 하고 쌀밥을 짓자면 물이 적어야 한다. 이처럼 하는
일에는 저마다 다른 점이 있게 마련이다. 그러므로 하는 일마다 그 동
기가 다를 수밖에 없다. 처음부터 밥을 짓는 동기가 밥을 짓는 일로
이어져야 하는 법이다. 밥이 잘 지어졌으면 그만큼 정성을 들인 것이
고 그렇지 않으면 소홀한 점이 있었을 것이다. 결과만 놓고 성패를 따
진다면 변명이 무성하게 되고 무성한 변명은 속임수를 낳는다.

열심히 농사를 지어 거둔 곡식과 훔친 돈으로 사들인 곡식은 서로
다르다. 어떻게 해서 마련된 곡식인가를 따지면 왜 다른가를 알 수 있
다. 이처럼 하는 일에 마음이 어떻게 쓰였는가를 따져본다면 결과만
놓고 성패를 따지지는 않을 것이다. 동기를 살피는 일은 사람을 온전
하고 튼실하게 한다.

사향노루는 사향을 몸에 지녀서 사냥꾼의 표적이 되고 곰은 웅담을 지녀서 덫에 목을 매이게 된다. 사향은 비싼 값에 팔리기 때문에 사냥꾼들은 바닷바람이 불어오는 높은 산정에 소금을 뿌려 놓고 사향노루를 한없이 기다린다. 사향노루가 소금기를 좋아하고 삽초라는 풀잎을 좋아함을 아는 사냥꾼은 삽초가 많이 자라고 멀리서 해풍이 불어오는 곳을 찾아가 사향노루를 기다린다는 것이다. 지리산은 사향노루가 살기에 알맞은 곳이다. 지리산 남쪽 자락은 남해를 바라보고 있어서 무시로 바람에 소금기가 실려 오고 삽초들이 많이 자라기 때문이다. 예부터 지리산 천왕봉 부근에서 바람을 맞는 사향노루를 보았다는 이야기가 많다. 그리고 명포수의 일화도 심심찮게 들린다.

삽초가 자라는 비탈에 소금을 뿌려 놓고 몇 달을 기다리던 포수의 눈앞에 마침내 사향노루가 나타나 짭짤한 삽초 풀잎을 따먹으면서 빼어난 용모를 드러냈다. 얼마의 삽초잎으로 배를 채운 사향노루가 바닷바람이 불어오는 남쪽을 바라보면서 홀연히 앉아 산 아래를 굽어보는 순간 그 포수는 불질을 하려고 겨누었던 총을 내려놓았다. 그리고 가만히 숨어 아름다운 사향노루의 모습을 바라보다가 황홀해진 그 포수는 사향노루를 사냥하지 말아야 한다는 마음을 처음으로 만났다. 의젓한 사향노루의 자태에 감동한 포수에게 그것을 잡아 사향을 떼어 돈벌이를 해야 한다던 욕심이 어느새 사라져 버리고 애틋한 마음이 생겼던 셈이다. 만일 그 포수에게 하면 된다는 생각만 앞섰더라면 사향노루는 영락없이 잡혔을 것이고 그 포수는 돈을 벌었을 것이다.

그러나 사냥총을 거둔 포수의 마음은 활쏘기에서는 과녁을 맞추는 것만 노리지 않는다고 한 공자의 말씀을 새겨듣게 한다. 양궁이 올림픽 경기 종목이 된 뒤에는 선수들이 기량을 경쟁할 때 적중률을 가지고 금메달을 결정한다. 그래서 선수들은 과녁에 화살을 적중시키려고 마음을 가라앉히고 집중한다는 것이다. 그런데 세상은 금메달만 놓고 흥분을 하지 금메달을 목에 건 선수가 그 이전에 치른 마음의 훈련은 모른다. 더구나 선수가 금메달에 대한 욕심으로만 가득 차서 활을 쏘면 정작 금메달을 놓치고 만다는 것을 세상은 알지 못한다. 그러나 금메달을 목에 건 선수는 그런 욕심을 버리고 살질을 해야 한다는 것을 안다. 화살이 적중하는 것은 결과일 뿐 그렇게 되게 해 준 무수한 동기가 있었다는 것을 선수는 안다.

공자는 어떤 일의 결과보다 그 동기가 더 중요함을 일깨워 준다. 무슨 일을 하든 인의에 따라 동기가 마련되고 그 동기는 예악으로 치러져야 함을 공자는 밝힌다. 사향노루가 눈앞에 있지만 총질을 하지 않은 그 포수의 마음이 곧 인의이며 그런 마음씨가 뿌리는 씨앗은 예악을 틔운다. 활쏘기를 해도 과녁을 적중시키는 것만을 목표로 삼지 않는다고 한 공자의 말씀은 사랑하는 마음이 사랑하는 행위에 이르고 올바른 마음이 올바른 행위로 이어진다는 생각을 지니게 한다. 우리가 사는 세상도 이러한 생각으로 질서가 형성된다면 경쟁의 성취욕은 의젓해질 수 있을 것이다.

🌿 공자의 말씀

활을 쏠 때는 과녁 맞추기에만 골몰하지 않았고 일을 시킬 때는 사람의 능력에 따랐다. 이것이 옛날의 도였다.

子曰 射不主皮 爲力不同科 古之道也

(9) 사람을 섬기는 일

마음속을 터놓고 서로 나눌 수 있는 벗을 지닌 사람은 행복하다. 벗은 동료가 아니다. 동료는 일로 인해서 만난 사람이지만 벗은 삶의 뜻이 서로 맞아 일생을 함께 걷는 사람이기 때문이다. 슬픔을 서로 나누면 절반으로 가벼워지고 기쁨을 서로 나누면 두 배가 되게 하는 벗은 마음을 서로 주고받는 통로를 지닌다. 그 통로에 함정이나 덫 같은 것은 없다. 마음을 서로 섞어 하나가 되어 뉘우침이나 허물 따위가 없다면 곧 예인 셈이다. 예란 무엇인가? 사람을 섬기는 마음이다. 그러한 예를 실천하는 사람과 사람 사이를 벗이라 불러도 된다.

친절과 봉사가 모조리 예가 되는 것은 아니다. 돈이 있는 사람에게 굽실거린다고 예를 갖추는 것은 아니다. 사람 앞에 절을 하는 것이 아니라 돈 앞에 절을 하는 경우가 허다하기 때문이다. 큰 회사의 사장이 비싼 차를 타고 호텔 로비에 오면 제복을 입은 문지기는 정중히 허리를 굽혀 인사하며 문을 열어 주고 친절을 베푼다. 그러나 택시를 타고 오는 손님을 보면 본 척 만 척한다. 이러한 꼴은 사람을 모시는 것이 아니라 사람 아닌 다른 것을 모신다는 것을 나타낸다. 돈이나 지위나 권력을 모시는 것은 예가 아니다. 아첨일 뿐이다.

권좌에서 물러나면 외로워진다고 한다. 수시로 찾던 사람들의 발길이 뚝 끊어져 버리고 집안이 썰렁해지면 높은 자리에서 물러난 것을 실감한다는 말들이 전직 고관들의 입에서 쏟아진다. 높은 자리에 있을 때 찾아와 공손한 척했던 사람들은 단지 이익 때문에 찾은 것이지 마음을 서로 나누려고 찾았던 것이 아니다. 올바름보다 이로움을 앞세우는 마음은 예를 앞세워 이용할 줄은 알아도 예를 실천할 줄은 모른다. 나를 낮추고 남을 높이는 일은 사랑하는 마음이 없이는 안 되는 까닭이다. 그래서 사랑함〔仁〕이 없다면 무슨 예냐고 공자는 단언했다.

공자는 노 나라의 임금을 예로써 섬겼지만 권세를 쥐고 있었던 세도가들은 임금 알기를 우습게 알았다. 임금으로부터 권세를 부여받아

손안에 쥐게 된 세도가는 임금을 꼭두각시로 만들어 놓는 법이다. 어디 노 나라 때만 그랬던가. 조선조 말엽에 강화 도령이 임금이 된 사연은 결국 권문세도가 임금을 꼭두각시로 만드는 과정이었을 뿐이다. 대원군이 왕가의 권위를 높인다고 경복궁을 크게 짓고 외로운 집안의 딸을 골라 왕비로 간택했지만 며느리에게 쫓겨나는 수모를 당했던 것도 권세 다툼의 결과이다. 사람을 모시고 섬기는 예가 있다면 어찌 왕비가 왕의 아버지를 내쫓을 수 있을 것인가.

이기붕 일가를 생각해 보아도 썩은 정치에는 예외가 없음을 알 수 있다. 성씨 하나 같다고 해서 자기가 낳은 아들까지 이 대통령에게 바쳐 제2인자의 자리를 붙들어 보려고 갖은 아첨을 다했던 그의 말로는 일가족 자살이라는 비운을 면치 못했다. 왜 이기붕 일가는 모여서 스스로 죽어야 했던가? 사람을 섬길 줄 모르고 권세를 탐하다가 그렇게 되었을 뿐이다. 언제나 정치가 비정하고 냉엄한 것은 사람을 무시하고 세(勢)를 앞세우기 때문이다. 힘이 인간을 압도할 때 예는 여지없이 유린당한다. 그러나 예를 떠난 짓거리를 범한 뒤에는 항상 비참하게 끝을 맞이한다.

예는 마음속을 항상 가볍게 한다. 사람을 존경하고 믿고 섬기는 마음으로 충만되는 까닭이다. 무슨 수를 바라보고 수작을 부리는 마음은 항상 무슨 음모를 꾸미느라고 피로하지만 사람을 섬기는 일로 그친다면 바랄 것이 없으므로 피로할 리가 없다. 그래서 예는 끈끈하지 않고 담백하다. 얌전한 개가 부뚜막에 먼저 올라간다는 말은 예를 이용하지 말라 함이다. 그러므로 겉모습으로만 공손한 체하면서 뒤를 노리는 수작은 예가 아니다. 못된 며느리는 시어머니 앞에서는 죽는 시늉을 하면서도 친정 어머니를 만나면 갖은 흉을 본다. 죽는 시늉 그것은 아첨일 뿐이다.

아첨은 항상 야심의 송곳을 품에 품고 상대편의 급소를 노린다. 아첨은 개만도 못한 놈이나 하는 짓이다. 전북 오수에 가면 예를 실천했던 한 마리의 개를 기리는 비석이 있다. 술에 취해 자는 주인을 불길에서 구하고 자기는 불에 타 죽었다는 그 개야말로 예를 실감하게 한다. 얌전하게 허리를 굽혀 절을 올린다고 예를 갖추는 것은 아니다. 속마음이 그렇게 해야 예는 살아나고 모든 사람들이 벗이 된다. 참으로 아첨꾼은 개만도 못한 놈이다. 왜냐하면 아첨은 사람과 사람을 원수로 갈라놓기 때문이다.

공자가 임금을 예로써 모시고 섬기려고 했던 것은 임금과 백성 사이가 벗이 되게 하려는 바람 때문이었을 것이다. 노 나라에는 삼환(三桓)이란 권문세도의 세 가문이 있었다. 이들 세 가문은 임금을 뒷방 노인처럼 궁궐에 숨겨 놓고 백성을 노략질했다. 공자는 이러한 권세를 증오했고 임금이 백성의 어진 어버이가 되게 모시려고 했다. 그러나 권문세도들은 공자를 아첨꾼이라고 모략하며 공자를 내쫓았다. 썩은 세상은 항상 어디나 같다.

🍵 공자의 말씀

나는 임금님을 예를 다해 섬겼다. 그러나 남들은 내가 아첨한다고 뒷말을 하는구나. 공자는 이렇게 토로했다.

子曰 事君盡禮 人以爲諂也

(10) 비둘기 사랑

노루는 네 발 달린 짐승 중에서 가장 금실이 좋다고 한다. 명포수가 노루 사냥을 할 때 외톨박이 노루를 만나면 불질하기가 편하고 암수가 노니는 노루를 만나면 불질을 그만둔다고 한다. 풀잎 한 번 뜯고 입 한 번 맞추고 암컷이 잎을 먼저 따면 수컷이 뒤따라 잎을 뜯고 암컷이 쉬면 수컷은 뿔로 아양을 떨고 그러면 암컷은 꼬리를 치며 암수 노루는 산하를 달린다. 그냥 달리는 것이 아니라 연방 서로 입을 맞추면서 달린다. 그렇게 다정한 부부의 모습을 보고 어느 사냥꾼이 총질을 할 것인가.

나는 새들 중에서는 비둘기의 금실이 으뜸이라고 한다. 비둘기는 떼를 지어 날지만 내려앉을 때에는 반드시 부부끼리 짝을 지어 한자리에 내린다. 암컷이 구구하면 수컷이 응하고 수컷이 구구하면 암컷이 응하면서 서로 나란히 모이를 쪼다가 무시로 부리를 맞대고 입을 맞춘다. 그리고 둘이 함께 날아간다. 근처에 집이 있으면 지붕 위로 앉거나 나무가 있으면 나뭇가지에 앉는다. 다시 서로 입을 비비면서 날갯짓을 하고는 암컷이 꽁지를 들면 수컷은 사뿐히 암컷의 몸을 타고 교미를 하며 날개 터는 소리를 낸다. 이 얼마나 찬란하고 황홀한 사랑의 모습이고 행위인가. 그리고 다시 땅으로 내려와 모이를 다정하게 둘이 함께 쪼아먹는다.

인간이 짓는 부부의 금실이 비둘기만 못한 것은 분명하다. 백 년을 살자고 서약까지 하지만 길면 몇 해 짧으면 몇 달을 살다가 서로 헤어지자며 아웅다웅하는 사건들이 많아서 가정 법원은 매일 바쁘다. 왜 헤어지려고 하는가? 이렇게 물었을 때 성격 탓이라고 핑계를 대는 경우가 허다하지만 어느 한 편에서 바람을 피워서 서로 헤어지는 경우가 태반이다. 《성경》에 간음하지 말라 했고 《불경》에도 간음하지 말라 했으며 《논어》에도 간음하지 말라고 했다. 즐거워야 할 사랑을 음흉한 것으로 둔갑시키는 것이 바로 간음인 까닭이다. 음흉하면 배반하게 마련이고 배반은 가련한 마음을 회를 치는 짓을 서슴없이 하게 만든다. 간음은 사람의 마음을 칼로 난도질하듯이 짓이겨 아물지 않는 상처를 남긴다. 그래서 공자는 즐거움을 누리되 음란하지 말아야 함을 밝힌다.

사랑함의 즐거움이 악(樂)이지만 그 악을 유희로 하면 음란해진다. 사랑함을 즐겁게 하는 악을 유린하면 간음이다. 그래서 공자도 간음하지 말라고 했을 것이다. 음란과 음탕은 간음을 저지르는 마음이고 그런 마음은 성욕의 불길에 타서 재가 되고 몸뚱이만 남아 숨쉬는 살덩이에 불과할 뿐이다. 악을 탕진하는 짓을 음(淫)이라고 한다.

악이란 무엇인가? 악은 마음을 하늘에서 내리는 빛살처럼 맑고 밝게 하며 몸을 초여름의 잎새처럼 싱그럽게 한다. 그러므로 악은 생명력인 셈이고 삶의 찬란한 환희인 셈이다. 그러나 이러한 환희가 넘쳐 과하면 음이 되게 마련이다. 예를 악이 겸하면 탕진되지 않음을 공자는 우리에게 깨우쳐 주려고 비둘기의 암수가 나누는 사랑을 예찬한 《시경》의 시를 평하여 즐거우면서도 음탕하지 않다고 했다.

비둘기는 제 짝을 잃으면 새로운 짝을 키운다는 이야기가 있다. 수비둘기가 제 짝을 잃으면 다른 비둘기의 짝이 암컷의 알을 낳아 날 수 있을 때까지 키워 홀아비로 있던 비둘기에게 보내 준다는 것이다. 그러면 그 홀아비는 성숙한 암비둘기가 될 때까지 보살핀 다음 새로운 배필로 맞이해 새로운 금실을 이룬다는 것이다. 암비둘기가 제 짝을 잃으면 역시 그렇게 해서 배필을 맞이해 잃어버렸던 금실을 되찾는다고 한다. 물론 이러한 이야기는 짝을 잃어버린 슬픈 비둘기의 속을 읽게 한다.

사랑을 잃어버린 마음이 사랑을 기다리는 것은 슬픈 일이다. 그러나 그 슬픔이 적막해서는 안 된다. 적막한 슬픔은 목숨을 상하게 하는 까닭이다. 신라 때 볼모로 잡혀간 남편을 기다리다 망부석이 되었다는 박제상의 아내는 애틋한 사랑의 이야기를 남겼지만 우리의 마음을 아프게 한다. 사랑은 악이어야 하고 그 악은 목숨을 위하는 것이지 상하게 하는 것이 아닌 까닭에 슬픔이 적막해져 마음을 아프게 해서는 안 된다.《베르테르의 슬픔》은 우리를 아프게 한다. 그러나 〈솔베이지의 노래〉는 우리를 슬프게는 하면서도 아프게 하지는 않는다. 아마도 공자께서도 그리그의 〈솔베이지의 노래〉를 들으면 슬프지만 마음을 상하게 않는다던 말을 되풀이할지 모른다. 기쁨보다 슬픔이 악을 더 새삼스럽게 할 수 있다. 떠난 정든 님을 참으로 사랑한다면 야속하다는 마음보다 애틋한 마음이 앞서게 되는 법이다. 애틋한 마음은 애닮지만 마음을 아프게 하지는 않는다. 그것 또한 악인 까닭이다.

🌿 **공자의 말씀**

《시경》의 〈관저〉라는 시는 즐거우면서 음탕하지 않고 애닮지만 마음을 상하게 하지는 않는다고 공자께서 밝혔다.

子曰 關雎 樂而不淫 哀而不傷

(11) 죽어서 욕먹는 사람들

살아서 큰일을 치른 사람이 죽어서 남의 입질에 올라 욕을 먹지 않는다면 다행이다. 살아서는 몰랐지만 죽고 나니까 아쉬워지는 사람은 더더욱 다행이다. 살아서 제대로 삶을 살았다는 증거가 되는 까닭이다. 사람이 제대로 산다는 일은 물론 쉬운 일이 아니다. 대개는 커다란 업적을 남겼더라도 흠집을 많이 남기고 죽는다. 그래서 치자(治者)는 어느 세상에나 있었지만 죽어서도 살아남는 치자는 별로 없다. 털어서 먼지 안 나는 사람이 어디 있을까? 아마 거의 없을 것이다.

어떤 사람이 관중(管仲)의 사람 됨됨이가 어떠냐고 공자에게 물었던 모양이다. 그러자 공자는 관중은 도량이 작았다고 평을 해 주었다. 도량이 작다면 마음이 좁다는 것이다. 관중은 제(齊) 나라의 임금이었던 환공(桓公)을 도와 패권을 잡게 해 주고 일세를 휘둘렀던 대정치가로 알려진 인물이다. 큰 치자라면 마음이 넓고 커야 했을 터인데 왜 공자는 관중을 속이 좁은 사람이라고 단언했을까? 이는 백성을 위해 세상을 다스린 것이 아니라 자신의 영달을 위해 세상을 거머쥔 자는 속이 좁은 치자이기 때문이다.

다시 어떤 사람이 관중은 검소했느냐고 묻자, 공자는 그러지 못했다고 밝혀 주었다. 임금도 아니면서 임금의 흉내를 냈다는 것이다. 믿는 언덕이 있다고 함부로 흙을 파내면 홍수로 혼쭐이 난다는 것을 관중은 몰랐던 셈이다. 한 나라의 대부가 되면 가신(家臣)을 두게 마련이다. 가신이란 요사이 말로 치면 개인 비서(秘書)에 해당된다. 관중은 그러한 비서를 하나만 두었던 것이 아니라 여럿을 두고 떵떵거렸다는 사실로 보아 검소한 생활을 했을 리가 없다. 공자는 치자의 검소한 생활을 당부했던 분이니 사치와 호사를 누렸던 관중을 칭찬할 수 없었던 것이다. 치자가 백성을 사랑하면 가질 것이 없어진다. 그러나 치자가 백성을 후리면 부유하고 가질 것이 많아진다. 이러한 사실은 변하지 않는 이치다. 공자는 그러한 이치를 은연중에 말하고 있는 셈이다.

세상을 다스리는 사람이 살아서 호사를 누리면 죽어서 가난해진다. 백성의 입질에 올라 온몸이 발갛게 벗겨지는 까닭이다. 본래 독재자는 살아서는 제 자신의 동상을 만나지만 죽게 되면 세웠던 동상이 무너져 버린다. 공자의 말을 들으면 관중은 살아서 있는 호사를 다 누렸던 모양이다. 수많은 가신을 두고 부인을 셋이나 거느렸던 관중이 어찌 검박했느냐고 공자는 반문하고 있다. 이 얼마나 따끔한 말인가. 권세를 잡으면 돈과 여자가 마음대로 굴러들어온다고 여기는 치자들이 없어지지 않는다. 낮에는 권력으로 세상을 호령하고 밤이면 미녀를 불러들여 색을 탐진했다는 뒷소문이 어찌 연산군에게만 있는 일이겠는가? 박 대통령에 대한 뒷말은 주로 엽색 행각으로 치장되어 독재의 뒤탈이 부풀려진 사실을 상기해 볼 때 못된 치자의 생리는 예나 지금이나 변함없다는 생각이 든다.

그 사람이 다시 관중이 예를 알았느냐고 물었더니 공자는 관중이 예를 알았다면 그것을 모를 사람은 없다고 혹평을 했다. 임금도 아니면서 임금 행세를 했던 관중을 꼬집고 있는 것이다. 아마도 제 나라의 임금인 환공 주변을 둘러싼 사람의 장벽을 만들어 놓고 환공의 이름을 빌려서 나라를 훔쳤을 관중을 공자가 비판하는 것으로 보아도 된다. 백성을 참으로 사랑하는 치자라면 어느 계파에서 대통령이 나오든 관계가 없을 것이다. 그러나 대통령이 자신의 계파에서 나와야 한다고 주장하는 것은 염불보다 젯밥에 눈이 팔려 있다는 속셈을 내놓고 있는 것이 아닌가.

공자는 이러한 치자들을 싫어했다. 이러한 치자들은 모두 패권의 무리들인 까닭이다. 공자가 누누이 간청하는 왕도란 무엇인가? 백성이 잘살게 염불만 하고 젯밥은 백성에게 돌려주는 다스림을 구축하면 왕도에 이른다. 관중 같은 대정치가를 공자의 마음에 비추어 보면 소인배의 무리에 불과할 뿐이다. 우리에게 공자의 칭찬을 받을 만한 치자는 얼마나 있을까? 묻지 말아야 하다.

🌱 공자의 말씀

공자가 관중의 도량은 작았다고 말하자 어떤 사람이 관중이 검소했느냐고 공자께 물었다. 부인을 셋이나 거느렸고 가신을 많이 두었으니 어찌 검박했겠느냐고 공자께서 반문을 했다. 관중이 예를 알았느냐고 다시 묻자 임금이 나무로 문을 가리자 관중도 그렇게 했고 친교할 때 임금이 놓는 술잔의 대를 제 집에 차렸던 관중이 예를 안다면 예를 모를 사람이 어디 있느냐고 혹평을 했다.

子曰 管仲之器小哉 或曰 管仲儉乎 曰 管氏有三歸 管事不攝 焉得儉 然則 管仲知禮乎 曰 邦君樹塞門 管氏亦樹塞門 邦君爲兩君之好 有反坫 管氏 亦有反坫 管氏而知禮 孰不知禮

3. 문답의 담론

(1) 겉모양 겉치레

도마뱀은 위기가 닥치면 꼬리를 자르고 도망을 친다. 청개구리는 뱀을 만나면 죽은 시늉을 하면서 가만히 있는다. 그리고 까투리 새끼들은 하늘을 빙빙 도는 수리가 있으면 발랑 나자빠져 배의 솜털을 바람에 날리게 하여 마른 풀처럼 보이게 한다. 이렇게 모든 동물들은 제 목숨을 부지하려고 꾀를 부린다. 그러나 이러한 꾀부림은 속임수의 잔꾀가 아니다. 살아남기 위한 하나의 방법인 까닭이다.

도마뱀은 도마뱀을 속이지 않고 청개구리는 청개구리를 속이지 않는다. 다만 그것들을 해칠 수 있는 다른 것에만 속임수를 써서 살아남는 꾀를 부릴 뿐이다. 그러나 사람은 사람을 속이고 훔치고 죽이기까지 한다. 그래서 법으로 사람을 묶고 힘으로 사람을 누르는 제도를 사람 스스로 만든다. 공자는 이러한 제도를 위험하게 여긴다. 왜냐하면 법이나 힘을 행사하는 사람이 사납고 잔인하면 백성이 신음하기 때문이다. 인간이 거칠면 가장 무섭다. 그래서 공자는 예로써 살라고 한다.

예는 모든 속임수를 부정한다. 겉모양으로 사람을 속이지 말 것이며 겉치레로 사람을 놀리지 말 것이다. 그러니 예는 사람의 겉과 속이 같아야 한다는 단서를 달고 숨김없이 살 것을 요구한다. 검소한 삶이란 물질적인 것만을 말하는 것은 아니다. 검소한 마음이 없으면 예는 겉치레로 빠지고 만다. 이러한 꼴은 속임수에 불과할 뿐이다. 무슨 일이 있어도 사람을 속이지 마라. 이것이 예의 출발이다. 그리고 남을 앞세우고 나를 뒤로 물리는 겸허한 마음이 예의 발걸음일 것이다. 그래서 임방(林放)이 예가 무엇이냐고 묻자 공자는 검소하라고 응답했다.

🫖 임방과의 담론

임방이 공자께 예가 무엇인지를 물었다. 그런 물음은 한 마디로 말하기 어렵겠지만 예라는 것은 사치스러운 것보다는 검소한 것이라고 공자가 알려 주었다. 그래서 돌아가신 이를 모실 때는 이것저것 갖추기보다는 마음이 애통해 해야 한다고 공자께서 말했다.

林放問禮之本 子曰 大哉問 禮 與其奢也 寧儉 喪 與其易也 寧戚

(2) 시를 읽는 마음

사람들이 신문을 읽는 것은 세상이 어떻게 돌아가는가를 알아보려는 데 있다. 학생들이 교재를 읽는 것은 지식을 쌓으려는 데 있을 것이고 관리가 서류를 읽는 것은 일 처리를 하는 데 있을 것이며 판사가 조서를 읽는 것은 법을 얼마나 어겼는가를 살피려는 데 있을 것이다. 그러나 사람들이 시를 읽는 것은 이런 것들과는 전혀 다르다. 왜 시를 읽는가? 마음속의 때를 씻어내고 깨끗하고 맑게 하기 위해서이다. 마음이 그렇게 되면 무엇인가를 사랑할 줄 알고 무엇인가를 부끄러워할 줄 알기 때문이다.

시는 사람을 어머니처럼 만든다. 모든 사람을 어머니 같은 마음으로 대하는 사람은 군자라 불러도 되고 지인(至人)이나 성자라 불러도 된다. 테레사 수녀 같은 여인은 오늘날 군자와 같은 분이다. 이제는 군자에 성별이란 없다.

참으로 아끼고 도와주는 마음이 없다면 시를 아무리 읽어도 헛소리처럼 들릴 뿐이다. 모든 시는 사랑을 노래하는 탄금 같은 것이기 때문이다. 그래서 시를 읽고 난 뒤 사람을 아끼고 사랑하는 마음을 만나게 되었다면 그러한 만남이 곧 예의 체험인 것이다. 예란 무엇인가? 사랑함[仁]의 실천이 예의 참모습이다. 시를 읽으면 그러한 참모습을 만나게 되므로 예를 통해 사람의 됨됨이가 완성된다는 것을 시가 말해 주느냐는 자하(子夏)의 반문을 들은 공자께서 즐거워했던 셈이다.

시를 읽는 마음은 무엇인가를 사랑하고 아낄 줄 알게 만든다. 시에는 다툼도 시기도 사기도 없고 다만 모든 것을 사랑하라는 율법만 있다. 이러한 율법의 근본을 공자는 예를 통해 말했던 것이다.

🫖 자하와의 담론

곱게 웃는 모습이 아름답구나. 아름다운 검은 눈동자 하얀 분에 더욱 빛나는구나. 이런 시구의 뜻에 대해 자하가 공자께 물었다. 그림을 그릴 때 채색을 한 다음 흰 가루로 바탕을 마무리하는 것과 같다고 공자가 비유해 주었다. 그러자 자하가 예를 행한 다음의 완성을 뜻함이냐고 반문했다. 나를 깨우쳐 주는 사람은 바로 너로구나. 비로소 같이 시를 말할 수 있겠다며 공자는 말했다.

子夏問曰 巧笑倩兮 美目盼兮 素以爲絢兮 何謂也 子曰 繪事後素 曰 禮後乎 子曰 起予者商也 始可與言詩已矣

(3) 떡고물을 먹은 입

도둑은 제 발로 잡힌다. 이는 꼬리가 길면 들통이 나고 만다는 말과 같다. 도둑질을 하다 보면 아편쟁이처럼 그 짓을 그만둘 수 없게 된다. 공으로 돈이 들어오고 땀 한 방울 흘리지 않고 재물이 굴러 들어오기 때문이다. 남의 것을 공으로 갖는 치를 도둑놈이라고 한다. 도둑놈 중에서 제일 큰 치가 뇌물 도둑일 것이다.

뇌물은 수억 원마저도 푼돈으로 만든다. 그리고 뇌물은 덜미가 잡히게 되면 천하를 흔들 만큼 썩은 냄새를 뿜는다. 그 뇌물은 백성의 분통을 터뜨려 온 나라를 벌집처럼 들쑤신다. 들쥐 한 마리가 방죽의 둑에 구멍을 내서 온 들판의 곡식을 망치는 경우처럼 뇌물이 성하면 그 나라는 망하지 않을 수 없다.

박정희 대통령 시대에는 권력과 경제가 밀착되어 뇌물이란 낱말이 떡값이란 말로 통했다. 떡 사먹으라는 돈이 수억 수십억 원이었다니 그 배통이 얼마나 컸는지를 짐작할 수가 있다. 본래 나무꾼이 도둑질을 하면 밥 한 그릇이지만 원님이 도둑질을 하면 고을을 훔치고 임금이 도둑질을 하면 나라를 통째로 먹는 법이다. 나무꾼은 배가 고파 도둑질을 했으니 하늘이 용서하지만 원님이나 임금이 도둑질을 하면 하늘도 용서하지 않는다. 배부른 도둑질인 까닭이다.

조선시대로 치면 영의정 바로 아래쯤 되는 신하를 박대통령이 불렀다. 뇌물을 많이 받아 고속도로 주변 땅을 헐값으로 사들인다는 소문이 자자한데 어떻게 된 거냐고 그 신하에게 물었다. 그러자 그 신하는 "각하, 떡에 묻은 떡고물을 조금 주워먹었을 뿐입니다."라고 아첨을 떨었다는 것이다. 그리고 두 사람은 허허 하고 웃고 말았다는 풍자가 백성의 입을 타고 불었다. 이는 뇌물 공화국이란 바람이 한참 불었던 4공 시절의 소문이었다. 이런 소문이 천벌이다. 백성의 입이 욕질을 하면 그것이 천벌이다. 뇌물을 떡고물이라고 말한 입은 하늘에 죄를 지었고, 떡고물을 먹었다는 치를 용서한 쪽도 하늘에 죄를 범했다. 민주 시대의 하늘은 무엇인가? 백성이다.

박 대통령의 그 신하는 위 나라에서 군사권을 잡고 실력을 부렸던 왕손가(王孫賈)를 생각나게 한다. 그 왕손가는 안방에서 아첨하는 것보다 부엌에서 아첨하는 것이 낫다는 것을 알았던 도둑이었다. 왕손가는 공자께 안방의 아첨보다 부엌의 아첨이 낫다는 말이 있는데 무슨 뜻이냐고 물었다. 공자는 허허 하고 웃지 않았다. 오히려 어느 아첨이든 천벌을 받는다며 혼구멍을 내주었다. 천벌은 누가 내리는가? 백성이 내리는 것이다.

그러나 뇌물 도둑은 헛배가 불러 백성을 무서워하지 않다가 결국 백성의 발길에 채여 헛배가 터지게 된다. 당대에 안 되면 후손에 가서라도 발길질을 당한다. 천벌에는 집행 유예라는 것이 없다. 백성의 것을 훔치는 도둑질은 천벌감에 틀림없다. 민주 시대의 천벌은 백성이 응징한다. 민주 시대의 하늘은 백성인 까닭이다.

🍵 왕손가와의 담론

주인의 방에 아첨하기보다 부엌에 아첨하라는 말의 뜻이 무엇이냐고 왕손가가 공자께 물었다. 이도 저도 아니오. 하늘에 죄를 지으면 빌 곳이 없는 법이오. 이렇게 공자는 쏘아 주었다.

王孫賈問曰 與其媚於奧 寧媚於竈 何謂也 子曰 不然 獲罪於天 無所禱也

(4) 젯밥이 귀중한가

호주머니가 두둑하면 술친구가 생기고 권세의 자리에 앉으면 사람들이 모여들어 너도나도 아양을 떤다. 왜 이러한 꼴이 생겨날까? 술값이 아양을 떨게 하고 권세가 아양을 피게 하는 까닭이다. 술값에 마음이 팔리고 권세에 마음이 잡히다 보면 인간은 간사해져 여우처럼 되고 만다.

양로원의 노인들이 모두 자식이 없는 것은 아니다. 번지르르한 자식들이 있지만 양로원에서 죽음을 기다리는 노인들이 늘어나고 있다. 귀찮아하는 자식들이 민망해서 양로원을 찾는다. 부모를 양로원에 버린 자식들은 한 달에 한 번쯤 용돈을 부쳐 주고 시원해 한다는 것이다. 이렇게 시원해 하는 마음을 우리가 뭐라 할까? 몇 푼의 돈으로 마음을 팔아먹은 것이다. 이런 치에게 공자여, 예를 말해서 뭐 할 것인가. 제 부모를 저버린 자식은 예라는 것을 모른다. 태어난 은혜를 아는 것이 사람이고 그 은혜를 모르는 것은 짐승이다. 예란 무엇인가? 사람과 짐승을 분별하는〔人獸之辨〕가늠자와 같은 것이다. 그 가늠자의 처음은 태어남의 은혜로 시작된다. 그래서 예의 첫걸음은 효가 아닌가.

왜 예는 죽은 자에게 정성을 다하라 하는가? 죽은 사람에게 바치는 정성이 산 사람에 대한 정성으로 이어지기 때문이다. 왜 예는 늙은이에게 마음을 쓰라고 하는가? 늙은이를 공경하는 젊은이는 삶의 과정을 헤아릴 줄 알기 때문이다. 항상 젊다는 착각을 깨우친 자는 늙은이의 얼굴에서 젊었던 흔적을 읽는다. 아버지가 아들에게 흰색을 놓고 검다고 하면 '네 검습니다.' 라고 순종만 하는 것이 예가 아니다. 검지 않고 희다는 점을 공손하게 밝혀 드리는 것이 예인 까닭이다. 맹종은 무엇인가를 숨기는 짓이고 숨기는 짓은 무엇인가를 훔치는 짓으로 이어진다. 돈이 많은 부모에게 자식들은 굽실거린다. 부모의 돈을 훔치려는 숨은 마음이 허리를 굽히게 하는 것이다. 예는 이러한 속임수를 거부한다. 마음을 다해 보살피는 것이 정성이며 예는 이러한 정성으로 사람과 사람을 만나게 한다. 이러한 만남의 체험을 공자께서는 소중히 여겼으므로 예를 아낀다고 자공에게 말했던 셈이다.

달마다 초하루 제사에 바치는 산양을 없애자고 자공이 공자께 청하자 공자는 사[자공]야 너는 양을 아끼지만 나는 예를 아낀다고 밝혀 주었다.

子貢欲去告朔之餼羊 子曰 賜也 爾愛其羊 我愛其禮

(5) 충성은 낡은 것인가

충성은 올바름을 사랑하는 것이다. 사육신은 단종의 편에서 보면 충신이고 세조의 편에서 보면 역신이다. 사육신은 단종을 물리고 왕위에 오른 세조를 섬길 수 없다고 판단했고 그 판단을 배반할 수 없다는 것이 바로 올바름[義]의 사랑이었던 셈이다. 만일 아무런 잘못이 없이 단종으로부터 세조가 왕위를 양위 받았다면 왕통의 계승이지만 왕위를 찬탈한 것이 불의로 판단될 때 충성은 그러한 불의를 거역하게 된다. 임금의 시대에 임금이 불의를 범해도 그 임금을 사랑하는 것은 참다운 충성이 아니다. 다만 올바름을 사랑하는 임금을 진실로 모시면 그것이 곧 충성인 것이다.

임금의 시대는 갔으므로 지금의 민주 시대에는 충성이란 없어도 되는 것일까? 그렇지 않다. 충성이란 올바름을 사랑하는 마음인 까닭이다. 그러므로 충성을 어느 개인에게 바치는 절대 복종의 숭배 사상으로 볼 것은 없다. 어느 시대든 올바름을 사랑하는 마음을 어찌 버릴 것인가.

민주 시대에 올바름이란 무엇일까? 자유와 평등 그리고 박애가 곧 올바름인 것이다. 자유를 참으로 사랑하면 그것이 오늘날의 의이며 평등과 박애를 참으로 사랑하면 그것 또한 오늘날의 의이다. 때와 장소가 아무리 변할지라도 변할 수 없는 삶의 올바름은 있게 마련이다. 그 올바름이란 무엇일까? 모든 이의 삶을 행복하게 해야 한다는 이상을 실현하려는 인간의 마음이 곧 그러한 의일 것이다. 자유와 평등 그리고 박애는 그러한 이상을 실현하게 하는 이 시대의 목적일 뿐이다.

임금의 시대에는 올바름을 행사하는 임금을 섬기는 것이 충성을 실천하는 것이었고 민주 시대에는 저마다 인간의 자유와 평등을 섬기는 것이 이 시대의 충성인 것이다. 왜 우리는 독재를 하는 치자에게 충성할 수 없는가? 그들은 인간의 자유와 평등을 유린하면서 권력을 독점하는 까닭이다. 독재에 등을 돌리고 떠난 백성의 민심을 회유하려고 권력 집단은 갖은 수단을 동원하게 된다. 그러나 민심을 잃은 권력 집단은 이미 패도의 무리인 셈이다.

패도란 무엇인가? 임금의 시대에는 임금이 인의를 버리고 세상을 힘으로 다스리는 것이 패도였고 민주 시대에는 권력 집단이 인의를 버리고 힘으로 세상을 다스리는 것이 패도인 것이다. 왕도란 무엇인가? 덕으로 세상을 다스리는 것이다. 공자의 생각을 빌린다면 덕이란 무엇인가? 인의를 실천하는 것이 곧 덕이다. 그러므로 민주의 시대에서도 인의를 실천하는 권력의 집단이라면 시민은 충성할 수 있는 것이다. 임금은 예가 있어야 하고 신하는 충성을 다해야 한다는 공자의 말씀을, 다스리는 쪽에 예가 있으면 시민은 충성해야 한다는 말로 새겨들을 줄 안다면 충성이 불의에 대한 저항이며 인의를 사랑하는 정신임을 알 수 있는 일이다.

🫖 정공과의 담론

노 나라의 군주이자 공자가 섬겼던 정공이 임금이 신하를 어떻게 쓰고 신하가 임금을 어떻게 섬기면 되느냐고 물었다. 임금은 신하를 쓰

되 예를 지키고 신하는 군주를 섬기되 충성을 다하면 된다고 공자는
대답했다.

定公問 君使臣 臣使君 如之何 孔子對曰 君使臣以禮 臣事君以忠

제4장
〈이인(里仁)〉편

1. 〈이인(里仁)〉편의 체험

(1) 왜 공자는 살아 있는가

어느 날 제자가 선생의 도를 물었다. 그러자 공자는 자신의 도는 어디 언제에서든 두루 통한다고 분명히 했다. 이러한 공자의 도는 무엇인가? 인(仁)이다. 그 인이란 무엇인가? 사랑함을 말한다. 그러므로 공자의 도는 사랑함의 도인 셈이다.

인은 말뿐인 사랑이 아니다. 그리고 생각뿐인 사랑도 아니다. 사랑하는 마음과 사랑하는 행위가 아울러 뭉쳐져야 되므로 인은 곧 사랑함을 말한다. 그래서 인을 공자는 애인(愛人)이라고 일컬었다. 사람을 사랑하라. 이것이 공자가 두루 통한다(一以貫之)고 밝힌 도이다.

〈이인〉편에서 공자를 만나 보면 공자가 밝힌 도는 낡을 수도 없고 사라질 수도 없음을 확인하게 된다. 그러나 공자의 도는 한 번도 세상에서 제대로 빛을 본 적이 없다. 사랑함의 길(仁道)은 유린당하기 일쑤였고 이용만 당하거나 아니면 버림받기만 했다. 공자가 살아 있던 당시도 그랬었고 사후 역시 한 번도 사랑함의 길이 실제로 열린 적은 없었다.

조선왕조에서 사랑함의 도가 실천되었다고 말할 수 있을까? 아마 없을 것이다. 그들은 왕조의 체제를 유지하기 위한 구실로 공맹을 팔았지 모든 백성을 사랑하기 위해 유가를 내걸었다고 볼 수 없는 까닭이다. 조선조의 잔인하고 엄격했던 신분 사회를 생각하면 그 까닭은 분명해진다. 세상을 양반과 상것으로 나누어 놓고 양반은 귀하고 상것은 천하다고 했다. 공자의 말씀을 아무리 뜯어보아도 양반과 상것으로 나누어 인간을 말하지 않았다.

그러나 조선조는 그렇게 되어 있는 양 마치 공자의 도가 양반의 전유물인 것처럼 횡포를 부렸다. 조선조의 임금과 더불어 벼슬아치들은 사랑함의 길이 갖는 참뜻을 어겼고 엇나갔으며 이용만 했던 셈이다. 다만 초야에 묻혀 사랑함의 길을 실천하려던 몇 안 되는 선비들만 이를 안타까워했을 뿐이다. 그러니 선비들이 궁궐의 서슬에 거슬리는 말만 해도 목숨을 앗는 사약으로 생목숨을 요구했던 조선시대는 사랑함의 길을 정치적으로 도용했던 시대였다.

우리는 조선왕조가 망신스럽게 망하면서 유가마저도 막을 내렸다고 생각하며 지금껏 살아오고 있다. 공자가 밝힌 사랑함의 길은 매몰된 옛길쯤으로 생각하고 있다. 그러나 〈이인〉 편에서 사랑함의 길을 밟아보면 사랑함의 길은 막힐 수 없는 길임을 누구나 체험할 수 있다. 한없이 넓고 큰 사랑함의 세계를 만나게 된다. 누가 사람을 사랑하라는 길을 외면할 것인가. 아무도 없을 것이다. 그 길을 걸어갈 특권을 가진 자가 따로 있는 것은 결코 아니다. 사랑함의 길을 걷는 사람은 누구나 군자가 된다. 군자는 태어나는 것이 아니라 누구든 사랑함을 다 하면 군자가 된다. 양반은 양반을 낳고 상것은 상것을 낳는다는 조선조의 운명적인 신분은 공자의 세계에는 없다. 이를 〈이인〉 편이 확인해 준다. 골고루 두루 사랑하라. 무엇을 사랑할 것인가? 삶의 올바름을 서로서로 남김없이 사랑함을 베풀어라. 이러한 베풂을 공자는 충서(忠恕)라고 밝힌다.

올바르게 사랑하는 사람에게 나를 바치면 충이다. 충은 선을 사랑함이다. 올바르게 사랑하지 않는 사람을 내가 용서해 주면 서이다. 서는 악을 용서함이다. 그러므로 사랑함의 길에는 이빨을 이빨로 갚는 일이 없다. 충은 선을 높이고 서는 악을 줄인다. 이는 선한 사람이 따로 있고 악한 사람이 따로 있음을 부정하는 것이다. 사람은 누구나 선할 수도 있고 악할 수도 있는 까닭이다. 선한 마음과 행동을 아낌없이 사랑하라. 이것이 충이다. 악한 마음과 행동을 아낌없이 용서하라. 이것이 서이다. 이러한 충서를 향해 나를 닦는 사람〔修己〕이 군자인 셈이다. 공자는 〈이인〉 편에서 군자가 되는 방법을 체험하게 해 준다. 인을 떠나지 않는 사람을 누가 버릴 것인가? 아무도 없다. 지금처럼 남을 사랑할 줄 모르는 세상일수록 남을 사랑할 줄 아는 사람이 아쉬울 뿐이다. 그래서 공자는 우리 곁에 살아 있어야 한다.

(2) 반드시 이겨야만 하는가

두 마리의 개가 썩은 쇠가죽을 놓고 서로 으르렁거리면서 서로 다 먹어치우겠다고 쇠가죽 양끝을 물고 온종일 놓지 않다가 결국 이빨들이 다 빠지고 잇몸이 으스러지고 말았다. 욕심을 부리지 말라는 말을 들려주려고 할아버지가 손자에게 위와 같이 지어낸 이야기를 해 주면 손자는 그 두 마리의 개는 정말 바보라고 하면서 할아버지를 기쁘게 한다.

욕심은 부리면 부릴수록 바보가 된다는 것을 어린아이도 안다. 그러나 어른들은 욕심을 부릴수록 똑똑해진다고 착각한다. 그래서 쇠가죽을 물고늘어지는 두 마리의 개처럼 어른들은 일단 삶에서 이기고 보아야 한다고 믿는다. 이러한 고집에서 올바름은 비뚤어지고 사랑함은 상처를 입고 인간은 인간끼리 서로 얽혀서 으르렁거린다. 말하자면 인간의 역사나 문화는 마치 욕심의 싸움이 빚어내는 흔적처럼 곤혹스럽다. 공자는 이를 고뇌하며 인간들의 싸움을 말려 서로를 화해로 이끌어 준다.

올바르지 못하면 사랑하는 방법을 잃어버린다. 왜 남을 해치는가? 왜 속이고 숨기는가? 왜 시기하고 미워하는가? 그리고 왜 살인까지 하는가? 사랑하는 방법을 잃어버린 까닭이다. 〈이인〉 편에서는 사랑하는 방법을 자세히 말해 주는 현장을 만나게 된다. 그리고 사람으로 하여금 사람다운 길을 걷는 모습을 체험하게 한다.

먼 훗날 지금 우리가 사는 시대를 뒤돌아보고 우리의 후손들은 양김씨(兩金氏)를 어떻게 말할까? 대권을 놓고 서로 물기 위해 으르렁거린 욕심꾸러기로 말할지 모른다. 좋게 말한다면 대권에 대한 집념이 대단한 사람들이었다고 말하겠지만 따지고 보면 욕심이 과한 정치 투쟁을 일삼았다고 말할 것이다. 그러나 그 둘이 욕심을 비웠다고 밝힌 대목에 이르러서는 거짓말까지 곁들여 욕심뿐인 싸움을 했다고 비웃을 것이다. 그리고 그 둘은 공자가 밝힌 예를 몰랐다는 판정을 받을 것이다. 공자가 밝힌 예란 무엇인가? 사양하는 마음이 사양하는 행동으로 이어짐이 바로 예가 아닌가.

예로써 나라를 다스려라. 그러면 그 나라에는 문제가 생기지 않는다. 이렇게 공자는 이미 말해 두었다. 정치하는 사람들이 서로 사양하면서 나라를 다스린다면 나라는 조용할 수밖에 없다. 이는 예나 지금이나 변함이 없다. 정치에 몸담은 사람들이 서로 욕심을 부리다 보면 백성의 허리만 졸리고 세상은 어수선해지고 소란스럽게 된다. 해방 이후 지금껏 이 땅은 정치인들의 욕심으로 시끄러웠고 관리들의 욕심으로 인해 급행료를 내지 않으면 어떤 일도 풀리지 않았다. 그래서 백성들은 세상이 곪을 대로 곪았고 썩을 대로 썩었다고 자조하며 서글퍼한다.

스위스에서는 대통령을 서로 하지 않으려고 한다고 한다. 꿈 같은 이야기다. 그래서 그 나라에는 데모도 없고 화염병도 없고 최루탄도 없다. 그러나 우리나라에는 그런 것들이 수시로 길거리를 메워 죄없는 백성의 눈에서 눈물이 흐르게 한다. 정치꾼들의 야망, 관리들의 부패, 졸부들의 허세와 과욕이 욕심의 전쟁을 벌이고 있는 까닭이다. 전쟁에서는 승리가 제일의 보상이다. 전쟁을 한다면 이겨야 한다는 것이다. 패배는 굴욕을 안겨 주는 까닭이다. 그러나 삶이란 전쟁이 아니다. 인간의 삶은 올바름의 기쁨이며 사랑함의 환희가 되어야 한다. 삶에 대한 이러한 사상이 바로 예악인 셈이다. 정치를 예악으로 하라. 이렇게 공자는 밝혀 주었다. 사양하는 마음으로 즐겁게 정치를 하라. 정치꾼은 이 말을 듣지 않는다.

　벼슬은 높고 백성은 낮다고 공자가 보았던가? 아니다. 백성의 마음은 하늘의 마음과 통한다고 보았지 치자의 발 밑에 있는 것이 아니라고 보았다. 임금도 백성을 우러러볼 줄 알아야 한다는 것이다. 하늘이 무심하다 함은 백성의 마음이 등을 돌렸음을 뜻함을 임금이나 벼슬아치들은 알아야 한다는 것이다. 그러나 다스리는 무리들은 백성을 편할 대로 이용만 하고 등치는 짓을 버리지 못한다. 이를 공자는 타파해야 한다고 보았다. 민주 시대에 와서 공자의 말씀은 실현되었는가? 아니다. 대권을 서로 쥐려고 욕심과 꾀를 다 동원하는 통에 무엇이 참이고 무엇이 거짓인지 모르게 수작을 부린다.

(3) 군자는 식자(識者)가 아니다

　공자를 성인으로 모신 사람들이 조선조를 주름잡았다. 궁궐 안의 벼슬도 공자의 뜻에 따라 세상을 다스린다 하고 초야의 선비들도 공자의 뜻에 따라 산다고 했다. 공자가 이렇게 했던 조선을 찾아와 여행을 하면서 무수한 후예들을 만나 본다면 공자는 즐거워할까. 아니면 답답해할까? 임금을 팔아서 백성을 욕보이고 공자를 팔아서 임금을 묶었던 무수한 사건들을 공자는 모른 체할 수가 없어서 괴로워할 것이다. 조선시대의 역사를 읽어 보면 그러한 짐작은 능히 가능하다. 왜 유학의 세상이라면서 유가들은 유학을 이용만 하느냐고 공자는 반문할 것이다.

벼슬을 하다 물러난 기대승(奇大升)과 벼슬을 쳐다보지도 않았던 조식을 공자가 만났더라면 군자가 되는 길을 한번 같이 걸어 보자고 했을 것이다. 비록 그들이 지닌 유학에 대한 학식은 깊었지만 군자답지 못한 점을 발견하고 그렇게 권했을 것이다. 왜냐하면 기대승은 조식을 싫어했고 조식은 기대승을 싫어했기 때문이다. 사람을 싫어하면 군자의 길은 잘리고 만다. 학식이 군자를 만드는 것이 아니라 사랑함과 올바름을 생각하고 실천하는 당사자가 군자의 길을 가고 있는 주인이기 때문이다. 〈이인〉 편에서 공자의 말을 들어 보면 공자는 학식이 고매한 사람을 기다리는 것이 아니라 바로 군자의 길을 걷는 주인을 기다리고 있다는 것을 목격하게 된다.

조식은 기대승이 득세한다면 반드시 나라의 일을 그르칠 것이라고 험담을 했고, 기대승은 조식에 대해 유학을 신봉하는 사람이 아니라고 비방을 했다. 그래서 두 사람 사이에는 틈이 생기게 되었다. 군자는 어느 한편을 고집하지도 않으며 어느 것은 안 된다고 부정하지도 않는다. 군자는 천하에 두루 통하는 길을 걷는 까닭이다. 공자는 서로 험담하고 비방하는 것은 군자의 도가 아니라고 기대승과 조식에게 충고할 것이다.

기대승은 성리학의 이기(理氣)를 놓고 이황과 논전을 벌여 명성을 얻기는 했지만 대사성이란 벼슬을 하면서 성균관 유생들과 화합하지는 못했다. 유생들의 급식을 소홀히 한 탓에 기대승은 뒷말을 들었다. 그러자 기대승은 '배불리 먹기를 탐하지 말라[食無求飽]'는 공자의 말씀을 시험 문제로 출제했다. 그러나 많은 유생들은 시험을 거부했다. 모가 나면 정을 맞는 법이다. 군자는 싸움이라면 말리고 올바른 흥정이라면 붙이는 그런 마음씨를 간직한다. 공자의 말씀을 자기 편의대로 활용한다는 것은 이미 자기에게 기울어져 있으니 남을 위하기보다는 자기를 위하는 꼴이 되게 마련이다. 기대승이 시험 문제를 내서 먹는 것이 험하다고 불평하지 말라는 엄포를 공자의 말을 빌려 빗댄 셈이니 유생들과 오기 다툼을 한 셈이다. 군자는 오기 다툼을 하지 않는다. 그래서 군자는 샛길이나 지름길을 탐하지 않는다고 한다.

공자는 유식한 사람을 원하는 것이 아니라 사람들이 군자가 되기를 바랄 뿐이다. 유식한 사람은 똑똑할 수는 있지만 너그러움에는 인색한 성미를 부리기 쉽다. 나아가 학식을 과신한 나머지 학덕을 고르게 갖추지 못해 언행이 신중치 못하고 경박하기가 쉽다. 군자는 깊은 물처럼 소리 없이 삶을 살아갈 뿐 얕은 물처럼 소리를 내서 오만을 부리지 않는다. 항상 겸손하면서 사양하는 마음으로 조심하는 군자는 제자랑이나 자기과시를 부끄러워한다. 공자가 바라는 군자 같은 사람이 오늘날 살아가기는 무척 어려울 것이다. 지금은 모두 자기 자랑을 스스럼없이 할 줄 알아야 출세도 하고 인기도 끌어 이득을 챙길 수 있기 때문이다.

공자는 군자라면 마음에 덕을 품지만 소인은 가슴에 땅을 품는다고 사람들의 속을 짚어 준다. 이로우냐 해로우냐를 따져서 인간관계가 이루어지는 오늘날에는 분명 어디에도 군자는 없다. 그래서 낯가죽이 쇠가죽처럼 두꺼운 사람이 유리한 고지를 차지한다는 것이다. 턱없이 자기 선전을 일삼아야 하고 지나침이 있는지 없는지도 모른다. 염치

없는 소인들의 세상을 보고 공자는 뭐라 할까? 사람들이 남을 사랑할 줄 모르고 남을 이용할 틈만 노린다고 할 것이다. 세상은 온통 병들어 환자들 투성이지만 진맥하여 고쳐 줄 의사 하나 없다고 안타까워할 것이다.

(4) 인자(仁者)는 누구인가

소도 언덕이 있어야 등을 기댄다고 한다. 사람 역시 기댈 언덕을 찾게 마련이다. 살림살이를 꾸려 가야 하는 까닭이다. 권력을 유일한 언덕으로 여기는 사람도 있고 출세를 언덕으로 믿는 사람도 있지만 현대인들은 돈이면 무슨 일이든 다 할 수 있다고 장담하고 돈을 절대 언덕으로 확신한다. 그러나 사랑함을 언덕으로 여기는 사람은 예나 지금이나 만나기 어렵다.

〈이인〉편에서 공자는 사랑함을 좋아하는 사람을 만날 수 없었고 미워함을 싫어하는 사람도 만날 수 없었다고 실토한다. 사람을 사랑하는 것이 아니라 다른 것을 더 사랑하는 모습에 공자도 서글펐던 모양이다. 당시에도 인정이 그 모양이었다면 사람은 별로 변한 것이 없는 셈이다.

사람들은 삶의 악을 줄이고 삶의 선을 넓혀 왔는가? 이러한 물음에 그렇다고 잘라 대답할 처지가 못된다. 점점 법의 종류는 많아지고 형무소의 담은 높아만 간다. 활과 창을 들고 말을 타고 싸우다가 총과 대포, 차로 바꿨고, 이제는 미사일과 컴퓨터, 비행기를 이용하여 전쟁을 한다. 참으로 전쟁은 한없이 발달해 왔다. 한없이 멀었던 세상도 이제는 아주 가까워져 사람들의 왕래가 멀고 가까움이 없어져 버렸다. 이처럼 온통 세상은 변하고 말았다. 그러나 세계는 조용할 날이 없다. 배부른 나라가 있는가 하면 배고파 굶어 죽는 나라도 있고 힘을 믿고 힘없는 나라를 유린하는 작태는 더더욱 교묘해지고 잔인해져 가기만 한다. 사람과 삶을 사랑하는 쪽보다는 미워하는 쪽으로 나아가는 모양을 버리지 못한다. 가정이 그렇고 사회가 그렇고 나라도 그렇고 세상이 다 점점 조급해지고 삭막해지고 막막한 쪽으로만 차츰차츰 기울어져 가는 꼴이다. 왜 인간의 세상은 이렇게만 돌아가야 하는가? 〈이인〉 편을 만나게 되면 그 비밀을 체험하게 된다. 나는 참으로 남을 사랑할 줄 아는가? 이러한 물음에 부닥뜨리게 된다.

남을 사랑하는 데는 인색하면서 남으로부터 지나친 사랑을 요구하는 사람들이 가장 잔인함을 〈이인〉 편은 보여 준다. 나에게 유리하면 선이 되고 불리하면 악이 된다고 속셈을 치는 사람들이 가장 잔혹하다. 제 몸을 치장하는 데는 수백만 원을 뿌리면서도 남을 위해서는 한 푼도 쓰지 않는 사람에게 자선하라고 하면 누구를 위해 자선하느냐고 반문한다. 자신을 위해 그렇게 하라고 하면 무슨 말인지 통 알아듣지 못한다. 사랑할 줄 모르면 인색한 법이다. 목숨을 사랑하면 목숨에 인색하여 생명을 아낄 줄 알고 돈을 사랑할 줄 알면 금전에 인색하여 돈만 아낀다. 그러나 돈벌이가 된다면 무슨 짓이든 하게 된다. 살인도 하고 사기도 치고 약탈도 한다. 이러한 짓들은 사람을 사랑할 줄 몰라서 생기는 결과이다. 왜 인간이 이렇게 되었을까? 부귀를 향한 욕망이 지나쳐 그렇게 된 것이다.

사람이 부귀를 바라는 것은 버릴 수 없는 욕망임을 공자도 인정한다. 다만 공자는 남의 등을 쳐서 부귀를 누린다면 남의 부귀를 빼앗는 꼴이 됨을 상기시키려고 한다. 한탕 해서 한몫을 잡아 내가 배부르게 살면 그 한탕에 당한 다른 사람이 배고프게 살게 된다고 여길 수 있는 마음이 있다면 분명 세상은 부드러워지고 순해지고 섬세해질 게 아닌

가. 세상이 거칠다는 것은 사람이 그렇다는 것이고 세상이 잔인하다는 것은 사람이 또한 잔인하다는 것이 아닌가. 누가 잔인하고 거칠다는 말인가? 바로 남이 아니라 내 자신임을 〈이인〉 편의 공자는 확인하라고 한다.

　꼬마의 작은 손에 백 원짜리 동전이 쥐어지면 보기 좋으나 만 원짜리 지폐는 어울리지 않는다. 이처럼 욕심에도 분수가 있는 법이다. 군자라고 해서 욕심이 없는 사람은 아니다. 다만 욕심의 내용이 다를 뿐이다. 군자는 사랑함[仁]을 올바르게 탐한다. 돈으로도 살 수 없고 값을 따질 수도 없는 사랑함이 있음을 알고 실천하는 사람이 바로 군자이다. 그러니 졸부의 눈에는 군자란 구차한 거지로 보일 수도 있다. 그렇다고 군자는 졸부 같은 인간을 미워할 줄도 모른다. 사랑함을 잃어버린 탓이라며 용서할 줄만 알 뿐이다. 그러니 쉽사리 인간이 군자가 되기는 어렵다. 너그럽게 남을 사랑할 줄 아는 사람이 곧 인자임을 〈이인〉 편은 알려 준다.

2. 공자의 어록

(1) 참으로 아름다운 것

사람은 어쩔 수 없이 아름다운 것을 좋아하고 추한 것을 싫어한다. 눈은 고운 것을 보면 한 번 더 보고 귀는 감미로운 가락이 들리면 기울인다. 코는 향기를 탐하고 입은 맛있는 음식을 탐한다. 향기로운 것, 감미로운 것, 맛있는 것, 고운 것 등등은 몸으로 느끼는 아름다움에 속한다. 이처럼 사람의 몸은 아름다운 것을 좋아한다. 눈이나 귀나 코나 입이나 몸뚱이가 아름다운 것을 탐하는 것은 마음이 그렇기 때문이다.

마음이 아름다우면 선한 것이고 마음이 악하면 추한 것이다. 그러나 마음이란 선악(善惡)을 아울러 간직하므로 사랑할 줄 알면서 미워할 줄 알고 벗을 사귀면서 적을 만들고 참말을 할 줄 알면서 거짓말을 한다. 아름답고 선한 모습이 마음에 있는가 하면 더럽고 추하고 악한 모습도 숨기고 있다. 공자는 선한 마음이 악한 마음을 물리쳐야 한다고 밝힌다. 그렇게 하지 않으면 사람이 될 수 없기 때문이다. 참으로 아름다운 사람은 누구인가? 사랑함에 머물러 있는 것[里仁]이라고 공자는 알린다.

어진 사람이 참다운 미인이다. 마음이 고와야 사랑할 줄 아는 까닭이다. 얼굴이 예쁘다고 미인은 아니다. 마음이 예뻐야 미인인 까닭이다. 공자는 이를 살펴 준다. 사람들은 겉모습만 보고 혹했다가 망신을 당하고 얼굴값을 한다고 후회한다. 본처가 예쁘면 박색의 애첩을 얻는다고 한다. 예쁜 얼굴보다 예쁜 마음을 뒤늦게 안다는 뜻일 것이다. 어질다는 것은 마음이 곱다는 말이며 고운 마음이 곧 사랑함이다. 이러한 사랑함이 없다면 아무리 유식한들 무슨 소용이 있느냐고 공자는 반문한다. 이를 아무도 부인하지 못하면서도 실천하는 사람은 별로 없다.

🌱 공자의 말씀

사랑함에 머물러야 아름답게 된다. 스스로 사랑함에 처하지 않는다면 어찌 지혜로움을 얻을 것인가.

子曰 里仁爲美 擇不處仁 焉得知

(2) 삶을 사랑하려면

내가 남을 사랑해야 하는 이유는 삶을 사랑해야 하는 까닭이다. 행복한 삶만을 탐내고 불행한 삶을 싫어하는 것은 삶을 온전하게 사랑하는 것이 아니다. 삶은 항상 행복과 불행이 어울러 꼬여 있으므로 어진 마음은 삶이 행복하든 불행하든 삶을 사랑한다. 삶의 행복을 추구하는 데 지나쳐도 탈이고 삶의 불행을 저주해도 탈이다. 세상이 잔인한 상처를 입는 까닭이다. 부정부패는 삶의 행복을 지나치게 욕심부리다 짓는 어리석음이고 살인강도는 삶의 불행을 저주하다 짓는 어리석음이다. 삶을 사랑할 줄 몰라서 부정부패도 행하는 것이고 살인강도도 행하는 것이다.

높은 자리에 있을 때 건강을 자랑하던 사람이 죄를 짓고 감옥에 가면 당장 병이 생긴다. 고혈압도 생기고 당뇨도 생겼다면서 병보석(病保釋)을 신청한다. 영화를 누릴 때는 건강하더니 감옥에 들어서는 병이 깊다고 하는 고관들은 어질지 못한 인간임을 스스로 증언하는 셈이다. 어질지 못한 사람은 궁하면 궁하다고 안달을 떨고 좋으면 좋다고 호들갑을 떤다. 방정맞은 인간들은 어디서나 방정을 떨 뿐이다.

첩이 간드러지게 웃으면 본처는 속병을 앓는다는 말이 있다. 간사한 마음은 오뉴월에도 서리를 내리게 하기 때문에 주변 사람들을 들들 볶아 피를 말리며 고소해한다. 그래서 간사한 입은 항상 먹이를 문 고양이 입처럼 시퍼렇다. 무엇이든 물고 분풀이를 하려 드는 간사한 마음은 아무것도 사랑할 줄 모른다. 듬직한 사람은 궁하면 궁한 대로 무던히 견디고 편하면 편한 대로 그저 지낸다. 어질기 때문이다. 어진 마음의 사랑은 재 속의 불처럼 드러내지 않아 그저 사랑할 줄을 알고 행할 뿐 그것을 앞세워 이용하지 않는다. 달면 삼키고 쓰면 뱉는 사람은 공치사를 입에 달고 신세를 갚아 달라고 은근히 찜을 넣는다. 영리하고 맹랑한 사람들은 사랑을 팔아 명예를 사려고 이용하는 짓을 버리지 못한다. 그래서 공자는 어진 사람은 사랑함에 머물고 아는 것을 앞세우는 사람은 사랑함을 이용한다고 정곡을 찌른다.

🌱 **공자의 말씀**

어질지 못한 자는 궁하면 안달을 피우고 또한 안락해도 오래 머물지를 못한다. 사랑함을 알고 행하는 자는 그 사랑함에 머물지만 지식을 앞세우는 자는 사랑함을 이용한다.

不仁者不可以久處約 不可以長處樂 仁者安仁 知者利仁

(3) 매질하는 슈바이처

노예 상인은 아프리카에서 흑인을 사냥했다. 흑인을 산채로 잡아다

팔아 돈벌이를 하는 노예 상인은 붙들린 흑인을 무시로 후려친다. 겁을 주어 꼼짝 못하게 닦달을 하고 도망가면 죽인다고 으름장을 놓는다. 영화에서 이러한 장면을 보면 소름이 끼친다. 사랑할 줄을 조금도 모르는 인간을 노예 상인에게서 확인할 수 있기 때문이다.

아마도 슈바이처는 백인들의 이러한 행패를 조금이라도 갚아 보려고 아프리카 오지로 들어가 인술(仁術)을 베풀었는지 모른다. 오지에서 무지하고 가난한 흑인을 보살피면서 병을 치료했던 슈바이처는 분명 서구가 낳은 보기 드문 성자임에 틀림없다. 그분이 흑인을 때려 주는 경우가 더러 있었다는 내용을 전기에서 읽을 때는 왜 노예 상인의 매질에서 느꼈던 소름이 하나도 느껴지지 않을까? 사랑으로 매를 든 모습처럼 장엄한 것은 없다. 그래서 매를 든 노예 상인의 손은 잔인해 살점이 떨리지만 슈바이처의 손길은 사랑함을 눈으로 보게 한다.

자식이 불효를 범했을 때 그 자식에게 매를 들려 애비의 종아리를 때리게 하는 것이 가장 뼈아픈 가르침이라 한다. 사랑함을 아는 애비는 사랑함을 모르는 자식을 미워해도 된다. 사랑함을 위해 그것을 잊었거나 잃어버린 것을 미워하는 까닭이다. 공자께서 오로지 사랑함을 행하는 사람만이 사람을 좋아할 수도 있고 미워할 수도 있다고 밝힌 것은 슈바이처의 손에 들린 회초리와 같은 셈이다.

🌿 공자의 말씀

오로지 사랑함을 행하는 사람만이 남을 좋아할 수도 있고 미워할 수도 있다.

唯仁者能好人 能惡人

참으로 사랑함에 마음을 두면 악함이란 없다.

苟志於仁矣 無惡也

(4) 보기 좋은 동상

약방에 가서 버드나무 상표가 붙은 약품을 보면 어쩐지 미더워진다. 버들표가 있는 약품을 먹으면 병이 나을 것 같다는 기분이 든다. 유일한 선생 덕에 그러한 신용을 버들표 약품들이 얻고 있는 셈이다. 제약회사를 세워 이룩했던 유일한 선생의 부귀는 참으로 영화롭게 여겨지고 한없이 명예롭게 돋보인다. 왜 그럴까? 그분은 전혀 졸부(猝富)가 아니었기 때문이다. 사랑함을 베푸는 부자처럼 보기 좋은 것은 없다.

그분의 묘소에는 큼직한 동상이 늠름하면서도 인자하게 앉아 있다. 그 앞에 서면 생시에 한 번도 만나 본 적이 없는 사람에게까지도 저 동상의 주인공처럼 살아야지 하는 욕심을 내게 만든다. 베풀며 사는 인생은 영원할 수 있지만 제 몫만 챙기는 인생은 당대도 못 가서 망신을 당한다. 호사를 하다가 망신을 당하거나 철창 출입을 하는 꼴들을 얼마나 많은 졸부들에게서 보아 왔는가. 졸부 따위는 적을수록 좋고 유일한 선생 같은 분은 많을수록 좋다. 그러나 세상이 어디 그런가. 그 반대이니 답답하고 막막할 뿐이다. 그래서 공자는 군자라면 앉든 서든 밥을 먹든 어느 때라도 사랑함을 잊거나 잃지 말라고 당부해 놓았다. 이 얼마나 절실한 주문인가.

🌱 공자의 말씀

부유하고 귀한 것은 인간이 바라는 바다. 그러나 그것을 당당하게 이룩한 것이 아니면 그것에 머물지 말 것이다. 가난하고 천한 것은 사람이 바라지 않는 바다. 당당히 그것을 면치 못할 바에야 빈천을 멀리하지 말 것이다. 군자가 사랑함을 떠나서 어찌 그 이름을 지킬 것인가. 군자라면 밥을 먹는 순간에도 사랑함을 어겨서는 안 된다. 나아가 넘어지고 엎어지는 경우라도 이를 어겨서는 안 된다.

子曰 富與貴 是人之所欲也 不以其道得之 不處也 貧與賤 是人之所惡也
不以其道得之 不去也 君子去仁 惡乎成名 君子無終食之間違仁 造次必於
是 顚沛必於是

(5) 대낮에 등불을 들고

날이 밝으면 등불을 켜서 손에 들고 마을 골목을 누비면서 사람을
찾는다고 외치며 다니는 사람이 있었다. 고대 그리스의 디오게네스란
철인(哲人)이 그렇게 했다는 것이다. 그를 본 마을 사람들은 뭐라 했
을까? 미친 사람쯤으로 생각했을지도 모른다. 거지처럼 남루한 디오
게네스는 거짓이 없는 사람을 찾고 있었다. 사람을 속이고 울리고 등
치는 짓거리를 사람의 짓은 결국 제 살을 제가 베는 꼴이 되고 만다는
것을 디오게네스는 알았다.

공자는 한평생 사람을 찾았다. 천하를 누비면서 사람을 찾았다. 누
구를 찾으려고 했는가? 인자(仁者)를 찾아다녔다. 그러나 공자는 그
인자를 본 적이 없다고 한탄한다. 인자는 누구인가? 사랑함의 화신이
다. 사랑함을 생각하고 행하는 사람을 만나지 못했다. 세상이 제대로
되려면 다스리는 사람이 인자가 되어야 한다는 공자의 말씀을 인간은
모두 지당하다고 하면서도 실제로는 어긋난 짓들만 골라하고 있다.
그래서 일생 동안 공자는 세상을 고뇌하고 인간을 고뇌했다.

사랑할 줄 아는 사람을 만나지 못했으니 사랑할 줄 모르는 것을 미
워하는 사람도 만날 수 없었다. 올바름을 사랑하는 사람은 올바르지
않은 것을 미워하게 마련이다. 이러한 치자들이 세상에 있는가. 하나
도 없다는 생각이 들 만큼 언제나 치자들은 백성의 원성을 사고 손가

락질을 받는다. 그러나 항상 치자들의 입에서는 정의를 사랑하고 불의를 증오한다는 선언들이 나온다. 어쩌면 치자들은 말을 거꾸로 하는 사람들일지도 모른다. 공자가 폭군들을 만나서 백성을 사랑하고 세상을 사랑하라고 타일러 준 것은 폭군이 제 잘못을 스스로 보게 하려고 그랬던 셈이다.

한 처녀를 놓고 사랑한다는 사내가 둘이 있었다. 그 셋은 한 마을에서 태어나 살았다. 한 사내는 애꾸였고 다른 사내는 미남이었다. 미남 청년은 달콤한 말로 그녀의 귀를 솔깃하게 하면서 꺾어 온 나리꽃을 건네 주며 사랑의 징표라고 자신 있게 말하고 당당하게 돌아갔다. 처녀는 뒤돌아가는 미남의 뒷모습을 바라보았다.

다음날 애꾸가 처녀를 찾아왔다. 아무 말 없이 외눈으로 처녀를 보면서 입술에 웃음만 짓고 있었다. 입이 있지만 애꾸는 그녀를 사랑한다는 속마음을 나타낼 수 없었던 것이다. 어렵게 말문을 연 애꾸는 청년은 처녀에게 보여 줄 것이 있으니 귀찮겠지만 동행할 수 있느냐고 물었다. 청년은 뒷동산 나리꽃 밭으로 그녀를 데리고 갔다. 나리꽃 무리를 손으로 가리키며 보라고 처녀에게 권하면서 해마다 피는 나리꽃을 그녀를 데려와서 해마다 보여 주고 싶다는 표정으로 처녀를 바라보았다. 처녀는 그 표정을 읽었다. 그리고 둘은 손을 잡았다.

처녀는 누구의 사랑을 받았을까? 물론 나리꽃 밭에서 손을 잡은 애꾸의 아내가 되었다. 겉모습이 잘생긴 것만 믿고 나리꽃을 꺾어 온 미남은 처녀를 꺾으려고 했지만 애꾸는 속마음이 잘생겨 산에 절로 피는 나리꽃을 꺾을 수 없어 산 그대로 처녀에게 보여 주고 싶었던 것이다. 꺾인 나리꽃은 불인(不仁)의 모습이며 살아서 피어 있는 나리꽃은 인(仁)의 모습으로 비유되니 말이다. 어느 사랑함이 올바른가를 처녀는 알고 배필을 정했으니 그녀는 공자를 만났더라면 칭찬을 들었을 것이다.

(6) 이순신의 분노

6·25가 막 끝난 50년대 중반에 남해의 한 어촌에 사는 늙은 어부가 곰방대로 담배를 연신 피우면서 나에게 들려준 충무공 이야기는 덕장(德將)의 모습을 떠올리게 해 준다. 또한 그 이야기는 인자(仁者)도 분노한다는 사실을 알게 해 주었다. 사랑함을 미움으로 바꾸면 불인(不仁)이지만 미움을 사랑으로 바꾸면 더 큰사랑이 되는 까닭이다.

임진왜란에서 충무공이 거둔 공을 탐내는 명 나라 장수에게 전공을 아낌없이 물려주고 당신의 임지로 돌아오면서 헐벗고 굶주린 백성들을 본 충무공은 마음이 저렸다. 한 마을 앞을 지날 때 술에 취해 해해거리며 행패를 부리는 명 나라 수졸들을 다스리기 위해 충무공은 말에서 내렸다. 마치 개처럼 취급받고 있는 백성이 불쌍해 충무공은 그런 마음이 들었을 것이다.

걷어채이고 있던 사내들은 명 나라 수졸들이 땅바닥에 토해 낸 것들을 엎드려 핥아먹고 있었다. 연신 걷어채이면서도 명 나라 수졸의 목구

멍에서 흘러나온 것을 허겁지겁 핥고만 있었다. 핥아먹으라고 윽박질러 그렇게 하는 것이 아니라 주린 배를 못 견뎌 스스로 그렇게 하고 있다는 것을 충무공은 알게 되었다. 충무공은 저것들이 개 같은 짓을 하니까 명 나라 수졸들이 사람을 개처럼 차고 있다는 생각이 들었다. 그는 수졸들을 엄하게 물리치고 핥던 사내들을 일어나게 한 다음 아무리 배가 주리더라도 사람이 개 같은 짓을 말 것이며 산으로 가서 나뭇잎을 먹고 들로 가서 풀뿌리를 캐 먹을망정 명 나라 수졸이 토해 낸 것을 핥느냐고 호령을 하고 매를 들어 그들의 종아리를 때려 주었다. 그리고는 눈물을 흘리면서 임지로 돌아갔다.

충무공이 성을 내고 매질을 한 일만을 놓고 본다면 분명 과실을 범한 것이다. 그러나 그렇게 해야 했던 마음을 살핀다면 왜 그러한 과실이 생겨나는가를 헤아려 볼 수 있다. 사람이 굶주려서 개처럼 흙바닥을 핥게 만든 세상이 불인(不仁)이지 충무공의 분노가 불인인 것은 아니다. 차라리 왜군이 쳐들어올 만큼 나라를 약하게 만들었던 조선이란 나라가 불인을 범했고, 그런 와중에서도 충무공 같은 장수의 마음속에는 사랑함이 깃들어 있었던 셈이다. 과실을 범했다 해도 그 과실을 살펴보면 사랑함으로 그렇게 했는지 아닌지를 알 수 있다는 공자의 말씀은 바로 늙은 어부가 들려주었던 이야기 속에 숨어 있었다.

🌱 공자의 말씀

사람의 과실에는 나름대로 패거리가 있게 마련이다. 따라서 과실을 살펴보면 사랑함에서 그렇게 한 것인지 아닌지를 알 수 있다.

人之過也 各於其黨 觀過 斯知仁矣

아침에 사랑함의 이치를 들어 깨우쳤다면 저녁에 죽어도 좋다.

朝聞道 夕死可矣

선비가 도에 뜻을 두고서 나쁜 옷 나쁜 음식을 수치스러워한다면 더불어 이야기할 사람이 못 된다.

士志於道 而恥惡衣惡食者 未足與議也

(7) 싸움질을 몰랐던 고을

조선시대에 삼노인(三老人)이라는 제도가 있었다. 한 고을의 덕망 있는 노인 셋을 모시고 고을의 삶을 어질고 올바르게 이끌게 했던 제도였다. 무슨 말썽이 나면 그 세 노인이 상의해서 고을 원님에게 일을 어떻게 처리하면 좋겠다고 건의도 했다. 이러한 세 노인이 고루 덕망을 갖추었다면 그 고을의 일은 순조롭게 풀려 가지만 그렇지 못하면 긁어 부스럼을 만들기도 했다.

덕망은 갖추었지만 서로의 성품이 다른 세 노인이 삼노인을 맡고 있었던 고을이 있었다. 아랫마을에 사는 노인은 성품이 대쪽과 같았고 윗마을에 사는 노인은 성품이 유했다. 그러나 옆마을에 사는 노인은 성품이 어떤지 알 수 없을 만큼 내색을 하지 않았다.

무슨 일이 생기면 고을 백성은 먼저 윗마을 노인을 찾아갔다. 사람이란 모두 제 탓보다는 남의 탓을 앞세우는 성질이 있다는 것을 마음에 두지 않고 그 노인은 먼저 와서 고변한 사람의 말은 귀담아 주고 그 일로 뒤에 온 사람은 호되게 나무라서 돌려보내곤 했다. 그래서 윗마을 노인을 좋아하는 백성이 있는가 하면 싫어하는 백성도 있었다.

윗마을 노인으로부터 꾸중을 들은 사람은 아랫마을 노인을 찾아간다. 그러면 그 노인은 일의 자초지종을 다 듣고는 잘 알아들었다고 타일러 주고는 윗마을 노인을 찾아가곤 했다. 윗마을 노인은 아랫마을 노인의 말을 듣고 자기가 들었던 고변과 다르다면서 그 두 사람을 불러 대면을 시키게 했다. 말썽을 낸 두 사람을 대면시킬 때는 옆마을 노인도 합석하게 되었다.

삼노인 앞에서 열심히 자기 입장을 고하는 내용을 두 노인은 열심히 들어주지만 옆마을 노인은 눈을 지그시 감고 빙그레 웃으면서 고개만 끄덕였다. 두 사람의 고변을 다 듣고 고을 원님에게 부탁할 내용을 정리하는 자리에서도 옆마을 노인은 빙그레 웃기만 하고 입을 다물었다. 두 노인이 시비를 가려서 일을 매듭지어 주어야 한다는 쪽으로 뜻을 모으면 옆마을 노인은 그러자며 고개만 끄덕였다.

삼노인이 원님을 만나면 두 노인이 입을 열게 마련이다. 두 노인의 말을 경청한 다음 원님은 옆마을 노인의 표정을 살피고는 다 뜻이 같으냐고 물으면 옆마을 노인은 다시 빙그레 웃으면서 어렵게 입을 열어 원님에게 간곡히 듣고 알고만 있으면 됐지 원님이 간섭하지 않아도 될 것이라고 항상 진언을 했다. 그러면 원님은 옆마을 노인의 뜻에 따라 행동을 취하지 않았다는 것이다. 두 노인이 서운하게 여길 것은 뻔했다.

두 노인이 옆마을 노인에게 일을 그렇게 처리하면 되느냐며 핀잔을 던지면 옆마을 노인은 역시 빙그레 웃으면서 원님은 못사는 백성을 잘살게 하는 일에 전념해야지 서로의 이익을 놓고 시비를 거는 사람들 틈바구니에 끼여들다 보면 고을 사람들은 송사를 일삼을 것이 아니냐면서 싸움이란 말릴 것도 없고 흥정을 붙이려고 노력할 것도 없다는 말을 남기곤 했다. 그리고 사람 사이에 무슨 싸움이 일어나면 이미 올바름은 멀리 간 것이니 편을 들어 주어서는 안 된다며 간명한 말로 두 노인의 서운함을 풀어 주었다.

옆마을 노인은 공자가 밝힌 군자의 길을 아는 노인일 것이다. 올바름 앞에 대쪽 같은 성품이나 올바름을 가려 보려고 도량을 넓히는 성품이나 다같이 편들어 주기 쉽다. 그러나 이미 올바름에 상처를 낸 것이면 그 흉터를 남이 감추어 줄 수 없음을 아는 군자라면 쉽사리 편들기가 어려운 일이다. 군자는 막힘이 없어야 하고 외곬으로 빠져서는 안 된다. 천하를 두루 보아야 하는 까닭이다.

🌿 공자의 말씀

군자의 행위는 천하에 두루 넓게 미친다. 어느 하나만을 맞다고 하는 일도 없고 해서는 안 된다고 부정하는 일도 없다. 다만 올바름을 좇을 뿐이다.

君子之於天下也 無適也 無莫也 義之與比

군자는 덕을 생각하고 소인은 땅을 생각한다. 군자는 법을 생각하지만 소인은 혜택을 생각한다.

君子懷德 小人懷土 君子懷刑 小人懷惠

(8) 유성원(柳誠源)의 통곡

수양대군(首陽大君)이 김종서마저 죽였다. 군사를 휘두를 수 있는 최고의 실력자를 처치한 수양은 모든 군사 통수권을 한손에 쥐게 되었다. 나이 어린 임금의 숙부인 수양은 왕권을 튼튼히 해야 한다는 말을 명분으로 위험한 인물은 모조리 살육했다. 이에 백관들은 수양을 주공(周公)에 버금가는 공을 세웠다고 하며 다투어 아양을 떨었다.

조정의 높은 벼슬아치들은 나이 어린 임금에게 수양의 공로를 치하하는 교서를 내려야 한다고 졸랐다. 나이 어린 임금은 그렇게 할 수밖에 없었다. 집현전으로 하여금 그 교서를 쓰게 한다는 소문이 나자 학사들은 내키지 않는 일이어서 몸을 피했다. 미처 몰랐던 유성원만이 홀로 집현전에 남아 있다가 교서를 지어야만 했다.

　숙부는 효성이 지극하고 믿음 또한 지극하다. 기운은 일세를 덮고 용맹은 삼군에 으뜸이다. 선을 행하는 것을 가장 즐거이 하고 부귀 영달 따위는 범접하지 못한다. 왕권을 위협하는 무리를 처단하여 왕권을 튼튼히 하려고 권력과 위세를 부리며 사욕을 취했던 무리들을 단죄하였다. 그러니 숙부의 공으로 어린 임금의 자리가 튼튼하게 되었다. 이는 마치 주공이 어린 조카의 임금 자리를 넘보았던 두 형을 죽인 옛날의 일과 같다. 나라를 반석에 놓고 왕가를 안정케 하니 조정을 맡길 수 있는 중신이다. 주공이 성 왕(成王)을 보필했듯이 어린 임금을 보필할지어다.

　이러한 내용의 교서를 유성원은 쓸 수밖에 없었다. 그리고 집으로 돌아와 유성원은 통곡했다. 아내가 통곡하는 연유를 물었지만 유성원은 입을 다물고 통곡만 했다.

　집현전 학사 유성원은 왜 통곡을 했을까? 수양대군이 세조가 되는 야심을 숨기고 있음을 유성원은 알았던 탓에 울었을 것으로 짐작이 간다. 수양이 어린 조카의 왕위를 넘보지 않았다면 주공의 옛일과 맞을 수도 있다. 그러나 수양은 임금의 자리를 빼앗고 말았으니 시초는 주공처럼 보였지만 끝은 임금의 자리를 훔친 셈이 아닌가. 본래 큰 도둑은 나라를 훔치고 작은 도둑은 부잣집의 돈궤를 훔치는 법이다. 무슨 도둑이든 원망의 대상이다. 유성원은 왜 통곡을 했는가? 수양이 원망스러워 그렇게 했다.

　왕조시대(王朝時代)에 왕위를 넘보는 것만큼 의(義)가 아닌 것은 없다. 민주 시대에서는 백성의 민주를 넘보는 독재만큼 의가 아닌 것이 없다. 의가 아닌 것은 이(利)를 향하게 된다. 올바름인 의는 남을 사랑하는 곳으로 향하지만 이익을 따지는 이는 남을 해치기 쉬운 법이다.

그래서 공자는 이익만을 따르는 짓을 하면 원망을 듣게 된다고 경고했다. 특히 나라를 다스리는 일에서부터 사양하는 마음을 잃지 않아야 위선과 허세가 없어진다고 공자는 타일러 두었다. 세조가 된 수양은 의를 버리고 이를 탐했고 사양하는 예를 버리고 임금의 자리를 훔치는 짓을 했다. 어찌 세상이 제대로 될 것인가. 그래서 집현전 학사 유성원은 통곡을 했던 것이다.

🌿 공자의 말씀

이익만 좇아 행동하면 수많은 원망을 받는다.

放於利而行 多怨

예가 바라는 사양심으로 나라를 다스릴 수 있다면 무슨 문제가 있을 것인가. 그렇지 않고 겉만 다듬는 예로 나라를 다스린다면 예 따위가 무슨 소용이 있겠는가.

能以禮讓爲國乎 何有 不能以禮讓爲國 如禮何

(9) 효령대군의 북

임금이 맏아들에게 임금의 자리를 물리는 것은 당연하다고 믿었다. 그래서 태종도 맏아들을 세자로 삼았다. 태종에게는 세 아들 양녕, 효령, 충녕이 있었다. 그러나 양녕은 아버지의 속뜻이 어떤지를 알고 일부러 미친 척하고 방탕한 짓을 부린 탓에 폐위되었다.

양녕이 폐세자가 되자 둘째인 효령은 세자는 자기 몫이라고 여겼던 모양이다. 효령은 깊이 틀어박혀 몸가짐을 삼가면서 글읽기에 골똘하였다. 양녕이 지나다가 효령을 발로 걷어차면서 어리석구나, 셋째인 충녕의 성덕을 모르냐며 핀잔을 주었다. 그러자 효령은 크게 깨달아

뒷문으로 달아나 절로 가 온종일 두 손으로 북을 두드렸다. 하도 북을 두드려 가죽이 늘어나 더는 칠 수 없는 북이 되고 말았다. 지금도 가죽이 늘어져 더는 제구실을 못하게 된 북을 효령의 북이라고 한다.

결국 셋째인 충녕이 세종이 되었다. 양녕은 평생을 아는 것 없는 척하며 술과 시문을 벗하면서 이 산 저 산으로 사냥을 다니며 호방한 세월을 보냈다. 또한 홀로 있을 때는 시를 지어 심회를 살폈다. '산 안개로 아침밥을 때우고 칡넝쿨에 걸린 달은 밤을 밝히는 등불이네. 바위 아래 홀로 밤을 새우니 오직 탑만 한 층 있을 뿐'이라는 시를 읊었던 양녕은 자기를 서글퍼 했던 셈이다. 그러나 임금이 되지 못한 양녕이여, 공자의 말씀을 어찌 잊을 것인가. 자리가 없다고 걱정하지 마라. 설 자리가 없음을 걱정하라. 아마도 양녕에게는 임금의 자리는 있었지만 그 자리에 설 수 없음을 알았던 셈이니 양녕의 서글픔은 자신을 향하는 것이었을 것이다. 공자가 양녕을 만난다면 그대는 군자답다고 어루만져 주었을 것이다.

남들이 자기를 몰라준다고 걱정하지 마라. 알려질 수 있는 일을 애써 하라. 공자가 남긴 이러한 말씀을 왜 효령은 몰랐을까? 효령이 온종일 절간의 북을 친다고 한이 풀릴 것인가. 효령이여, 가죽이 늘어져 못쓰게 될 때까지 북을 쳐도 자신의 가슴에 서린 한은 풀리지 않음을 왜 몰랐는가. 공자가 효령을 만난다면 북을 온종일 두드리는 것이 무슨 소용이 있느냐고 물었을 것이다.

🌿 **공자의 말씀**

높은 자리가 없다고 걱정하지 마라. 설 곳을 걱정하라. 그리고 자기를 몰라준다고 걱정하지 마라. 알려질 수 있는 일을 애써 하면 된다.

不患無位 患所以立 不患莫己知 求爲可知也

군자는 올바름을 밝히고 소인은 이익을 밝힌다.

君子喩於義 小人喩於利

(10) 까마귀와 백로

까마귀 싸우는 골에 백로야 가지 마라. 백정과 어울리다 보면 옷섶
에 피가 묻는다. 이러한 말들은 모두 사람을 잘 사귀라는 말이다. 사
람은 좋은 일도 할 수 있고 몹쓸 일도 할 수 있는 묘한 동물이다. 좋은
일이 버릇이 되기도 하고 몹쓸 일도 버릇이 되기도 하는 법을 사람은
안다. 그러나 좋든 궂든 하나의 버릇에 빠져들면 나오기가 어렵다. 그
래서 사람은 습관의 동물이기도 하다.

소매치기의 무리에 끼이면 남의 호주머니를 터는 손재주를 제일로
치고 금고털이의 패에 들면 금고 다이얼 소리를 잘 듣는 귀밝기를 제
일로 친다. 칼잡이는 칼쓰는 솜씨가 목숨을 보장한다고 믿고 권문세
도는 술수가 높을수록 권세가 하늘을 찌른다고 믿는다. 그러니 소매
치기와 어울리면 남의 지갑을 털고 칼잡이와 어울리면 남의 가슴에
칼을 꽂는 짓을 범할 수밖에 없다. 이처럼 사람은 사악한 짓에 자신도
모르게 물들어 버린다.

그러나 어진 사람 곁에 있으면 어진 삶을 만난다. 입을 꽉 다물고 몇
시간을 함께 있어도 불안하지 않은 사람이 있다면 그가 바로 군자라
는 말이 있다. 천 년을 사는 학은 암수가 가만히 서로 마주 보고만 있
어도 수컷의 기가 암컷으로 가서 알이 된다는 말이 있다. 이는 모두
선하고 진실한 것을 가까이하면 선하고 진실하게 됨을 말해 준다.

그렇다고 패를 지어 까마귀의 무리니 백로의 무리니 하며 편을 갈라
선악을 가릴 것은 없다. 사람의 일에는 선악이 함께 하기 쉬워서 왼쪽

에서 보면 악일 수 있는 것도 오른쪽에서 보면 선이 된다고 주장하는 입질들이 무성하기 때문이다. 어진 사람은 어디에도 휩쓸리지 않는다. 본래 어짊이란 선을 사랑하여 더 큰 선이 되게 하고 악이 악임을 일깨워서 선으로 이끌어 주는 덕의 모습인 까닭이다. 그래서 공자는 어진 사람을 보면 그를 따라 같이 되기를 생각하라 했던 셈이다.

어진 사람은 미워할 줄은 몰라도 사랑할 줄을 안다. 남을 사랑하는 일만큼 올바른 일은 없는 법이다. 그래서 올바름에는 이패 저패가 없다는 것이다. 그러나 사람들은 어디서나 패를 갈라 시비를 걸고 승패를 걸어 놓고 서로 이기자고 용심(用心)을 부린다. 이 순간 어질지 못한 자를 만나면 자신을 돌이켜 반성해 보라는 공자의 말씀을 상기한다면 까마귀 싸우는 골에 백로가 날아가 앉아도 그 백로는 까마귀가 되지 않을 것이다.

🌱 공자의 말씀

어진 사람을 보면 그와 같게 되기를 생각하라. 그러나 어질지 못한 사람을 만나면 내 마음속을 살펴 반성하라.

見賢思齊焉 見不賢而內自省也

(11) 송인수(宋麟壽)와 흰 제비

조선시대는 효를 인간의 정신과 행위의 으뜸으로 쳤다. 그래서 항상 효도가 생활 속에 깃들어 있었다. 그러나 지금은 서구 평등 사상으로 인해 효가 상처를 입고 없어지기 시작한 지 이미 오래다. 부모를 마음으로 사랑하면서 모시는 것이면 다 효가 된다. 그러나 부모의 도움을 저울질해서 부모를 모시는 행위는 거짓 효인 것이다. 이러한 거짓 효가 당연하듯이 퍼지고 있는 까닭에 효가 소멸해 버릴 위기에 처하고 말았다.

늙을수록 수중에 돈이 있어야 사람 대접을 받는다고 노인들이 입을 모은다. 가진 것이 없으면 젊은것들이 짐처럼 생각하고 천덕꾸러기처럼 뒤로 내돌린다는 것이다. 늙음도 서럽고 삶도 외롭지 않으려면 돈이 있어야 한다고 노인들은 말한다. 갈 곳이 없어 방황하는 노인들이 어느 도시에나 수두룩하다. 이러한 모습은 이미 효가 어느 집에서나 위기를 맞고 있음을 말한다.

조선조 명종 때 송인수란 선비가 있었다. 그는 벼슬길을 밟았지만 빛을 볼 수가 없었다. 올바름에 철저하여 올바르지 못한 것을 보면 참지 못해 항상 올바른 행동을 했기 때문에 그는 간사한 무리들로부터 음해를 당해 귀양살이를 일삼다가 결국 사약을 받아야 했다.

송인수가 어렸을 때 어머니가 돌아가셨다. 살아 있을 때는 극진한 효를 바쳤고 생을 달리한 뒤에도 그 슬픔은 효행으로 이어졌다. 참으로 슬픈 눈물을 너무도 많이 흘려 거적자리가 젖어 썩을 지경이었다. 심지어 무덤 옆에 여막을 지어 놓고 삼 년을 지내는 동안 그 여막 위에 제비가 집을 짓고 함께 송인수와 기거하기도 했다. 봄에 올 때는 검정색이었던 제비가 가을에 강남으로 갈 때는 흰 제비가 되어 날아갔다.

이러한 이야기는 송인수의 효가 지극했음을 일러 주는 이야기일 것이다. 부모가 살아계실 때 여한이 없는 효를 바쳤다면 그것으로 족할 수도 있다. 명을 달리한 고인을 아무리 위한들 저승으로 가면 여기의 인연은 그치고 만다. 그러나 낳아서 길러 준 부모의 정을 못 잊어 부모에 대한 사랑의 정을 바치는 것이 효의 완성이라고 조선시대는 생각했다.

그러나 지금은 죽은 다음의 효는 몰라도 부모가 살아 있을 때만은 효를 잊지 말았으면 한다. 부모를 사랑할 줄 아는 젊은이만이 사람을 사랑할 줄 아는 젊은이가 될 수 있는 까닭이다. 현대인은 왜 자기만을 알고 자기만을 고집하는 것일까? 공자께 여쭤보면 뭐라고 할까? 인간들이 효를 잃었기 때문이라고 나무랄 것이 분명하다. 하기야 후레자식들이 판치는 세상에서 효가 무엇이고 불효가 무엇인지 알 길이 없다. 그러나 효란 무엇인가? 부모의 사랑을 모르고 부모의 가슴에 못을 박는 짓이다. 술값을 주지 않는다고 제 어미를 패대기친 놈이 제 동생의 매를 맞고 죽었던 일이 서울에서 있었다. 이처럼 불효는 부모의 가슴에 두 번 못을 박는 죄를 짓는 일이다. 불효는 하늘을 범하는 죄라고 한다. 하늘을 범하면 빌 곳이 없다. 그래도 지금 우리는 불효를 밥 먹듯이 하고 있다. 현대인은 하늘 무서운 줄을 이미 잊은 까닭이다. 탈이다.

🌱 공자의 말씀

부모를 섬기면서 말씀을 올릴 때는 부드럽게 올리고 부모가 뜻을 들어주지 않아도 변함없이 공경히 모셔 엇나가는 일이 없게 하라. 또한 부모로부터 꾸중을 들어도 부모를 원망해서는 안 된다.

事父母幾諫 見志不從 又敬不違 勞而不怨

부모가 살아 계시면 멀리 떠나지 마라. 부득이 가는 경우라면 반드시 어디를 간다고 알려야 한다.

父母在 不遠遊 遊必有方

삼 년을 두고 선친의 법도를 고치지 말아야 효이다.

三年無改於父之道 可謂孝矣

부모의 나이를 꼭 새겨 두어야 한다. 연로한 부모를 뵈오면 기쁘면서도 또한 두렵다.

父母之年 不可不知也 一則以喜 一則以懼

(12) 한강 다리를 끊어 놓고

6·25 전쟁이 일어났던 날 밤 장성들은 모임을 갖고 무도회를 열고 있었다는 소문이 있었다. 전쟁이 일어나리라는 예상도 하지 못하고 있었던 실정을 빈정대는 말일는지 모르지만 사흘 만에 서울이 점령당한 것으로 보아 그 당시 나라 안의 책임자들은 입만 살아 허풍만 떨었지 속은 허깨비였음이 틀림없다.

전쟁이 일어나자 국민은 동요하지 말고 방송에 귀를 기울여 달라는 포고가 계속 나왔다. 국군이 용감하게 인민군과 전투 중이라고 방송을 통해 선전했다. 그러나 방송과는 달리 전선은 모두 무너져 인민군이 국군의 방어선을 제치고 서울을 향해 내려오고 있었다. 그러나 방송은 여전히 피난 갈 것은 없다고 장담하면서 승리를 다짐했다.

보통 사람들은 그 방송을 그대로 믿었다. 거짓말을 거짓말인 줄 모를 때 거짓말을 하는 놈은 잇속을 차리고 거짓말을 참말로 듣는 사람은 피해를 보거나 상처를 입게 마련이다. 특히 정보를 거짓으로 선전할 때는 보통 사람들은 속아넘어가게 마련이지만 특권층은 정보가 거짓인지 참인지를 맨 먼저 알 수 있다. 6·25때도 예외는 아니었다. 걱정하지 말라는 방송을 믿었던 보통 시민들을 남겨 두고 특권층은 가족과 함께 한강을 건너 줄행랑을 쳤다. 그리고는 한강 다리를 끊어 버렸다.

사흘 만에 서울은 인민군의 차지가 되었다. 피난을 가지 못한 시민들은 한강을 건너려다 끊어진 다리에서 수없이 떨어져 죽었다. 수없이 많은 사람들이 다리가 끊긴지도 모르고 다리를 건너려고 밀어붙이다 그렇게 된 셈이다. 이처럼 책임 있는 자들이 거짓말을 하면 죄 없는 사람들의 목숨이 위태롭게 된다. 무슨 일이든 함부로 섣불리 말하지 마라. 말대로 실천할 수 있는지 없는지 살피게 되면 말하는 것이 얼마나 두려우냐고 공자는 이미 말씀했다. 그러나 무수한 치자들은 말은 비단결처럼 하면서도 실천은 하지 못하는 말꾼들이라고 신용을 잃은 지 이미 오래다. 그래서 공약(公約)을 공약(空約)으로 듣는 버릇이 백성에게 생겼다.

🌿 공자의 말씀

옛사람은 말을 함부로 하지 않았다. 말대로 실천되지 않을까 봐 두려워했기 때문이다.

古者言之不出 恥躬之不逮也

군자는 말은 잘하지 못하지만 행동은 기민하게 하고자 한다.

君子欲訥於言而敏於行

(13) 남 부러운 사람

지체가 높아 세상을 호령하는 사람보다 더 부러운 사람이 있다. 돈이 많아 아쉬움을 전혀 모르고 사는 부자보다 더 부러운 사람이 있다. 그러한 사람은 누구인가? 바로 덕이 있는 사람이다. 그러나 우리는 이 말을 믿지 않으려고 한다. 덕이 밥 먹여 주느냐고 비웃는 경우도 있다. 덕을 앞세우면 손해만 보고 망신만 당한다는 것이다. 그러니 세상이 얼마나 잔인하고 매정한가.

공자가 말하는 사랑함[仁]과 올바름[義]이란 덕에 이르는 길이다.

남을 사랑하면 그것이 곧 덕이다. 남을 미워하면 그것이 곧 부덕이다. 나에게 이롭다고 남을 사랑하고 나에게 해롭다고 미워하면 그 또한 부덕이다. 나를 위해 올바르게 하면 남에게 이롭다는 생각이 곧 의로움이다. 의로우면 그것은 곧 덕이다. 왜냐하면 덕이란 목숨을 편하게 하고 이롭게 해서 두루 통하기 때문이다. 사람이 갖춘 덕은 밖에 있는 것이 아니라 속에 있다. 그 속은 어디인가? 마음속이다. 어진 사람은 마음속에 덕이 있으므로 사람들은 스스로 그를 따른다. 권세나 지위를 보고 따르는 것이 아니고 호주머니의 돈을 보고 따르는 것도 아니다. 사람의 덕을 보고 따르는 것이다. 덕을 따르는 사람은 배반을 모른다. 그래서 덕은 참다운 벗을 얻게 한다.

현대인은 영악하지만 왜 어리석은가? 일을 할 때는 덕을 무시해 놓고 일이 잘못되면 덕을 떠올리기 때문이다. 떵떵거릴 때는 덕을 팽개치고 사죄할 때는 덕을 판다. 부덕한 죄로 잘못했으니 용서해 달라고 비는 경우를 허다하게 본다. 이러한 짓거리는 덕을 두 번 속이는 것이므로 사람들로부터 참다운 마음을 얻지 못하고 원망을 사는 법이다. 덕이 있는 사람이 앞자리에 앉는 세상이 제대로 된 세상일 것이다.

🌿 **공자의 말씀**

덕은 외롭지 않다. 덕에는 반드시 이웃이 있다.

德不孤 必有隣

3. 문답의 담론

(1) 참으로 사랑하라

그때그때 형편이나 사정을 봐 가면서 사는 사람은 약기는 하지만 무엇을 진실로 사랑할 줄은 모른다. 본래 사랑이란 말은 거짓이 없는 생각을 말한다. 남녀가 사랑한다 함은 그 둘 사이에 거짓이 없다는 말과 같다. 마음 그대로 주고 몸 그대로 주어도 되는 관계라면 그것이 곧 깨끗한 사랑일 게다. 공자의 도(道)는 모든 사람의 관계를 그러한 관계로 넓히려고 한다. 그것이 곧 인도(仁道)이다. 사랑함의 길, 그것은 곧 사람의 길이다. 그래서 인도(仁道)는 곧 인도(人道)라고 한다. 이러한 사랑함의 길 때문에 공자의 말씀이 종교의 경지에 올라 유교의 길을 연 것이 아닌가.

철학이 학문이 되면 여러 갈래의 길처럼 달리 보이지만 철학이 종교의 경지에 오르면 하나의 접점에서 길들이 모인다. 그 접점을 무엇이라고 해명할 수 있을까? 예수는 누가 창녀에게 돌을 던질 수 있느냐고 물었다. 모두를 사랑하라는 말씀이다. 여래는 모두가 아프니까 나도 아프다고 했다. 모두를 자비로 안으란 말씀이다. 공자는 사람은 곧 인(仁)이라고 했다. 모두에게 어질게 하란 말씀이다. 사랑하라, 자비하라, 어질어라. 이 모든 말씀은 같은 진리를 말한다.

공자의 제자인 증자가 어느 날 공자가 밝히는 도의 활용을 물었던 모양이다. 그러자 공자는 제자를 따뜻하게 부르면서 어느 면을 골라서 그 도를 활용하는 것이 아니라 그 도는 모든 면에 두루 통한다고 밝혀 주었다. 그 도는 무엇일까? 바로 그것은 사람의 사람다운 길은 사랑함의 길임을 말한다. 다시 말해 인도(人道)는 인도(仁道)임을 말한다.

사랑함의 길이 두루 통한다는 말씀은 곧 종교의 경지에 오른 사상의 선언일 수도 있다. 예수는 원수를 사랑하라 했고 여래는 도둑도 자비롭게 감싸주라고 했다. 공자는 사랑함이 두루 통한다고 밝혔다. 내 아들은 내 피붙이니까 소중하고 남의 아들은 남일 뿐이라는 생각은 사랑함의 길에 어긋난다. 사랑함에는 크고 작음이 없고 넓고 좁음이 없으며 길고 짧음이 없다. 골고루 사랑하면 편애도 없고 증오도 없다. 이러한 사랑함은 하늘의 사랑함으로 보아도 된다. 그러므로 공자는 천하를 다스리는 군왕은 인도(仁道)를 벗어나서는 안 된다고 역설한 셈이다. 힘으로 세상을 마음대로 주물러 대는 폭군마저도 마다하지 않고 찾아가서 설령 냉대를 받는 수모를 겪을지언정 모든 백성을 한결같이 사랑하는 길을 밟고 걸어가라고 직언을 했던 셈이다. 누구는 사랑함을 실천할 능력이 있고 누구는 그것을 실천할 저력이 없다고 보지 않았다.

그러나 세상은 항상 공자를 실망시키는 무리들에 의해 다스려지고 그 결과 백성은 항상 신음과 질곡에서 벗어나지 못했다. 그래서 공자는 천하를 두루 돌아다녔다. 공자 역시 여래처럼 사랑함의 길을 펴려고 고행을 했던 셈이다.

사랑함의 길을 밝히는 것을 명륜(明倫)이라고 한다. 갈래를 밝혀 왜 사랑해야 하고 어떻게 사랑해야 하는가를 밝히는 것을 순리(循理)라고 한다. 순리는 노자가 밝힌 반자(反者)를 생각나게 한다. 순리는 올바른 이치는 쉬지 않고 잇달아 오는 것임을 말해 주고 반자 역시 가고 오는 것을 말해 주는 까닭이다. 모든 진리는 순환한다는 것은 바로 되돌아옴을 말한다.

　사람이 사람으로서 지켜야 하는 도리인 인륜은 당대로 끝나는 법이 없다. 할아버지는 항상 할아버지가 아니다. 아버지의 때도 있었고 아들인 때도 있었으며 손자인 때도 있었다. 그래서 인간은 조상의 내리받이라고 일컫게 된다. 그러므로 효라는 것은 내리받이로 하는 사랑의 마음과 행동이다. 그 마음과 행동은 진실(忠)해야 한다. 자식이 부모에게 효도해야 함은 곧 명륜(明倫)이며 그 효도가 내리받이라 함은 곧 순리인 셈이다. 콩 심은 데 콩 나고 팥 심은 데 팥 난다. 효자 가문은 효자를 낳고 불효 집안에서는 불효가 이어진다는 것이다. 내가 부모를 공경하면 내 아들은 자라서 나를 공경한다는 말이다. 여기서 사랑함의 길이 왜 관류해야 하는지를 헤아릴 수 있다.

(2) 사랑으로 용서하라

　용서하는 마음은 사랑하는 마음이다. 힘을 믿는 마음에는 사랑이란 없다. 강한 것과 약한 것이 있을 뿐이며 강한 것이 약한 것을 억눌러도 된다는 군림이 힘이 주는 쾌락이며 방자한 오만이다. 정치는 잔인하고 냉엄하다고 할 때 그런 정치는 이미 힘에 의한 정치임을 자인하고 들어가는 말이다. 어진 정치에는 강한 것이 따로 있고 약한 것이 따로 있지 않다. 임금은 사약(賜藥)을 앞세워 세상을 바로잡는다고 자랑할 것은 없다. 임금으로 하여금 사약을 내리게 하는 입은 간신의 것이기 때문이다. 사람의 생목숨을 끊어 버리는 사약은 용서란 없다는 선언이며 위배되면 가차없이 처단한다는 수단이 아닌가.

　이제 사약은 없어졌다. 그 대신에 모든 것을 법으로 다스리겠다고 치자들은 공언한다. 그리고 법은 운용의 묘를 얻어야 한다는 말이 치자들의 입에서 묘하게 흘러나온다. 천 평짜리 저울처럼 법이 정직하게 사람의 일을 달 수 없다는 것은 천하가 다 안다. 그래서 법은 거미줄이라고 비아냥을 받게 되는 경우가 허다하다. 같은 법조문이라도 강한 자에게는 바늘 끝에 불과하지만 약한 자에게는 도끼날처럼 내리치려고 한다. 본래 하루살이는 거미줄에 걸려들지만 새는 그것을 치고 날아가 버린다. 이러한 법을 손에 쥔 사람은 법전에 코뚜레를 걸어 놓고 이리 가라 하면 이리 가게 하고 저리 가라 하면 저리 가는 힘을 발휘한다.

유신 체제 때 박 대통령이 만들어 놓은 유신 헌법이란 사약처럼 법령이 내려질 수도 있고 때로는 보약이 될 수도 있지 않았는가. 독재의 그늘에 안주하는 측에게는 그러한 법이 보약이 되었고 그럴 수 없다는 측에게는 사약이 되었던 셈이다. 남산에 끌려가지 마라. 가면 병신이 되어 나온다는 말을 숨어서 했던 시절에는 다스리는 마음에 용서란 없었다.

죄는 미워하되 사람은 미워하지 말라는 말이 있다. 사람이란 누구나 완전할 수 없다. 인간이란 모두가 선하면서도 동시에 악하다. 용서하는 마음은 언제나 인간의 선을 믿고 인간을 사랑한다. 악한 짓을 한 인간일지라도 그 인간에게 깃들어 있는 선을 찾아야 한다고 할 때 용서하는 마음은 시작된다. 그래서 용서하는 마음은 지나침이 없다. 과격한 무리들은 마음에 사랑과 증오가 양분되어 사랑할 것이 따로 있고 미워할 것이 따로 있다고 나누기를 좋아한다. 그래서 내편 네편이 생겨나고 싸움질을 하게 된다. 서로 다투지 말고 서로 용서하라. 사랑함의 길은 여기서부터 열린다.

결손 가정이 늘어나고 있다. 부부가 가정을 이루어 가자면 험난한 고개와 비탈이 있게 마련이다. 그러나 이러한 고비를 용서하지 못하

면 결손 가정이 빚어진다. 남편이 잘못을 범하기도 하고 아내가 잘못
을 범하기도 한다. 서로 용서할 수 없다고 선언을 하고 헤어지기로 담
판을 내면 하나의 가정은 쪼개지고 만다. 그 부부 사이에서 태어난 아
이들은 애비를 따라가야 하는가 아니면 에미를 따라가야 하는가? 이
러한 문제가 빚어지면 버젓이 법으로 해결하자면서 가정 법원을 찾아
간다. 용서할 줄 모르는 마음은 부끄러움도 모른다. 사람이 부끄러워
하는 것을 잊으면 사람은 짐승이 되고 마는 법이다. 그리고 잘못이 없
는 아이들이 마음 고생을 하게 된다. 왜 이렇게 되는가? 부부 사이에
서도 제 고집이나 제 욕심만 앞세우면 서로 용서를 못하게 된다. 그리
고 사랑하는 길은 차단되고 막혀 버린다. 그래서 공자는 사랑함의 길
에 용서하라는 푯말을 세워 둔 셈이다.

사람을 길러 주면 호랑이 새끼가 된다고 한다. 배신을 하고 반역을
하거나 모반을 하는 것이 인간이란 뜻일 게다. 은혜를 베풀었다고 공
치사를 하면 할수록 베푼 은혜는 안개처럼 사라져 버린다. 왼손이 한
일을 오른손이 모르게 하란 말이 있듯이 군자는 생색을 내지 않는다.
왜냐하면 사랑함이란 주고받는 것이 아니라 하염없이 주는 것임을 공
자는 알기 때문이다. 군자는 모든 인간에게 어머니와 같다. 어머니가
자식에게 바치는 사랑은 무조건적이며 절대적이다. 이러한 마음으로
이끄는 것이 바로 서(恕)이다. 사랑함을 저울로 달거나 자로 재려는
짓은 소인배나 하는 것이다. 용서하는 마음에 변덕이란 없다. 그래서
사랑함이 두루 통한다.

🍵 증자와의 담론

삼아, 나의 도는 한결같이 두루 통한다. 이렇게 공자가 밝혔다. 증자
가 이 말을 듣고 알아들었음을 고했다. 공자께서 그 자리를 뜬 다음

다른 제자가 선생이 밝힌 말씀이 무슨 뜻이냐고 물었다. 선생님의 도는 참다운 마음과 용서하는 마음에서 두루 통한다고 증자가 풀이해 주었다.

子曰 參乎 吾道一以貫之 曾子曰 唯 子出 門人問曰 何謂也 曾子曰 夫子之道 忠恕而已矣

(3) 함부로 간언하지 마라

세 치 혀가 탈이라고 하지만 한마디 말로 천 냥 빚을 갚기도 한다. 그러나 듣기 좋은 말도 자주 들으면 귀에 거슬린다. 이처럼 말은 적을수록 좋고 많을수록 흠이 많게 마련이다. 그래서 침묵은 금이라고 하는 것이다. 공자의 문하에서 문학에 뛰어난 제자가 자유(子游)이다. 그 자유가 말조심을 하라는 말을 남겨 두고 있다.

임금이 모든 권력을 쥐고 있던 때도 말의 길이 막히면 세상이 어지럽고 썩어 간다고 여겼다. 임금에게 올리는 상소가 그러한 언로를 트는 하나의 장치였던 셈이다. 그렇다고 항상 올바른 말이 올려졌던 것은 아니다. 오히려 간신들의 입질이 임금의 마음을 혼란스럽게 하는 경우가 더욱 심했다. 간신들의 입질이 늘어나면 옳은 말을 하는 입은 다물어지거나 재갈이 물리게 된다. 아니면 옳은 말을 하자면 목숨을 걸고 비장하게 해야 하는 경우가 빚어진다.

암탉이 울면 집안이 시끄럽다는 속담처럼 조선조에 문정왕후가 섭정을 보던 무렵의 세상은 썩을 대로 썩어 있었다. 희대의 간신 윤원형이 문정왕후를 잘못 인도하면서 천하의 올바른 생각을 짓밟고 있었던 때 남명 조식은 엄청난 간언을 했었다.

"정숙한 대비께서는 다만 깊은 궁궐에 사는 한 과부일 뿐이고 임금은 어려서 선왕의 외로운 아들에 지나지 않습니다. 수만 가지의 재변과 억만의 인심을 어찌 감당할 것입니까? 음악이 슬픈 곡조를 띠고 흰 옷을 입으니 이미 망할 징조가 보입니다."

남명은 이렇게 간언을 올렸다. 할 말을 하고 있을 뿐이지만 간신들에게 말거리를 던진 꼴이 될 수밖에 없었다. 그러나 초야에서 흠없이 살던 남명을 해하면 더 많은 해를 입으리라는 생각에 좌정승은 변명을 하게 되었다. 옛날 중국의 구양순도 어진 황후를 궁궐의 한 부인이라고 일컬은 적이 있었다고 아뢰며 조식은 옛 사람이 임금에게 고한 말을 인용해서 나라의 위기를 지극하게 말한 것이라고 둘러댔다고 한다. 이렇게 해서 지리산에 내려가 사약을 기다리고 있던 남명에게는 사약이 내려지지 않았다고 한다.

충신은 백성을 생각하면서 윗사람을 모시지만 간신은 백성을 밀쳐두고 윗사람의 비위만 살피면서 달콤한 말을 해 주고 제 몫을 훔치려고 든다. 그래서 옛날 간신들은 임금을 시켜서 충신을 절단나게 하였고 그로 인해 결국 자신도 백성의 몰매를 맞고 죽게 되면, 임금도 제자리에서 쫓겨나는 수모를 당했다. 임금의 시대에만 간신이 있었던 것은 아니다. 민주 시대에도 여전히 간신들은 권력의 덩이에 욱실거린다. 하와이로 망명을 가야 했던 이승만 대통령 역시 간신배들 때문에 천추의 수모를 당했던 셈이다. 독재와 간신의 관계는 버섯과 습기의 관계와 같다. 간신이 있어야 독재가 되고 독재가 있어야 간신이 붙어먹고 산다. 해방 이후 우리는 독재의 연장선상에서 민주 제도를 이끌어 온 탓에 상처를 남겼고 그 아픔을 당해 왔다. 백성이 앓는 상처와 아픔은 간신들의 잦은 입질에서 그 병균이 퍼졌다고 보아도 된다.

자유(子游)는 왜 자주 간언하지 말라고 했을까? 간언을 하면 욕을 보기 때문이다. 간신의 욕이란 하늘로 침을 뱉는 짓이기 때문에 처음에는 백성의 마음을 아프게 하지만 결국 침은 간신의 정수리로 떨어진다. 먼저 백성이 욕을 보고 나중에는 간신들이 욕을 보게 된다. 결국 너무 잦은 간언은 모두 욕을 당하게 만든다.

간언(諫言)은 대개 귀에 거슬리기 쉬운 말로 짜여지게 마련이다. 무엇인가 잘못되고 불만이 있어야 간언이 생겨나는 까닭이다. 간언을 하되 거칠게 하지 말라고 퇴계가 남명의 간언을 읽고 말했다. 대비를 과부라고 직언해서 노여움을 살 게 뭐 있느냐는 말이다. 그러나 강직한 성품은 돌려치기를 싫어하니 비록 목숨이 걸렸을지언정 할말은 해야 하는 성미를 버리지 못한다. 남명의 성품은 아마도 올바르지 못하면 참지 못했던 모양이다. 그래서인지 남명은 벗들 사이에서도 좀 뜸한 면이 없지 않았다.

아무리 친한 사이라도 흠을 잡아 자주 입에 올리면 가깝던 벗도 그 사이에 틈이 난다. 이처럼 간언은 옳지 못함을 밝히는 데는 필요하지만 너무 잦으면 흠이 될 수도 있는 것이다. 어디 털어서 먼지 안 나는 사람이 있을 것인가. 본래 간언이란 사람들이 하는 말이지 군자는 간언을 할 필요를 느끼지 않는다. 올바르지 않으면 올바른 마음과 몸을 보여주고, 올바르지 못하면 올바르게 고쳐 주는 마음과 몸을 보여주어 군자는 사랑함을 실천하는 까닭이다.

군자가 어떤 존재인가를 남명은 알았던 모양이다. 곧고 강직한 성품이었지만 벼슬에는 처음부터 뜻을 두지 않았던 남명은 간신들이 우글거리는 궁궐 멀리 있었다. 그리고 초야에서 군자의 길을 밟아 보려고 나름대로 실천했던 사람이다. 그래도 조선시대는 초야에 묻혀서 군자의 길을 탐구하는 사람을 귀하게 여겼다. 따끔한 간언을 올리고 평생 지리산 밑에서 사람들을 사랑하는 방법을 가르치는 일로 평생을 보낸 남명은 썩어 가는 세상을 누구보다 괴로워했던 사람이다.

그러나 지금은 초야에 묻혀 지내면서 사람들에게 사랑하는 방법을 가르치는 사람을 만나기도 어렵고 설사 그러한 사람이 있다손 치더라도 세상은 그를 실패한 패잔병처럼 여기려고 든다. 그래서인지 권력 앞에 간신이 되고 싶어하는 사람과 출세나 돈 앞에 간신이 되고 싶어하는 사람들로 세상은 만원이다. 이러한 연유로 우리가 사는 세상은 말들이 많고 서로 삿대질을 하면서 네 밥의 콩이 내 밥의 콩보다 크다고 아우성을 치고 있다.

임금의 시대에는 임금에게 충신이 있었지만 민주 시대에는 백성의 충신을 구하는 세상이다. 누가 지금 백성의 충신인가? 투표를 해서 아무리 선량을 뽑지만 백성의 근지러운 곳을 찾아 긁어 주는 충신이 나타난 적은 별로 없다. 그러니 함부로 백성을 위해 일하는 머슴이 되겠노라고 간언하지 마라. 그러한 간언을 한 당사자 치고 제대로 실천한 꼴을 본 적이 없다. 이 얼마나 욕된 일인가. 아마도 자유(子游)는 이러한 점을 이미 알고 간언을 자주 하면 서로 욕될 뿐이라고 질러 놓았던 모양이다.

자유와의 담론

임금을 섬기면서 성급히 간언을 자주 하면 욕을 보게 된다. 그리고 벗 사이에서도 간언이 잦으면 서로 멀어진다. 이렇게 자유는 말했다.

事君數 斯辱矣 朋友數 斯疏矣

제5장
〈공야장(公冶長)〉 편

1. 〈공야장(公冶長)〉 편의 체험

(1) 더없는 선생을 만나라

사람은 무엇이든 배우려고 한다. 이러한 배움의 욕망 때문에 사람은 역사를 이루고 문화를 펴고 문명을 만든다. 그래서 사람은 산이나 들의 짐승처럼 살지 않는다. 다른 짐승들은 모두 한 가지 방식으로 고집스럽게 살지만 사람은 때에 따라 곳에 따라 아주 다채롭게 갖가지 모습으로 산다. 이러한 이유로 사람과 삶의 관계는 복잡하다.

사람은 가르칠 수 있는 능력과 배울 수 있는 능력을 함께 갖고 있다. 또한 스스로 배울 수도 있고 스스로 깨우칠 수도 있다. 우리는 무엇을 가르치거나 깨우치게 하는 사람을 선생이라고 부른다. 지식을 가르쳐 주는 사람을 선생이라고 부르기도 하고 기술을 가르쳐 주는 사람도 선생이라고 부른다. 그러나 지식이나 기술을 가르쳐 주는 사람은 선생보다는 교사라고 하는 편이 옳다. 왜냐하면 선생은 사람이 되는 법을 가르치는 스승이기 때문이다. 선생은 누구인가? 사람이 되는 방법을 가르치거나 터득하게 하고 몸소 그 방법을 실천으로 옮기는 분이다.

이 세상에서 더없이 지극한 선생은 누구일까? 그분은 아마 공자일 것이다. 공자만큼 사람이 되는 법을 하나의 종교처럼 여긴 성인은 없다. 공자만큼 사람이 제일 귀중하다는 신념을 가졌던 성인도 없다. 노자는 사람을 도(道)에 맡기라고 했고 여래는 사람을 공(空)에 맡기라고 했으며 예수는 사람을 신(神)에 맡기라고 했다. 그러나 공자는 사람을 사람에게 맡겨야 한다고 했다. 이처럼 공자는 사람을 철저하게 믿었다. 그러한 믿음을 인(仁)이라고 한다. 그리고 그 인을 실천하면 의(義)가 된다.

공자는 인의를 가르쳐 주기도 하고 터득하게도 한다. 〈공야장〉 편의 공자를 만나 보면 가르치는 편보다 터득하게 하는 쪽을 택해 사람을 깨우치게도 하고 뉘우치게도 한다. 그렇게 해서 인의를 가까이하면서 사는 법을 보이고 불인(不仁)과 불의(不義)를 멀리하면서 살아야 하는 비밀을 보여 준다. 이러한 일이 곧 선생이 하는 사명인 셈이다.

아는 것이 병이고 모르는 것이 약이다. 이러한 속담은 지식을 두고 하는 말이지 삶의 깨우침을 두고 하는 말은 아니다. 삶을 많이 깨우칠 수록 그만큼 약이 되지 병이 되지는 않는다. 지식은 날이 갈수록 변하지만 삶의 깨우침은 변하지 않는다. 공자께서 밝힌 그 깨우침이란 무엇인가? 남을 사랑하라, 그리고 나를 올바르게 하라. 이것이 그 깨우침이다.

남을 사랑하라. 이것이 인(仁)이다. 나를 올바르게 하라. 이것이 의(義)이다. 남보다 나를 앞세워 사랑하면 불인이고 남보다 나를 이롭게 하면 그것이 불의이다. 내가 남을 사랑하면 남이 나를 사랑한다. 그리고 내가 올바르게 하면 남도 올바르게 한다. 사람이 사람으로 되는 비밀이 바로 여기에 있음을 공자는 가르치고 터득하게 한다.

그러나 공자의 가르침은 항상 겉돌기만 했다. 공자를 신처럼 모셨던 유가의 시대에도 말로만 공자를 칭송했지 세상은 항상 공자를 배신했다. 이는 선생의 말씀만 알았지 행동으로 옮기지 않았음을 증명하는 셈이다. 물론 공자께서도 이를 알고 있었다. 그래서 무엇을 알기는 쉬워도 실천하기는 어려움을 알고 언행을 하나이게 하라고 공자께서는 당부해 두었다. 여기서 사람이 되는 법을 몸소 실천해서 가르쳐 주는 분이 선생임을 알게 된다. 선생은 교사가 아니다.

요사이는 함부로 선생 선생 하지만 선생의 위대함을 몰라서 그렇게 할 뿐이다. 물론 깨어 있는 사람에게는 선생 아닌 것이 없다고도 한다. 어느 것 하나 삶과 관계없는 것은 없는 까닭이다. 그러나 삶의 근본을 헤아려 사람이 되는 길로 인도하는 분은 우리에게 사람이 소중하고 삶이 또한 소중함을 뼈저리게 깨우치고 뉘우쳐 철들게 해 준다. 세상에는 유식한 철부지들이 득실거린다. 그래서 우리는 공자를 만나야 한다. 그분은 옛분이 아니라 여전히 살아서 우리에게 사람이 되는 법을 가르치고 있다.

(2) 사람을 볼 줄 아는가

열 길 물속은 알아도 한 길 사람 속은 알기가 어렵다. 왜 사람 속은 알기가 어려운가? 사람의 속은 들여다볼 수 없기 때문이다. 사람의 속에는 오장육부만 있는 것이 아니다. 그것들은 단지 눈으로 볼 수 있는 것들일 뿐이다. 그러나 사람의 속에는 눈으로 볼 수 없고 귀로 들을 수 없고 입으로 말할 수 없는 그 무엇이 있다. 그 무엇을 마음이라고 한다. 결국 사람을 알기 어렵다는 말은 마음을 들여다볼 수 없다는 뜻이다.

마음속에는 여러 가지 생각들이 있고 여러 갈래의 행동들이 깃들어 있다. 그러한 생각들은 고정되어 가만히 있는 것이 아니라 수시로 끊임없이 변하면서 갖가지 행동을 하게 만든다. 사람의 마음속이란 허허한 하늘같은 것인지도 모른다. 하늘에는 바람도 있고 구름도 있다. 하늘에서는 비도 내리고 눈도 내린다. 그리고 빛살도 내린다. 밤이면 이슬도 내리고 서리도 내린다. 이처럼 마음도 생각하는 하늘 같고 행동하는 하늘 같다.

오뉴월에 서리가 내리면 모질고 잔인한 하늘이다. 하늘이 모질면 천하의 생물을 죽이는 것처럼 모진 마음은 다른 마음들을 상처내어 아프게 하고 앓게 하거나 죽게 한다. 이처럼 모질고 잔인한 마음을 악이라고 한다. 악한 마음은 모진 생각이 잔인한 행동을 부추긴다. 그래서 악한 마음은 사람을 불행하게 한다.

그러나 오뉴월에 단비가 내리면 포근하고 어루만져 주는 하늘이 된다. 하늘이 어루만져 주면 수많은 목숨들은 펄펄 살아 숨을 쉰다. 이처럼 어루만져 주는 마음은 다른 마음들을 아끼고 밀고 끌어 살맛을 더해 준다. 어루만지는 마음을 선이라고 한다. 선한 마음은 포근한 생각들이 어루만지는 행동을 이루게 한다. 공자는 선한 마음을 인이라 했고 그 인을 행동으로 옮기는 것을 의라고 했다. 그 인의를 아울러 간직한 마음이라면 그 마음을 곧 덕이라고 불러도 된다. 공자는 사람의 마음속에 인이 있으면 의로 나타나 덕을 피운다고 가르쳐 준다. 덕은 숨겨도 드러나게 마련이다.

공자는 사랑할 줄 아느냐고 묻는다. 내가 나를 사랑하는 것은 쉬운 일이지만 남을 먼저 사랑하는 일은 어려운 일이다. 그래서 공자는 끊임없이 남을 먼저 사랑할 줄 아는 것이 인의 출발임을 헤아리게 한다. 〈공야장〉 편을 만나면 인이란 남을 사랑하는 것임을 터득하게 된다. 남들이 나를 사랑해 주기를 바랄 것은 없다. 내가 남을 사랑하면 남들도 나를 사랑하게 된다. 그래서 인이란 갔다가 다시 돌아오는 것이다. 그러므로 인이란 보내고 받는 사랑인 셈이다. 이러한 인을 멀리하는 군상들을 보고 공자는 괴로워한다.

공자는 올바르게 할 줄 아느냐고 또한 묻는다. 그대가 임금이라면 백성을 사랑해야 한다. 이것은 임금이 해야 하는 올바름이다. 그대가 신하라면 임금을 섬기고 백성을 아껴야 한다. 이것은 신하가 해야 하는 올바름이다. 그러나 지금은 임금이 없어지고 그 자리에 백성이 앉게 되었다. 이제 치자는 모두 백성의 신하인 셈이다. 그러므로 지금의 신하들은 백성에게 충성을 바쳐야 한다. 공자는 올바른 신하가 충신임을 헤아리게 한다. 충신은 군왕의 밑에만 있는 것이 아니다. 백성의 밑에도 충신은 있는 법이다. 충신이란 누구인가? 올바른 다스림을 실천하게 하는 사람이다. 민주 시대일수록 이러한 충신은 있어야 한다. 옛날에는 임금이 충신을 기다렸지만 지금은 백성이 항상 충신을 기다리는 까닭이다. 그래서 공자의 말씀은 여전히 살아서 우리의 가슴을 울리고 있다. 사랑할 줄 알고 올바름을 실천하는 사람이 가장 으뜸가는 주인이다. 돈이 많아야 사람 구실을 하는 것도 아니고 지위가 높고 권력이 많아야 출세하는 징표가 되는 것도 아니다. 오히려 분에 넘치는 재물이나 지나친 지위나 권력은 사람을 못쓰게 만들고 타락의 길을 밟게 하여 방탕의 늪에 빠지게 한다. 수전노의 돈은 그 수전노의 목을 노리는 도둑을 부르지만 베푸는 이의 손에 든 돈은 벗을 만들어 준다. 횡포를 부리는 권력은 그 권력자를 결국 교수대의 의자에 앉게 하고 만다. 이처럼 사람이면서 사람이 아닌 것을 〈공야장〉 편은 뼈저리게 한다.

(3) 난사람, 된사람, 든사람

생각이 가벼운 사람은 행동 역시 가볍다. 가벼운 사람은 생각하기를 싫어하고 게을러서 행동마저 성급하게 하려고 덤빈다. 그래서 하는 일마다 긁어 부스럼을 만들고 주변 사람들을 불안하게 한다. 그러면서도 무슨 일이든지 다 할 수 있노라고 장담을 한다. 항상 얕은 물은 시끄러운 법이다. 〈공야장〉 편을 읽으면 얕은 물을 깊게 할 수 있을 게다. 그래서 난사람들을 부끄럽게 한다.

공치사를 하는 사람은 무엇인가를 바라고 무슨 일을 하게 마련이다. 일이 잘되면 한 몫 잡아 볼 꿍꿍이를 꾸미고 일이 글러지면 핑계댈 궁리를 해 놓고 일을 붙잡는 사람들은 공치사를 밥 먹듯이 한다. 그런 사람들은 믿을 수 없다. 공치사꾼은 잘되면 영웅이 되고 잘 안되면 패장이 될 터임을 미리 재어서 변명할 구멍을 파놓고 사람 앞에 나서서 설친다. 이러한 인간들은 닭 잡아먹고 오리발 내미는 치들이다. 〈공야장〉 편을 읽게 되면 공치사를 일삼는 입들이 막히고 닫혀 버린다. 그래서 난사람들은 고개를 들지 못하고 외톨이가 되어 버린다.

어진 사람은 입이 있어도 무겁고 해야 할 일이 있으면 남몰래 민첩하게 한다. 남의 귀를 솔깃하게 하려고 말하는 경우가 없고 해야 할 말만 어렵사리 한다. 어눌해서 언뜻 보기에는 어리석어 보일 만큼 말로써 재간을 피울 줄 모르는 어진 마음은 남을 돕고 아끼는 생각을 하면서도 해치는 생각은 엄두도 내지 않는다. 법 없이 살 사람, 부처 같은 사람, 이러한 사람들은 어디를 가더라도 나서지 않는다. 말만 앞세우고 해야 할 일을 밀쳐 두는 무리들은 어진 사람을 시기하고 시샘한다. 그러나 어진 마음은 그런 일 따위로 신경을 쓰거나 대응할 꾀를 부리지 않는다. 어진 마음은 사랑함과 올바름을 가장 소중히 한다. 그래서 어진 사람을 인자라고 한다. 인자는 된사람을 알아보고 든사람을 귀중히 여긴다. 왜냐하면 인자에 가까운 삶의 길을 걸을 줄 아는 사람이 된사람이거나 든사람이기 때문이다. 〈공야장〉 편을 만나면 어느 인물이 든사람이고 된사람인가를 헤아릴 수 있다. 이러한 헤아림을 이해해 공자는 여러 사람을 평하기도 하고 들추기도 한다. 사람을 보는 공자의 마음은 한 치의 숨김도 없다.

세상이 소란스러울 때는 난사람이 판을 친다. 말만 거창하게 하여 순진한 백성의 마음을 붕 뜨게 해 놓고 뒷감당을 하지 않는 난사람은 세상을 어지럽히는 난봉꾼에 불과하다. 선동을 일삼고 궤변을 앞세워 백성의 마음에 바람을 불어넣는 치들이 많을수록 세상은 조용할 수 없다. 난사람이라고 자칭하는 사람은 분명 모자라거나 자신을 돌이켜 볼 줄 모르는 허풍쟁이에 불과하다. 공자는 말 잘하는 것으로 한몫 보려는 사람을 따끔하게 꾸짖어 준다. 함부로 말하지 마라. 말을 무서워하는 일부터 실천하면 난사람의 병을 고칠 수 있을 것이다. 공자는 제자들이 행여 난사람이 될까 걱정을 한다.

훌륭한 사람이라고 해서 다 든사람일 수 없고 된사람일 수 없다. 겉으로 정직하고 봉사하는 인간인 척하는 사람이 오히려 더 더럽고 누추한 마음을 숨기고 있다는 것을 〈공야장〉 편은 깨우쳐 준다. 관리들의 위선, 지도자들의 연극 등등은 공자의 매서운 관찰을 피할 수 없다. 공자는 사람의 속을 꿰뚫어 보고 병든 곳을 도려내 새살이 돋게 하려고 말을 한다. 이러한 말을 들으면 한편으로는 부끄럽지만 한편으로는 시원해진다. 왜냐하면 어둡던 마음속이 밝아지고 개운해지는 것을 스스로 느낄 수 있기 때문이다. 이렇게 사람은 철이 들어 가는 것이 아닌가.

난사람이 철부지라면 든사람과 된사람은 철이 든 사람이다. 겉만 호사스런 사람보다 속이 찬 사람은 허튼 짓이나 해서는 안 될 짓을 범하지 않는다. 남을 이용하지 않고 남을 돕는 마음은 항상 여유를 지니면서 사람을 소중히 여긴다. 〈공야장〉 편을 읽으면 공자가 사람을 얼마나 소중히 여기면서 만나는지를 목격할 수 있다. 공자를 왜 영원한 선생이라고 하는가? 그분만큼 사람이 사람으로 되는 법을 설파한 분이 없기 때문이다.

(4) 꿈속에서 공자와 나눈 이야기

"조선시대는 공자님의 제자가 아닌 자는 사람 구실을 못했지요. 양반들은 공자께서 총애하는 제자들이고 상것들은 공자께서 버린 자들인 양으로 공론(空論)을 만들어 냈던 조선 궁궐의 법도를 공자님은 어떻게 생각하십니까?"

이러한 물음에 공자는, "양반들은 주로 나를 팔았고 양반들이 업신여겼던 상것들은 나를 편하게 했다."고 말해 준다.

"서원에 공자님을 놓고 제사를 지내며 공문의 후예라고 큰소리를 쳤던 양반들과 땅을 갈아 농사를 짓는 농사꾼 중에서 누가 더 어질었다고 여기십니까?"

"서원의 양반들은 놀고 먹으며 패싸움을 일삼고 들판의 일꾼들은 땀을 흘린다. 낮에는 일하고 밤에는 책을 읽어 어진 사람이 된 양반이 얼마나 되느냐? 어진 마음은 차라리 흙을 팠던 무지렁이의 가슴속에 더 살아 있었다. 서로 헐뜯고 죽이는 짓을 공자의 제자는 하지 않는다. 인의를 알면 무슨 소용인가. 알았으면 몸소 실천해야지. 인의에는 양반도 없고 상놈도 없지. 사람을 두루 다 같게 안아주고 어루만져 주는 인의를 양반들은 숨겼다."

공자께서는 이렇게 말해 준다.

"선생님, 혹시 안현(安玹)이란 사람을 기억하십니까? 안현은 명종임금 때 선비이고 벼슬을 한 공문의 문하생입니다."

"내 제자라고 자칭하는 사람들이 조선에는 하도 많아 일일이 다 알수가 없다. 그 안현이란 자가 어떤 사람인가?"

"안현은 형을 어버이처럼 모셨고 비가 오든 눈이 내리든 날마다 형께 문안드리는 일은 잊은 적이 없었습니다. 그리고 과거에 급제하여 벼슬을 했습니다. 할 말이 있으면 자세하고 분명히 했고 임금께 아뢸 말이 있으면 서슴없이 올렸습니다. 그리고 세자를 보좌할 때는 잘 깨우쳐 주어 명망을 얻었습니다. 몸가짐은 무거웠고 단정했으며 말과 웃음이 적었고 방에 홀로 있을 때일수록 삼가함이 지극했습니다. 또 추한 옷이나 거친 밥을 가리지 않았고 인술에도 뛰어나 병에 따라 약을 쓰는 법을 가르쳐 그 효험이 대단했던 사람입니다. 임금에게 충성하였고 청렴하여 사사로운 선물은 받지 않았고 아예 청탁은 들은 척도 하지 않았습니다. 그래서 안현의 밥상은 항상 초라했다고 합니다. 하루는 어떤 사람이 미역 된장국에 밥 한 그릇만 달랑 놓여 있는 그의 밥상을 보았습니다. 안현이 맛도 보지 않고 국에 밥을 말아먹는 모습을 보고 손님이 말을 걸었습니다. '국이 맛이 없으면 어쩌려고 맛도 보지 않고 밥을 마느냐?' 이 말을 들은 안현은 국이 설령 맛이 없다 한들 어찌할 것이냐고 되물었다고 합니다. 반찬이라곤 국 하나뿐이니 맛 타령을 해서 무얼 할 것이냐고 응해 준 셈이지요. 명의도 제 몸의 병은 다스리지 못한다는 말이 맞는 모양입니다. 어느 해 봄에 안현이 몹쓸 종기로 고생하고 있을 때 한 의원이 지렁이 즙을 내서 발라야 한다고 했다는 것입니다. 그러자 만물이 싱싱하게 살아야 하는 봄철에 아무리 지렁이가 미물이라 해도 내 몸의 종기를 고치자고 어찌 목숨이 있는 것을 죽여 즙을 내어 바를 수 있느냐고 말했다고 합니다. 이쯤 말하면 안현의 사람 됨됨이를 알 수 있을 것입니다. 공자님, 이 안현을 인자(仁者)라고 해도 되겠습니까?"

"좀 지나친 데가 있구나. 찬바람이 나게 해서 사람을 춥게 하는 것보다 훈훈한 바람을 불어서 사람을 따뜻하게 해야지. 인자는 모가 나는 일을 내세우지 않는다. 하지만 안현은 만나 보았으면 하는 문하생이다."

"무엇 때문에 만나 보았으면 합니까?"

"충성을 물어보고 싶구나. 임금만 섬긴다고 충성이 다 되는 것은 아니다. 임금이 백성을 사랑할 수 있게 해 주고 올바른 일을 할 수 있게 해서 백성의 편에 설 수 있도록 해야 내가 바라는 충신이다. 안현이 그렇게 했는지 알고 싶구나. 하지만 조선의 궁궐에서 안현 같은 선비가 벼슬을 했다니 가상하다. 혹시 시기하는 패들로부터 험담을 듣지 않았는지 걱정스럽다."

2. 공자의 어록

(1) 공자가 선택한 사윗감

딸을 시집 보내야 할 사람이라면 누구나 사윗감을 물색하게 된다. 사람이 사람을 만나는 일 중에서 가장 귀하고 중한 일이 결혼일 것이다. 한평생 삶을 남녀가 이루어 가야 하는 약속을 지켜야 하는 결혼을 어느 부모나 소홀히 할 수 없을 것이다. 공자도 예외는 아니었다.

공자의 사윗감이 된 사람은 공야장이란 남자였다. 그는 감옥에 있었다. 살인죄를 범했다는 설이 전해지기도 한다.

어느날 공야장은 새들이 시체를 쪼아먹는 현장을 목격하게 되었다. 그는 곧장 관아에 이를 알려 내버려진 시신을 거두어 묻게 하려고 마음먹었다. 그러나 관아는 공야장이 그 사람을 죽여 놓고 숨겨 두었다가 시신이 썩어 버린 다음 신고한 것이라고 밀어붙이며 공야장을 살인범으로 옥에 가두었다. 어느 때나 올바른 일을 하는 사람은 수난을 당하는 것인지 내려오는 소문대로라면 공야장은 억울하기 짝이 없는 피해자인 셈이다.

어디서나 피해자는 가해자보다 힘이 부친다. 힘이 부치면 업신여김을 당하기 일쑤이고 억울함을 당한다. 그러면 세상 사람들은 덩달아 억울함을 당하고 있는 사람을 모른 척하거나 따돌려 버린다. 그러나 공자는 공야장의 인간 됨됨이를 믿고 확신했다. 그래서 그가 감옥에 있을지언정 자신의 딸을 그에게 주겠다고 단언했다. 감옥에 있다고 죄인인가. 죄를 지어야 죄인이다. 공야장이 살인이란 죄를 지을 사람이 아님을 공자는 믿어 의심치 않았다.

결혼에서 인간을 믿는 것 이상의 보석은 없다. 재산을 믿고 딸을 주면 소박을 당하기 쉽고 자리를 믿고 딸을 주면 고생을 하기가 쉽다. 어느 곳이나 한평생 보장되는 자리는 없는 까닭이다. 그러나 사람 하나 보고 딸을 준 부모는 딸의 미래를 우려하지 않아도 된다. 사람이 되어 있으면 사람 같지 않은 짓은 하지 않을 것이기 때문이다. 사람이 사람다운 일만 하면 행복은 항상 가까이 있는 법이다.

그러나 사람을 보지 않고 다른 것을 통해 사윗감을 고른다면 불행은 항상 옆에 있기 쉽다. 왜냐하면 사람을 불행하게 하는 원인은 대개 사람 밖에서 비롯되기 때문이다. 재물이나 권세는 하루쯤의 행복을 줄지는 모르지만 뒤끝은 항상 불행의 꼬리로 사람을 치는 법이다. 그래서 돈이나 권세로 행복을 살 수 없다는 말이 있다.

마담뚜를 통해서 사윗감이나 신부감을 골라 보려는 사람들은 삶의 행복을 보장하는 것이 아니라 행복을 사려고 덤비는 당사자에 불과하다. 그러나 행복은 살 수 없는 법. 사람 하나 믿고 감옥에서 옥살이를 하고 있을망정 딸을 주겠다는 공자의 말씀은 사람의 됨됨이를 믿으면 다른 것은 아무런 문제가 되지 않음을 여실하게 보여 준다.

🌱 공자의 말씀

공야장은 사위로 삼을 만하다. 그가 비록 감옥에 있을지라도 그는 죄를 짓지 않았다. 이렇게 공자는 공야장의 사람됨을 평하고 자기의 딸을 공야장의 처가 되게 하였다.

子謂公冶長 可妻也 雖在縲絏之中 非其罪也 以其子妻之

3. 문답의 담론

(1) 청자매병과 물동이

국보 청자매병은 아무리 많은 돈을 주더라도 쉽게 살 수 없다. 국가에서 지정한 중요한 문화재로서 박물관 전람실에서 뭇사람의 시선을 끄는 그 아름다움을 맛보는 것으로 만족해야 한다. 분명 흙으로 구워 만든 그릇이지만 생활에 필요한 물건을 담는 그릇은 아니다.

공자는 자공이란 제자를 잘 만들어진 그릇이라고 했다. 구경만 해야 하는 그릇일까, 아니면 곡식이나 간장 된장 또는 물이나 술을 담게 잘 만들어진 그릇일까? 공자는 자공을 호련이라고 했으니 호사스럽게 잘 만들어진 값비싼 그릇에 비유하고 있는 셈이다.

공자는 군자는 그릇이 아니라고 했으니 자공은 군자의 도를 만족스럽게 걷고 있지는 않았던 제자인 셈이다. 그릇은 한 가지 일만 하는 능력을 갖는다. 물동이는 물을 긷는 데 필요한 그릇이고 밥그릇은 밥을 담고 대접은 국을 담는 데 필요하다. 중지는 반찬을 담고 접시는 부침개 따위를 담는다. 술병은 술을 담고 꿀 항아리는 꿀을 담는다. 이처럼 그릇은 각각 제 할 일이 정해져 있다.

그러나 군자는 세상을 다스릴 능력을 간직하므로 사람을 사랑하고 올바로 가게 하는 모든 방법을 다 익혀야 한다. 군자는 무엇의 수단이 아니라 삶의 목적이 될 수 있어야 하기 때문이다. 그러니 군자는 무엇을 담는 수단인 그릇이 아니라고 공자는 비유한 것이다.

공자가 자공을 못마땅하게 여기는 연유를 짚을 수 있다. 자공을 호련이란 비싼 병에 비유한 까닭이다. 차라리 자공이 물동이처럼 유용한 그릇 구실을 할 수 있었더라면 그를 군자의 길에 가까이 있다고 칭찬했을지도 모른다. 그럼에도 공자가 자공을 제자로 허락함을 볼 때 자공은 부자였지만 졸부처럼 행세하지는 않았던 모양이다.

🫖 자공과의 담론

저는 어떠냐고 자공이 공자께 물었다. 너는 그릇이라고 공자가 응해 주었다. 그러자 어떤 그릇이냐고 자공이 다시 물었다. 호련 같다고 공자가 빗대어 주었다.

子貢問曰 賜也何如 子曰 女 器也 曰 何器也 曰 瑚璉也

(2) 자공아, 네가 용서를 한다고

자공은 말을 잘한다. 구변이 좋고 이재(理財)에 밝아 부를 누리면서 산다. 그런 자공이 공자께 자신의 마음씨를 다음처럼 털어놓는다. "남이 억지를 부리는 것도 원하지 않지만 저 자신도 남에게 억지를 부리지 않습니다."

이 말을 들은 공자는 어줍잖은 생각이 들었다. 재물을 탐하지 않고서는 부자가 될 수 없다는 것은 분명한 사실이다. 탐하는 짓이란 본래 욕심이 억지를 부리는 술수가 아닌가. 아무리 정직하게 피와 땀을 흘려서 돈을 벌었다고 강변을 하는 부자가 있다고 하지만 남보다 더 벌고 더 모아야 한다는 물욕의 억지가 없이는 그리 될 수 없다. 현대그룹의 고(故) 정주영 회장은 구두를 하나 사면 밑창을 여러 번 갈아 끼워 신었다고 한다. 또 LG(구 럭키)그룹의 구자경 회장은 소줏집에서 소주를 마시다가 고기가 남으면 싸서 집으로 갖고 간다고 했다. 제일

가는 부자가 그렇게 하면 멋있게 보이고 가난뱅이가 그렇게 하면 궁상스럽게 보이는 법이다. 그러나 한편으로는 거부가 구두를 꿰매어 신거나 남은 안주를 갖고 가면 궁상은 아닐지라도 청승으로 보인다. 낭비하면 욕되지만 구두창이 다 되면 가난한 자는 갈아 신어도 되지만 부자는 버리고 새 것을 사서 신어야 격에 맞는다. 사람이 분수대로 살면 될 것을 좀 유별나게 살면 남의 입질에 오를 뿐 덕이 쌓이는 것은 아니다.

무슨 억지를 부리지 않는다고 해서 용서하는 마음인 것은 아니다. 용서한다는 것은 내가 남이 되어 보는 마음을 말한다. 남이 아프면 내가 아프고 남이 속상하면 내가 속상하다는 마음이 용서하는 마음이다. 현실에 약삭빠르고 물욕이 강한 자공이 용서할 줄 안다고 자랑을 하니 공자는 너에게는 그만한 능력이 없노라고 꼬집어 준 것이다. 이처럼 공자는 매섭게 가르치는 분이다.

🫖 자공과의 담론

저는 남이 억지를 부리는 것을 바라지 않고 나 또한 남에게 억지 부리는 것을 바라지 않는다고 자공이 여쭈었다. 공자는, 사야, 네가 할 수 있는 바가 아니라며 꼬집어 주었다.

子貢曰 我不欲人之加諸我也 吾亦欲無加諸人 子曰 賜也 非爾所及也

(3) 자공은 선생의 깊은 뜻을 모르고

생각하는 길을 열어 주는 스승도 있고 살아가는 길을 열어 주는 스승도 있다. 무엇인가를 탐구하게 하는 길보다 어떻게 살아야 제대로 삶을 누리는가를 가르쳐 주고자 하는 스승은 삶을 가장 중요한 문제로 생각하는 사람이다. 노자는 도를 제시하여 철학의 길을 트려고 했지만 공자는 인을 제시하여 올바른 삶의 길을 열려고 했다. 그래서 공자는 인간이 삶을 영위하는 근본을 밝히려고 하였다. 인간에게 삶보다 더 중한 것은 없는 까닭이다. 이러한 공자의 뜻을 자공은 헤아리지 않고 공자로부터 심오한 철학을 별로 듣지 못했노라고 뒷말을 한다.

자공아, 스승을 흉보지 마라. 사람이 사는 이 세상이 사람답게 삶을 잘 누릴 수 있는 현장이 된다면 더 바랄 것이 없다고 여긴 스승을 빗대지 마라. 사랑할 줄 모르고 올바름을 여의고 못된 짓을 하여 백성을 아프게 하는 군왕들의 횡포와 문물제도를 타파하려고 천하를 돌아다닌 스승을 자공은 헤아리지 못했던 모양이다.

가난한 어린 시절을 보낸 한으로 열심히 돈을 벌어 윤택한 삶을 누렸다는 자공아, 스승이 말하는 행복이란 재물로 살 수 없는 것이다. 핍박을 받는 사람에게 형이상학 같은 학문은 오히려 사치일 뿐이다. 인의를 저버리는 인간의 야수성을 없애야 한다는 공자의 이상은 현실에 적응해서 적당히 살아가는 무리에게는 오히려 바늘방석처럼 느껴질 수도 있는 일이다.

맹자는 공자의 가르침을 철학으로 요리해 놓기는 했지만 공자가 《논어》에 차려 놓은 삶의 밥상이 한결 더 제 맛이 난다. 삶이란 너무나 구체적이고 현실적인 문제라 관념으로 이러쿵저러쿵 하면 삶과 동떨어져 두뇌 싸움을 하게 할 뿐이다.

조선조 성리학의 횡포를 보면 공자의 가르침이 얼마나 중한가를 실감할 수가 있다. 조선조는 유가의 세상이면서도 공자의 말씀을 직접 듣고 삶을 다스리는 데는 활용하지 않았다는 비판을 면할 수가 없을 것이다. 입으로만 양반들이 공맹을 팔았을 뿐 세상을 다스리는 일을 보면 조선조의 양반들은 거의 공자의 비난을 받아야 할 지경이 아닌

가. 상것에 대한 양반들의 횡포, 그것은 공자가 밝힌 인의에 정면으로 도전한 짓에 불과하다.

인의를 알면서 실천하지 않는 무리가 세상을 뒤흔들 때 공자는 그러한 무리를 끝까지 가르쳐 인의를 실천하게 해야 한다는 사명을 가지고 있었음을 자공은 몰랐던 모양이다. 만일 알았더라면 스승에게 관념의 세계가 약하다고 어찌 뒷말을 할 수 있단 말인가. 유식한 사람보다 삶을 사랑스럽고 의롭게 이끄는 지혜를 귀중히 여기는 세상이 있다면 거기가 바로 공자의 이상향이 된다. 아마도 자공은 이러한 이상향을 몰랐던 모양이다.

🫖 자공과의 담론

자공은 공자의 가르침에서 문물제도에 관한 것들은 배우고 들을 수 있었지만 스승의 말씀에서 심오한 철학에 관한 말씀은 듣고 배울 수 없다고 말했다.

子貢曰 夫子之文章 可得而聞也 夫子之言性與天道 不可得而聞也

(4) 행동하는 자로

선생과 말을 나눌 때 고개를 들고 선생의 시선을 피하지 않는 학생을 건방지다고 나무라는 스승이 있다면 그것은 좋은 제자의 가슴에 상처를 주는 것이다. 사람이 말할 때 외면하는 것은 건성으로 상대의 말을 들어주고 흘리면서 다른 생각을 속에 감추어 두는 경우가 흔한 까닭이다. 공자의 제자 중에서 앞뒤 가리지 않고 스승에게 묻고 가르침을 받았던 자로는 그 가르침을 실천하지 않으면 다른 가르침을 청하지 않았다고 한다. 아마도 공자는 이러한 자로를 많이 꾸중하면서도 가장 사랑했을 게다. 알기는 쉬워도 실천하기는 어렵다.

공부를 잘했던 제자는 스승을 잊어도 공부를 못한 제자는 스승을 잊지 못한다. 이러한 사실을 정년 퇴직한 선생들은 안다. 제 머리 제 능력만 믿고 선생에게 배운 것이 별 것이냐는 생각만 하는 제 잘난 제자를 만나면 살 맛이 가시고 교단에 섰던 과거가 서글퍼진다고 넋두리를 하는 선생들이 흔하다. 세상이란 이런 저런 사람들이 얽혀 사는 곳이므로 천태만상의 인간들이 제 멋으로 산다. 그러니 스승이 제자를 놓고 따질 것은 없지만, 자공 같은 제자는 스승을 서운하게 할 수 있는 가능성이 있는 반면 자로 같은 제자는 스승을 기쁘게 하면서도 겁나게 하는 제자이다.

스승이 가르쳐 준 것을 반드시 실천하는 제자는 스승을 믿게 마련이다. 사람이 사람을 믿는다는 것은 믿게 하는 쪽에 항상 긴장을 준다. 잘 가르쳤는지 아니면 잘못 가르치거나 틀리게 가르쳤는지를 스승으로 하여금 따져 보게 하는 까닭이다. 그러므로 가르친 바를 실천할 때는 공자의 의도와 자로의 의도가 서로 엇갈려 나타날 수도 있었을 것이다. 그럴 때마다 공자는 자로를 꾸짖어 주었을 뿐 비판하지는 않았다. 자로와 자공 중에서 공자는 누구를 꾸짖어 가르쳤던가? 자로를 그렇게 가르쳤다. 자공과 자로 중에서 공자는 누구를 비판하며 가르쳤던가? 자공을 그렇게 가르쳤다.

그러나 스승이 꾸짖든 비판하든 매양 한길로 통한다. 스승은 제자를 사랑하므로 그렇게 할 뿐이다. 이러한 마음을 지닌 스승이 있다면 그분은 곧 선생이다. 선생이란 누구인가? 사람이 되는 법을 가르치는 분이다. 지식을 가르치는 사람은 교사일 뿐 선생은 아니다. 선생과 교사는 같은 뜻의 낱말이 아니다. 인생을 사랑하게 하고 올바르게 하는 방법을 영원히 가르치고 있는 선생이 공자가 아닌가.

자로는 선생의 가르침을 듣고 미처 행동으로 옮기지 못해 다른 가르침을 더 듣기를 두려워했다.

子路有聞 未之能行 唯恐有聞

(5) 이도령과 방자

《춘향전》의 이 도령과 방자 사이의 대화는 많은 것을 생각하게 한다. 이 도령은 학문을 알고 방자는 학문을 모른다. 물론 서당개 삼 년이면 풍월을 읊는다는 말처럼 양반들을 수발하면서 귀동냥으로 주워들은 문자를 입으로 나불거리지만 그런 짓은 앵무새의 짓과 같을 뿐이다. 이 도령은 삶의 골목이 갖는 굽이굽이를 자세히 모른다. 그러나 방자는 사람들이 살아가는 일상사를 눈치와 재치로 꿰뚫고 있다. 그럼에도 이 도령이라는 양반과 상것인 방자 사이에는 말이 서로 통한다. 주로 이 도령이 묻고 방자가 대답하는 대목을 보면 마을 골목의 삶에 관한 일들이다. 이러한 문제들을 이 도령이 방자에게 묻고 익히는 것은 《춘향전》이란 소설 속에서나 가능하지 조선조의 현실에서는 불가능한 일이다.

양반은 몰라도 아는 척해야 하고 상놈은 알아도 모른 척해야 하는 것이 반상(班常)의 처지였다. 양측 모두 탈을 써야 했으니 알고 모름이 모두 허세나 위세로 감추어져 있었던 사회에서 삶을 진솔하기란 어려웠다. 그러므로 조선조의 삶은 허례허식에 치우쳐 있었던 것이고 공자가 누누이 당부했던 예(禮)가 곳곳에 상처를 입고 앓고 있었다. 남녀가 일곱 살이 되면 한자리에 앉아서는 안 된다고 삼강오륜에서 이르고 있지만, 춘향전에서는 이 도령과 춘향이 연애를 하고 그 주선을 방자가 하면서 이 도령의 속을 태우게 하며 놀려 가면서 상전에게 많은 것을 가르쳐 준다. 삼강오륜이란 규범으로 단단히 무장을 하고 있었지만 사람의 몸만 동여맸지 사람의 마음까지 동여매지는 못했던 모양이다.

이 도령은 서책에 없는 것에 대해서는 너무나 모르는 것이 많았다. 그런 이 도령의 눈에 방자는 아는 것이 너무나 많아 보였다. 방자는 상것들의 삶을 이 도령에게 가르쳐 주고 남녀의 정분이 무엇인가를 이도령이 체험하게 한다. 말하자면 방자가 이 도령에게 연애하는 방법을 가르쳐 주는 꼴이다. 이러한 두 사람의 대화를 보면 이 도령은 양반 체면을 벗어 버리고 모르는 것을 방자에게 거침없이 묻고 방자가 시키는 대로 행한다. 양반이 상놈의 가르침을 받아 그대로 따른다. 물론 이러한 일은 소설 속에서나 가능한 일이다. 그러나 이도령이 서책에 없는 삶을 민첩하게 배우고 익히려는 모습을 보면 사랑하는 마음이 양반의 구속을 벗어나게 하는 과정을 맛보게 한다. 이 도령은 방자를 통해 여염집 마을 골목의 삶을 학문(學文)하고 있는 셈이다.

공자는 학문(學文)하라고 사람들에게 가르친다. 문(文)을 배우고 터득하라고 공자는 인간에게 누누이 당부한다. 무엇을 모르면 숨기지 말고 물어서 배우고, 배웠으면 몸소 실천하라는 것이 곧 학문이다. 그렇다면 공자가 중히 여기는 문의 태도란 무엇인가? 이러한 해답은 공문자(孔文子)를 자공에게 평하는 대목에서 잘 드러난다. 삶에 관한 것을 모르면 숨김없이 묻고 알았으면 실천하라. 이것이 바로 문의 태도가 간직한 참뜻인 셈이다.

🫖 자공과의 담론

공문자에게 왜 문이란 시호를 주었느냐고 자공이 공자께 물었다. 그

러자 공자는 그는 재질이 민첩하고 배우기를 좋아하며 모르면 아랫
사람에게 묻는 것을 부끄러워하지 않아 문이란 시호를 주었다고 밝
혀 주었다.

子貢問曰 孔文子何以謂之文也 子曰 敏而好學 不恥下問 是以謂之文也

(6) 동인(東人)과 서인(西人)의 개싸움

조선조 오백 년은 사화로 싸우지 않으면 당파로 싸웠던 더럽고 추잡
한 역사를 남겼다. 조선사를 읽다 보면 추하고 더러워 장갑을 끼고 책
장을 넘기고 싶다는 심정을 토로한 역사가도 있을 지경이다.

선조조에 싹이 튼 동인과 서인의 당파 싸움을 보면 말이 유자(儒者)
들이지 그 실속을 보면 천하에 못난 소인배들로밖에 보이지 않는다.
신진 세력인 동인과 기성 세력인 서인의 사류(士類)들이 남겨 놓은 싸
움질을 들여다보면 구역질이 난다. 동인의 무리들은 서인을 소인배라
욕하고 서인의 무리들은 동인을 소인배라고 욕했다. 이도 저도 다 소
인배란 생각을 이제 와서 금할 수가 없다.

"이이(李珥)는 본래 장삼을 걸치고 머리를 깎은 중이었습니다. 인륜
을 끊고 죄를 범한 것으로 그가 중노릇을 했던 죄를 논함에는 선유(先
儒)의 정론(定論)이 있을 것입니다. 중으로 있다가 속세로 돌아와 권
문에 길러져서 처음 진사로 뽑혔을 때 성균관 선비들이 이이가 문묘
에 참배하는 것을 허락하지 않았는데 사람을 넣어서 겨우 참배를 할
수 있었습니다. 출신하게 되면서 심의겸의 천거를 받아 관직에 들어
온 다음 심의겸의 심복이 되고 사생을 같이하기로 했답니다. 중간에
학문에 뜻을 둔답시고 글줄이나 짓는 것으로 문체를 들어내 박순과
같은 부류의 사류들과 붙어서 사사로운 교분을 맺고 비밀스레 뱃속을

통하고 당시의 의논을 주장했습니다."

이렇게 송응개(宋應漑)가 선조 임금에게 율곡을 치는 상소를 올렸다. 송응개는 물론 동인이고 대사간이었다. 대사간이라면 사정 담당 비서관인 셈이다. 공명정대해야 할 사정 담당관이 험담을 일삼는 상소를 올렸으니 아무래도 선조는 신하를 제대로 쓸 만한 힘이 없었던 모양이다.

"공자님, 송응개는 유림의 신진 세력에 속한 동인의 패거리입니다. 따지자면 공맹의 문하생인 셈입니다. 송응개를 공자님은 어떻게 평하시겠습니까?"

아마도 공자께서는 이러한 물음에 다음처럼 응답했을 것이다.

"사랑할 줄을 몰라 간사한데다 음흉하기까지 하니 올바름이 무엇인지도 모르는 소인배일 뿐이다. 그런 자가 임금 밑에서 녹을 먹다니 임금이 멍청한 사람이고 백성이 불쌍할 뿐이다." 그리고 나서 더러운 말을 입에 담아서 입마저 더러워졌다며 입을 씻었을 것이다.

동인과 서인의 패싸움이 점점 심해져 가자 율곡은 양편을 조정하려고 했다. 경연(經筵)에서는 조원(趙瑗)을 이조(吏曹)의 낭관(郎官)으로 천거하자는 말이 나왔다. 경연은 국무 회의쯤 되고 이조는 관리의 임명과 관리의 성과표를 만들어 공훈을 정하는 곳이니 총무처쯤 되며 낭관은 부이사관쯤 되는 직위였다. 조원은 서인에 속한다. 이러한 경연의 분위기를 보고 율곡은 다음처럼 말했다

"조원은 쓸 만한 인재가 아니다. 만일 인물을 보지 않고 김효원을 미워하는 자만을 쓴다면 반드시 그대들은 패할 것이다."

서인인 율곡이 이렇게 말하자 조정의 입들은 율곡이 모호한 사람이라며 입방아를 놓았다고 한다.

이해수(李海壽)가 다음처럼 율곡에게 면박을 주었다.

"김효원은 반드시 일을 그르칠 소인인데도 그대가 김효원의 마음속을 생각하지 않고 경연에서 모호하게 하였으니 지극히 부당하오."

이에 율곡은 다음처럼 되받았다.

"나는 김효원을 명예를 좋아하는 선비로 볼 뿐이오. 그대들과 같은 소인배로 보지는 않아요."

정철이 다음처럼 율곡에게 따지고 들었다.

"천하에 둘 다 옳고 둘 다 그른 것은 없소. 공의 근일 처사가 시비를 알지 못하고 둘 다 온전히 하려고만 하니 인심이 불만스럽게 여기는 것이오."

이에 율곡이 다음처럼 되받았다. "참으로 천하에 둘 다 옳고 둘 다 그른 것이 있는 것이니 백이 숙제가 서로 사양한 것과 무왕과 백이 숙제가 서로 합하지 않은 것은 서로 옳은 것이고, 춘추 전국에 올바름을 위한 싸움은 없었다고 했으니 이는 둘 다 그른 것이요, 요사이 심의겸과 김효원의 일은 국가에 관계되는 것이 아니라 그들 사이의 알력으로 조정이 불안하게 되었으니 둘 다 그른 것이오."

둘 다 옳고 둘 다 그르다는 말은 맹자의 말이다. 서인의 씨앗을 뿌린 심의겸과 동인의 씨앗을 뿌린 김효원이 나라를 위해서 싸우면 둘 다 옳은 것이고 사사로운 알력으로 싸우면 둘 다 그르다는 논지를 율곡은 펴고 있는 셈이다.

우리에게는 항상 양시양비(兩是兩非)를 내걸어 울타리를 타는 풍조가 있었다. 요사이는 이러한 말을 하면 사쿠라라 하며, 양비를 말하면 야라 하고 양비를 심하게 부르짖게 되면 재야라고 한다. 반대로 양시를 말하면 여라 하며 양시를 앞세우면 어용이라고 일컬어진다. 그러나 양시양비가 타협의 공식이라는 것을 선조의 조정에서는 율곡만이 알고 있었던 모양이다.

"공자님, 이이 율곡은 성리학에서 일가를 이룬 대학자입니다. 또한 선조의 조정에서 병조 판서를 지낸 사대부입니다. 그러니 율곡 역시 공문의 하나인 셈입니다. 공자님은 율곡을 어떻게 평하시겠습니까?"

"나는 성리학을 말한 적이 없다. 성리학이 사람의 마음을 놓고 기(氣)다 이(理)다 한다지만 인의를 떠나면 무슨 소용이 있을 것인가. 율곡을 대학자라고 하면 그것으로 그만이다. 그러나 율곡이 싸움은 말리고 흥정은 붙이라는 말을 알고 실천에 옮기려고 한 노력은 가상하다. 백성을 위해 임금을 모시려는 마음이 그래도 선조의 조정에 율곡에게 있었으니 선조의 충신이라면 충신이다."

아마도 이렇게 공자는 응답을 하고 율곡을 인자라고 부르기는 뭐하다며 입맛을 다셨을 것으로 짐작이 간다.

오늘날 정치가들이 싸우는 꼴 역시 조선시대의 동인 서인 아니면 노론 소론의 싸움처럼 보인다. 그래도 예전에는 사람들끼리 패를 갈라 양반들만 패당을 지어 싸웠지만 이제는 지역을 갈라서 싸움을 벌이는 통에 죄 없는 백성들마저 무슨 파당이 지어진 것처럼 보여 나라 전체가 분란스럽게 보인다. 이러한 지경에 누가 둘 다 옳고 둘 다 그르다는 타협의 공식을 놓고 큰 정치를 할 수 있을까? 아마도 공자님이 살아 있다면 제자들에게 "한국에는 가지 마라. 병을 고치는 의사가 없는 병원 같은 곳에 가면 병을 고치는 것이 아니라 도리어 병을 얻고 말게다."라고 말할지도 모른다.

🍵 자장과의 담론

영윤의 버슬을 지낸 자문은 세 번이나 영윤이 되었어도 한 번도 기뻐하는 기색을 보이지 않았고 세 차례나 그만두었어도 분해하는 기색을 보이지 않았다. 또한 자리를 물릴 때에는 전임 영윤의 정사를 신임 영윤에게 알려 주었다. 그는 어떠냐고 자장이 공자께 물었다. 공자가 충성스럽다고 했다. 인이라 해도 되겠습니까? 아직 지혜롭지 못한데 어찌 인이라 할 수 있겠는가.

子張問曰 令尹子文三仕爲令尹 無喜色 三已之 無慍色 舊令尹之政 必以告新令尹 何如 子曰 忠矣 曰 仁矣乎 曰 未知 焉得仁

제6장
〈옹야(雍也)〉편

1. 〈옹야(雍也)〉편의 체험

(1) 절망하는 공자

공자는 신비에 싸인 성인이 아니라 친근한 성인이다. 너무나 인간다워 그분에게는 무엇이든지 말씀을 올리고 의견을 물어보고 싶은 할아버지 같은 분이다. 노자처럼 신비로운 사람도 아니고 여래처럼 불가사의하게 태어난 것도 아니며 예수처럼 하나님의 아들로 태어난 것도 아니다. 이런 저런 사람들이 태어나듯이 태어났다. 공자는 사람의 갈길을 밝히는 데 초자연이나 신비로움을 빌리지 않았고 가장 인간다운 사실로 인간을 밝혀 깨우치게 하는 성인이다.

제자의 죽음을 슬퍼하는 공자를 만나면 아끼는 사람을 잃었을 때 누구나 겪는 인간의 쓰라림을 체험하게 된다. 공자가 안회를 잃은 다음 한탄하는 소리를 들어 보라. 그리고 백우가 몹쓸 병에 걸려 신음할 때 몸부림치는 공자를 보라. 너무도 인간다운 공자의 연민을 누구나 느낄 수 있을 것이다.

안회와 백우는 제자들 중에서 덕행이 가장 뛰어났다. 그들은 선생의 가르침에 따라 어김없이 군자의 길을 갔다. 그러나 안회는 젊은 나이에 요절을 했고 백우는 문둥병에 걸려 선생의 곁을 떠나야 했다. 덕행의 화신을 잃고 절망하는 공자는 우리 모두를 향해 그렇게 하는 것 같아 우리를 뉘우치게 하는 것이다. 세상은 언제나 덕행에 인색한 사람들에 의해서만 꾸려지게 되는 것인가? 안타까울 뿐이다.

백우가 문둥병에 걸려 신음할 때 공자는 그의 손목을 잡고 하늘도 무심하다며 절규를 했다. 그러나 기적을 바라지는 않았다. 그렇게 죽어야 하는 운명이라면 어쩔 수 없다는 인간의 한계를 공자는 솔직히 시인하고 슬퍼했다. 만일 노자라면 죽어가는 제자 앞에서 콧노래를 불렀을 게다. 왜냐하면 노자는 삶이 죽음이고 죽음이 삶이라고 생각했기 때문이다. 그러나 공자는 삶의 문제도 모르는 지경에 죽음의 문제를 어찌 알 것이냐고 반문한다. 저 세상에서 잘되기 위해 이승에서 잘살아야 한다는 조건을 공자는 달지 않는다. 무슨 조건 때문에 잘살아야 하는 것이 아니라 인간이므로 인간답게 살아야 함을 강조했을 뿐이다.

안회가 죽고 난 다음 학문(學文)을 사랑하는 사람을 만나기가 어렵다고 공자는 실토한다. 삼천여 명의 제자가 있었지만 안회만큼 학문을 배우고 실천했던 제자는 없었던 셈이다. 공자가 강조하는 학문은 지식을 습득하여 인간의 능력을 높이는 공부가 아니라 인간다운 삶의 법을 배우고 지키며 인간을 사랑하고 삶을 올바르게 행하는 배움인 것이다. 이러한 배움은 남으로부터 배우는 것이 아니라 스스로 사람과 삶 속에서 터득하는 것이다. 안회나 백우는 그러한 터득을 게을리하지 않았다. 그래서 공자는 그들의 요절을 보고 절망하는 것이다.

타락한 인간 앞에 공자는 절망한다. 그러나 체념하거나 포기하지 않는다. 어떠한 난관이 있어도 인의라는 길을 닦아 사람들이 걷도록 공자는 쉬지 않았다. 아마도 공자는 세상이 태평성대가 되면 당신은 없어도 된다는 것을 먼저 알고 있었는지 모른다. 사람이 사는 세상이 그렇지 못해 공자는 폭군을 향해 올바르게 다스리라고 바른 말을 했을 뿐이다. 누구를 위해 그렇게 했을까? 백성을 위해서 힘이 있는 자들에게 절규했다. 그래서 공자는 영원한 백성의 대변인으로 살아 있는 셈이다.

오늘날 공자가 다시 온다면 훨씬 더 절망하고 말 것이다. 이제는 덕행이란 말조차 잊은 것처럼 사람들이 삶을 다투고 있는 까닭이다. 아무도 나를 뒤로 하고 남을 앞세우지 않으며 험한 것은 남에게 미루고 쉬운 일만 하려는 약은 잔꾀들만 무성한 꼴을 보고 공자는 불인(不仁)이 인을 질식시켰고 불의가 의를 짓밟는다고 분노할지도 모른다. 성인은 노하지 않는다고 하지만 인간이 인간을 증오하는 사실 앞에서 공자는 의젓하게 외면하는 쪽보다는 변혁시켜야 한다고 절규할 것이다. 〈옹야〉편을 읽다 보면 그러한 느낌을 버릴 수가 없다.

기쁘면 기쁨을 나누며 슬프면 슬픔을 나누고 불행 앞에서는 행복을 말해 주었고 운명 앞에서는 순응하고 절망하면서도 공자는 결코 인간과 삶을 포기하지 않았다. 인간은 인간에 의해서 인간이 되기도 하고 반인간이 되기도 함을 분명하게 밝힌 공자를 지금 우리는 새롭게 체험해야 한다.

(2) 분배를 잘해야 한다

노자나 장자는 물욕을 버리라고 주장한다. 여래는 아예 물욕을 없애 버리라고 질타한다. 물욕이란 인간이 지닌 하나의 본능인 것을 그들은 부끄럽게 여기라고 한다. 참새가 공작의 깃털을 부러워하느냐고 노장은 묻는다. 그리고 여래는 누구나 빈손으로 왔고 빈손으로 가지 않느냐고 제시한다. 그러면서 노장은 있는 그대로 살라고 말하며 여래는 모든 정을 끊어 버리라고 말한다. 어디 이뿐인가. 이 세상은 한 조각의 꿈이라고 여래는 말하고 노장은 길손이 머물다 가는 주막쯤으로 여긴다.

그러나 공자는 그렇게 여기지 않는다. 어찌 사람과 짐승이 같다고 하느냐고 반문한다. 사람은 사람으로 살고 산짐승은 산짐승대로 살며 나는 새들은 그것들대로 산다는 사실을 공자는 존중한다. 사람이 매일 매일 새롭게 산다는 것을 공자는 기뻐하고 믿는다. 모든 목숨에는 욕망이 있다는 것을 천하의 이치로 공자는 본다. 물욕은 그중 하나일 뿐이다. 그 물욕이 남을 해쳐서는 안 된다는 것일 뿐 남을 이롭게 하는 물욕이라면 버리지 말라고 공자는 밝힌다.

공자는 나만을 이롭게 하는 물욕에 대해서는 단호하다. 물질을 사랑하라는 것이 아니라 인간을 사랑하기 위해 물질은 필요하다. 부유한 삶 그 자체를 부정하지 않는다. 남을 해치는 부유한 삶을 공자는 질타할 뿐이다. 남을 위해 베풀 줄 아는 부자를 공자는 멀리하지 않는다. 형편이 좋은 사람은 형편이 나쁜 사람을 도와주고 보살피고 베풀면 그 또한 사랑함[仁]이요, 올바름[義]이 된다고 공자는 여긴 셈이다.

자본주의 물결 앞에 선 인간은 조장이나 여래의 말을 들으면 허허하다는 생각을 버리지 못한다. 극히 비현실적인 발상인 까닭이다. 그러나 물욕을 떠나거나 인위를 떠나 살라는 말을 들으면 마음이 한결 편해지고 자유로워지는 것은 분명하다. 공자는 이를 적극적인 방법으로 보지 않는다. 소극적이고 어쩌면 도피라고 여겼던 모양이다.

노장의 말은 홀로 살아가는 삶에 대단히 유익한 약이 된다. 더불어 살아가야 하는 사회생활을 멀리 두고 그 약을 마셔야 한다. 그래서 노자는 사람들의 틈바구니에서 아옹다옹할 것 없다고 말한다. 그러나 공자는 사회생활 속에서 당당한 나를 찾아야 한다고 역설한다.

사회 속에는 여러 갈래의 사람들이 많다. 그 사회를 다스리자면 어느 하나에 치우치지 않는 사람이 필요하다. 그러한 사람을 공자는 군자라고 했다. '군자는 그릇이 아니다[君子不器]'. 왜 이렇게 공자는 단언했을까? 군자는 인간을 위해 적극적으로 생각하고 행동하는 주인이 되라고 그렇게 말한 것으로 여기면 된다. 그릇은 담겨지는 것에 따라 그 쓰임이 선택된다. 밥그릇은 밥을 담게 만들어졌고 국그릇은 국을 담게 만들어졌다. 밥그릇의 밥은 사람이 담아야 한다. 모든 사람의 밥그릇에 밥을 공평하게 담고 모든 사람의 국그릇에 공평하게 국을 담을 수 있는 사람을 군자라고 여겨도 된다. 그래서 조선조 율곡은 덕이란 쌀밥과 고깃국과 같다고 임금에게 말하지 않았던가. 양반의 밥그릇에는 쌀밥만 있고 백성의 밥그릇은 비어 있다면 군자는 분노한다.

주어야 한다면 덜 주지도 말고 더 주지도 마라. 이것이 공자가 밝힌 분배의 사랑함이고 분배의 올바름이다. 물욕이 넘쳐도 안 되고 처져도 안 된다. 분수에 맞게 살자면 분수에 맞는 물욕이면 족하다. 하마가 한 번에 두 동이의 물을 먹는다고 참새가 그것을 따라 하면 배가 터져 버린다. 반대로 하마는 한 모금의 물로는 그 큰 몸속을 적시지 못해 말라죽을 수밖에 없다. 욕심 사납고 게걸스러운 물욕을 공자는 나무랄 뿐이다. 다만 물욕이 호사스럽게 어긋나면 더럽고 추하다. 그것을 피하는 것이 물욕의 예에 해당된다.

공자의 제자인 자화(子華)가 외교 사절로 떠나게 되어 그 제자의 어머니가 홀로 남게 되었다. 염구(冉求)라는 제자가 그 어머니께 곡식을 드리자고 제안했다. 공자가 열 말 넉 되를 드리라고 했다. 너무 적지 않느냐고 하자 열여섯 말을 주라고 타일렀다. 그러자 염구는 여든 섬을 주었다. 그러자 공자는 염구에게 이렇게 말했다. "군자는 남이 다급하게 몰려 있을 때는 도와주지만 풍부한 데는 더 늘려 주지 않는다. 나라 살림을 하는 사람이 염구처럼 한다면 분명 세상은 특혜라는 시비로 혼란스럽게 되고 만다. 분배의 편애는 세상을 아프게 한다."

공자는 이를 경제의 불인이며 불의의 뿌리로 보았다.

(3) 소인배의 나라

공자가 제자인 자하에게 다음처럼 부탁했다. "너는 군자로서 선비가 될지언정 소인배의 선비는 되지 마라〔與爲君子儒 無爲小人儒〕."

이러한 말씀을 듣고 마음 편할 사람이 얼마나 될까? 어딘지 켕기게 되고 부담스럽고 자신의 모습이 부끄럽게 보일 것이다. 왜냐하면 우리가 사는 세상은 소인배들이 득실거리는 장터 같기 때문이다. 소인들의 장난 탓에 세상은 옹색해지고 마치 투전판처럼 돌아가고 있다.

나만 알고 남을 모르면 소인이 되어 버린다. 관청에 가면 소인배들이 급행료를 요구하고 판검사들 중에서도 급행료를 내면 송사가 유리하게 전개된다는 소문이 자자하다. 인술을 베푼다는 의사들은 세상이 다 아는 도둑이라고 중얼대는 소리들이 많고, 법을 몰라 당하는 사람을 도와주어야 하는 변호사들 중에는 오히려 법을 앞세워 고객을 울리는 내논 도둑이 많다는 뒷이야기들이 무성하다. 옛날에도 관아의 주변에는 소인배들이 득실거렸고 오늘날에도 역시 관청의 주변에는 소인배들이 우글거린다. 변함없이 소인배들은 벼슬자리를 마치 꿀단지처럼 여기고 백성의 꿀을 핥는다.

선비는 사람이 되는 법을 아는 사람이다. 그리고 그것을 남들이 깨우치게 몸소 실천하는 사람이다. 그래서 선비는 그냥 식자나 학자와는 다르다. 공자께서 밝히는 군자는 학문에 통달한 사람이 아니라 인생에 통달한 사람이다. 이러한 군자의 모습을 지닌 선비가 되라고 공자는 제자들에게 당부했다. 공자는 왜 이러한 당부를 했을까? 먼저 자신부터 사람이 되어 있어야 남들이 사람이 되게 다스릴 수 있기 때문이다.

동물의 세계에서는 강하면 살아남고 약하면 죽는다. 사슴들의 세계에서는 수놈이 암놈을 거느리려면 힘이 강해야 한다. 약한 수놈들은 홀아비가 되어 멀리서 암컷을 독차지한 강한 놈에게 도전하기 위해 열심히 뿔을 갈면서 힘이 강해질 때가 오기를 기다린다. 그리고 때가 되면 피나는 뿔싸움을 벌여 이기면 암컷들을 모조리 독차지한다. 이 것이 사슴이라는 동물 사회의 윤리이다. 사람들의 윤리가 이러하다면 사람이라는 동물 사회는 하루도 지탱하기가 어려울 것이다. 그래서 '사람은 짐승과 다르다〔人獸之辨〕'는 것을 밝히는 것이 인륜이다.

도마뱀은 위기에 몰리면 꼬리를 잘라 목숨을 건진다. 새가 날면 달팽이는 집 속으로 몸을 감추고 풀숲에 사는 여치는 풀잎의 색깔을 따라 피부의 빛깔을 갈아서 목숨을 부지한다. 이렇게 사람이 아닌 동물들은 저마다 목숨을 위해 하나 정도의 지혜를 간직하고 있다. 그러나 사람은 수많은 지혜를 지니고 나누면서 산다. 목숨을 부지하는 것만으로 사람은 만족하는 것이 아니라 목숨을 얼마나 뜻있게 하느냐에 관심을 둔다. 군자는 이러한 뜻을 넓혀 널리 알려야 한다. 공자는 인간의 참뜻을 인의라고 밝힌 셈이다. 그러므로 군자는 그 인의를 넓혀 널리 알리고 실천하는 사람이다.

공자는 왜 군자의 선비가 되라고 했을까? 선비가 벼슬 맛을 보면 두 가지로 나타난다. 그 맛이 쓰다고 여기면 벼슬자리에 연연하지 않는다. 그러나 그 맛이 달다고 여기면 벼슬자리에서 밀려날세라 온갖 잡일을 서슴지 않는다. 벼슬의 단맛을 보게 되면 권세나 권력은 백성의 등을 치는 채찍처럼 둔갑하고 만다. 중이 고기 맛을 알면 절에 빈대가 남아나지 못한다고 말하지 않았던가. 소인배가 벼슬아치가 되면 권세가 돈벌이를 하는 물건처럼 되어 관청이 마치 장터처럼 되고 만다.

우리는 왜 서울 시청을 복마전이라고 비웃는가? 서울 시청에서 근무하는 관리들은 이 말을 뼈아프게 새겨야 할 것이다. 군자다운 관리보다 소인배의 관리가 더 많다는 백성의 원망임을 알아들어야 한다. 백성에게 손을 내밀지 않는 관리는 공자의 손을 잡고 악수를 해도 될 것이다.

높은 자리에 있는 사람이 아랫사람에게 정직하게 일을 처리하라고 명했을 때 아래쪽에서 윗물이 맑아야 아랫물이 맑지 않느냐고 투덜대면 세상은 썩는다. 항상 백성이 못나서 세상이 썩는 것이 아니라 이른바 선비류가 못나서 세상은 썩고 문들어지는 법이다. 이럴 때 서양 사람들은 말세라 했고 우리는 난세라 했다.

난세가 사라진 적은 없다. 항상 세상은 군자의 말씀보다는 소인배의 말이 기승을 부리는 까닭이다. 그러나 우리 모두는 서로 믿고 서로 의지하는 세상이 오기를 바라면서 산다. 군자를 기다리는 것이다.

(4) 사람이 되라

천하에 만물이 살지만 사람이 완전히 알고 있는 것은 하나도 없다. 사람이란 본래 불완전한 존재인 까닭이다. 사람은 본래 흠도 많고 흠도 많고 틈도 많은 존재이다. 그래서 인간은 어쩔 수 없이 상대적인 생각을 하고 상대적인 행동을 하게 마련이다. 그러면서도 인간은 절대적인 것을 소망하는 마음을 간직하는 절묘한 동물이다.

웃는 얼굴이 눈물도 짓고 사랑을 말하던 입이 증오를 내뱉기도 한다. 선하던 손길이 악을 범하기도 하고 정의를 위해 일한다고 하면서 부정을 저질러 망신을 당하기도 한다. 이처럼 인간은 드라마틱한 존재이다. 그래서 인간은 종잡을 수 없는 존재이다.

장자는 사람의 마음은 태산보다 험하고 하늘보다 알기가 어렵다고 실토한다. 그러나 공자는 태산이 아무리 높아도 하늘 아래 뫼일 뿐이고 아무리 알기가 어렵다 해도 사랑함〔仁〕이란 열쇠로 풀고 올바름〔義〕이란 지팡이로 버틸 줄 알면 험준해 보이는 태산도 오를 수 있고 멀리만 보이던 하늘도 가까워진다고 확신한다. 노자는 자연을 앞세워 사람을 그것에 맡기려 하지만 공자는 사람은 사람으로 살아야 하니까 사람이 앞서야 한다고 말한다. 노자는 무를 앞세우고 공자는 유를 앞세운다. 그렇다고 해서 우리가 노장이나 공맹 중에 어느 한쪽을 골라 선택할 것은 없다. 어차피 인간은 상대적인 존재이므로 생성〔有〕을 중히 여기는 말씀도 들어야 하고 소멸〔無〕을 중히 여기는 말씀도 들어야 한다.

그러나 공맹이든 노장이든 마주잡고 있는 부분이 있다. 그 부분은 무엇인가? 바로 중용이란 부분이다. 더도 덜도 아닌 중간을 잡아 기준으로 삼는 것이 중용이다. 그렇게 기준으로 잡는 마음을 노공(老孔)은 덕이라고 말했다. 만물을 두루 이롭게 하면 덕인 것이다.

사람이 되라 함은 인간이라면 덕을 갖추라는 말씀이다. 나와 너 사이에 덕이란 하나의 외나무다리와 같다. 덕은 내가 너를 향해 건너가게 하고 네가 나를 향해 건너오게 하는 다리와 같다. 나는 네가 되고 너는 내가 된다면 그 둘 사이는 막히는 쪽보다 뚫리는 쪽이 된다. 장자는, 하늘은 구멍을 뚫는데 사람은 한사코 구멍을 막는다고 말했다. 이러한 장자의 주장은 공자의 생각과 어긋나는 것이 아니라 오히려 서로 통하고 있는 것이다. 목숨이 살 수 있도록 구멍을 뚫는 것은 덕이요, 목숨의 구멍을 막는 것은 부덕이 아닌가. 공자는 사람의 막힌 구멍을 열심히 뚫으라고 당부한다. 사람이 되기 위해 쉬지 말고 스스로를 닦아라. 이렇게 공자는 우리를 향해서 당부한다. 이는 무엇보다 먼저 사람이 되어 사람 구실을 하라는 공자의 간곡한 부탁인 셈이다.

그래서 공자는 중용은 바로 덕이고 그 가치는 무한히 지극하다고 밝한다. 왜 우리는 사촌이 논을 사면 배가 아픈가? 내 욕심이 넘쳐서 그렇게 아픈 것이다. 왜 우리는 혹을 떼려다 오히려 한 개 더 붙이는 망신을 당하는가? 내 욕심이 과해서 그렇게 되는 것이다. 욕심을 부리면 부릴수록 덕은 줄어들고 욕심을 나누면 나눌수록 덕은 불어난다. 덕이 줄어들면 인간이 사는 세상은 얼어붙고, 덕이 불어나면 인간이 사는 세상은 풀려 훈훈해진다. 꽉 조이고 막힌 세상을 원하는가, 아니면 훤하게 트여 시원한 세상을 원하는가? 누구나 시원하게 열린 세상을 원한다. 그러한 세상을 원한다면 우리는 저마다 덕을 넓혀야 한다.

사람들이 중용을 소홀히 한 지 오래되었다고 이미 공자는 한탄했다. 선생이 살았던 시절은 춘추 시대였으니 전쟁을 일삼기 시작한 시기였다. 그 이후로는 더욱 심해져 전국 시대를 계속하고 있는 중이다. 세상을 하늘에서 내려다보면 하나의 점에 불과하지만 그 점 속에서 인간들은 서로 아옹다옹하면서 하루도 전쟁 없이 보낸 날이 없다. 우리가 중용이란 덕을 잊은 탓이다. 이를 공자는 미리 알고 말해 두었지만 인간은 한 귀로 듣고 흘려 버린 지 수천 년이 더 되었다. 이 얼마나 막막하고 답답한 인간들인가.

나라는 나라끼리 싸우고 집단은 집단끼리 싸우고 가정마저 권속끼리 싸운다. 서로 믿고 사랑하고 용서하는 덕은 이제 마를 대로 말라 버렸다. 그래서 세상은 잔인하고 살벌하다. 이 지경이 되어 버린 세상을 첨단 과학이 고쳐 줄 것이라고 믿지 마라. 세상이 앓고 있는 아픔을 더하는 것도 사람이고 줄이는 것도 사람이며 없애는 것도 사람이다. 그러니 덕 있는 사람이 되라.

2. 공자의 어록

(1) 어질고 어진 사람

사람은 여러 모습으로 산다. 다른 짐승들은 주로 하나의 재주만 믿고 살지만 사람은 여러 갈래의 삶을 꾸려 간다. 그래서 인생은 끊임없이 움직이며 변화한다. 진실과 거짓 사이, 선함과 악함 사이, 그리고 아름다움과 추물스러움 사이 등을 넘나들면서 사람은 살아간다. 이렇게 넘나드는 틈바구니 때문에 사람은 잘사는 순간과 못사는 순간이 서로 얽혀 든다.

공자는 왜 살아야 하느냐보다 어떻게 살아야 하느냐에 많은 생각을 쏟았다. 그런 까닭에 삶의 동기를 결과보다 중히 여기는 마음을 자주 술회한다. 모든 동기에서는 마음이 어떻게 생각할까 하는 생각으로 길을 터 주고 어떻게 행동해야 할 것인가를 가늠해 주기 때문이다. 어쩌다 보니 그렇게 되었다는 것은 운에 속한다. 어찌 삶을 운에 맡긴다는 말인가. 삶만큼 소중한 것은 없으므로 잘 갈무리해서 살아야 한다.

어떻게 사는 것이 잘사는 것인가? 공자는 어진 삶이라고 분명히 밝힌다. 어진 마음은 모든 것을 사랑할 줄 안다. 그러므로 어진 것[仁]은 곧 사랑하는 것으로 보아도 된다. 어진 마음은 어머니의 품속 같다고 여겨도 된다. 어진 마음은 선한 사람을 보면 반가워하고 악한 사람을 보면 용서하여 다시 선한 자리로 돌아오게 한다. 악한 것이 선하게 되면 두 배로 아름답다는 것을 어진 마음은 아는 까닭이다. 이러한 어진 마음을 변함없이 간직하고 사는 사람을 공자는 무척 그리워했다.

마을에 불효를 범한 자가 생기면 덕석말이를 했었다. 덕석말이는 마을 사람들이 불효한 자를 덕석에 둘둘 말아 매질을 하는 벌이다. 알몸에다 매질을 하면 몸에 상처만 날 뿐 마음에 상처를 내기가 어렵다고 여긴 것이다. 덕석에 말려 매를 맞는 불효자는 마을 사람들에게 수모를 당하게 된다. 부끄러움을 그렇게 가르치는 것이다. 그런 벌을 받게 된 불효자를 낳은 어머니는 남몰래 숨어서 눈물을 흘린다. 어머니의 눈에서 흘러나오는 눈물은 분노의 눈물이 아니라 불효한 아들을 용서하고 사랑하는 눈물이다. 이러한 눈물은 어진 마음에서 흘러나온다.

공자의 제자 중에서 안회는 항상 어머니의 마음가짐으로 삶을 살았던 모양이다. 생각과 행동이 항상 진실하고 거짓이 없으면 어진 사람이 되는 것이고 생각과 행동이 항상 선하고 악함이 없으면 어진 사람이 되는 것이 아닌가. 거짓을 멀리하며 진실에 머물고 악을 멀리하며 선에 머무는 것을 올바름(義)이라 한다. 올바른 것은 바로 어진 것의 그림자처럼 붙어 있다. 공자는 인의를 그림자처럼 지닌 안회를 존경했던 것이다.

어진 사람은 길이 평탄하면 남을 앞서 가게 하고 뒤따라간다. 그러나 길이 험난하면 자신이 앞서 가고 남을 뒤따라오게 한다. 이로우면 남에게 주고 해로우면 자신이 감당한다. 그러니 어진 사람은 욕심이 없다. 욕심이 없으므로 만족한다. 어질어 만족하는 것을 현(賢)이라고 한다. 왜 스승인 공자가 제자인 안회를 존경하는가? 안회는 어질고 만족하는 현자인 까닭이다. 어느 세상이 현자를 바라지 않을 것인가. 지금 우리에게 안회 같은 사람이 하나라도 있다면 얼마나 좋을까.

🌱 **공자의 말씀**

안회야, 그대의 마음은 항상 어질구나. 나머지 다른 사람들은 하루에

한 번이나 아니면 한 달에 한 번 정도 어진 마음을 지녀 볼 정도지. 이렇게 공자가 말했다.

子曰 回也 其心三月不違仁 其餘則日月至焉而已矣

안회야, 그대는 참으로 어질도다. 한 그릇 밥을 먹고 한 쪽박의 물을 마시며 누추한 골목에 산다면 남들은 견디지 못하지만 그대는 그렇게 살면서도 즐거움을 잃지 않으니 그대는 정말 어질도다. 이렇게 공자는 감탄했다.

子曰 賢哉 回也 一簞食 一瓢飲 在陋巷 人不堪其憂 回也不改其樂 賢哉 回也

(2) 인간은 아름다워라

천지는 하나의 주막이며 사람은 그곳에 머물다 가는 길손이라고 말한다. 그러나 공자의 말씀을 듣다 보면 세상은 하나의 무대처럼 여겨진다. 그 무대 위에 무수한 사람들이 맡은 바 배역에 따라 울기도 하고 웃기도 한다. 공자는 무대 감독보다는 한 연기자이기를 바라고 삶을 몸소 연출한 분이라고 보아도 된다. 공자는 신비로운 초인이기를 마다한다. 아주 친근한 인간의 모습을 간직한 공자는 우리가 기대고 편히 할 수 있는 자리를 마련해 줄 뿐이다. 어쩌면 공자는 누구라도 지치면 앉아서 쉬라고 있는 빈 의자 같은 분이라고 여겨도 된다 병을 앓는 제자를 문명하면서 탄식하는 공자를 만나면 인간이 얼마나 애틋하고 아름다운가를 헤아리게 된다.

공자의 제자 중에서 백우(伯牛)는 덕을 행하는 데 뛰어났다. 덕으로 사는 사람을 공자는 얼마나 아꼈던가. 아끼던 제자인 백우가 문둥병에 걸려 몹시 앓고 있었다. 선생이 문병을 오자 백우는 몹쓸 병에 걸렸으니 선생님이 들어오시면 안 된다고 말을 했던 모양이다. 문둥병은 전염되는 역질이니 제자는 스승에게 그 역질이 옮겨질까 두려워 문병온 선생을 뵙기를 사양하고 문을 사이에 두고 백우는 스승을 모시게 되었다.

천벌이라고 여기는 나병을 앓는 백우는 흉측한 몰골을 선생께 보이고 싶지 않았을 것이다. 아랫사람은 항상 밝고 맑은 얼굴로 윗사람을 뵈어야 윗사람의 마음이 편한 것이다. 흉한 모습을 선생께 감추는 것이 아니라 보여서 윗사람의 마음을 새삼 아프게 하는 것은 덕에 어긋나는 짓에 불과하다. 덕으로 사는 백우가 그러한 도리를 어찌 몰랐을 것인가. 덕은 사람을 기쁘게 하고 즐겁게 하는 것이다. 마음 아파하는 선생을 두고 백우는 자신의 부덕에 몸서리를 쳤을지 모른다. 그러나 공자가 백우를 어이 부덕하다고 여길 것인가.

덕스러운 사람은 복스럽다고 말한다. 그러나 백우는 누구보다 덕스러운 인간임에도 몹쓸 역질에 걸렸으니 어쩌란 말인가. 하늘이 무심하다는 말은 여기에 해당될 게다. 만일 노자가 백우를 찾아갔다면 공자처럼 애달파하지 않았을 것이다. 태어나는 것도 자연이고 병들어 죽는 것도 자연이라고 태연히 말하고 돌아갈 것이다.

그러나 공자는 그렇게 하지 못한다. 무엇보다 인간이 중하고 인간의 삶이 중하기 때문이다. 살아서도 다 하지 못하는 인간이 죽은 다음을 생각해서 뭐 하느냐는 생각을 간직했던 공자는 인간의 세상에서 인간이 인간답게 사는 것을 가장 소중히 한 선생이다. 그러니 덕스러운 백우가 몹쓸 역질에 걸린 것을 공자는 몹시 원통해했다. 거의 하늘을 원망할 정도로 공자는 아파한다. 이 얼마나 인간적인가. 슬픔을 서로 나누면 반으로 줄어들고 기쁨을 서로 나누면 배로 늘어나는 마음씨가 곧 인정이고 지극한 사랑이 아닌가. 그래서 공자는 문틈으로 백우의 손목을 잡고 이럴 수가 있느냐고 원통해했다.

🌿 공자의 말씀

백우가 몹쓸 병에 걸렸다. 그래서 공자가 문병을 갔다. 창 너머로 백우의 손목을 잡고 다음처럼 한탄했다. 이럴 수가 있는가, 이런 것이 운명이란 말인가, 이런 사람이 이런 역질에 걸리다니, 이런 사람이 이런 병에 걸리다니.

伯牛有疾 子問之 自牖執其手 曰 亡之 命矣夫 斯人也而有斯疾也 斯人也而有斯疾也

(3) 서원(書院)을 철폐하라

망해 가는 조선왕조를 대원군이 되살려 보려고 몸부림쳤던 일 중의 하나가 서원 철폐령이었다. 왕족이었던 대원군은 왕가를 업신여기고 하늘도 두려워하지 않는 서원들을 철폐하라고 호령을 했다. 그러나 온 나라의 서원에 빌붙어서 못된 짓거리를 서슴지 않았던 사이비 유생들은 소매를 걷고 반대 운동을 폈다.

공자는 대원군과 유생들에게 뭐라 했을까? 대원군에게는 세도가가 되지 말고 임금이 된 아들이 성군이 되도록 권세를 삼가라고 했을 것이고 유생들에게는 군자란 말을 입에 담지 말라고 힐난했을 게다. 조선시대 서원의 유생들은 자칭 공문의 문하라며 공맹을 입에 걸고 패싸움이나 하면서 백성을 등치는 짓들을 서슴지 않았으니 천하에 소인배들임을 공자가 어찌 모를 것인가. 조선시대의 사대부 중에서 고개를 들고 부끄럽지 않게 공자를 뵐 수 있는 선비나 벼슬아치들은 얼마나 될까? 그리고 오백 년 사직을 이끌었던 역대 왕들 중에서 공자가 바라는 성군은 몇이나 될까? 아무도 많았다고 대답할 수 없을 것이다. 더럽고 추한 꼴을 한 조선의 양반을 공자는 인의를 말로만 지껄이는

260 군자는 가슴에 꽃을 달지 않는다

패거리라고 질타했을 게다. 문장을 한다면서 공맹을 앞세워 세상을 주름잡았던 조선의 사대부들은 《논어》를 읽으면서 공자가 자하에게 던진 말을 어떻게 새겼을까? 아마도 못들은 척 비껴 갔을 것이다.

어찌 조선시대만 그럴 것인가. 지금 지도자라고 자칭하면서 나라를 다스려 보겠다고 장담하는 이들도 공자가 자하에게 당부한 말씀을 들으면 부끄러워 오금을 펴지 못할 것이다. 소인이면서 대인인 것처럼 꾸미고 세상을 다스리겠다고 나서면 그 세상은 바람 잘 날이 없는 법이다. 우리가 사는 세상이 왜 이리 소란스러운가? 《논어》의 말씀들을 잊은 탓이다.

🌱 공자의 말씀

공자께서 자하를 불러 다음처럼 당부하였다. 그대는 군자다운 선비가 될지언정 소인배 같은 선비는 되지 마라.

子謂子夏曰 女爲君子儒 無爲小人儒

(4) 공치사를 하지 마라

소인은 공을 탐내고 대인은 공을 남의 덕으로 돌린다. 무슨 일이 잘 되면 자기가 잘해서 그렇게 되었다고 뽐내기 좋아하는 사람은 욕심이 마음속을 가득 채우고 있게 마련이다. 남이 잘되면 배가 아프거나 시샘하는 사람 역시 제 욕심으로 가득 차서 자기를 위하는 것이 아니면 인색하기 짝이 없다. 우리는 이러한 사람들을 소인배라고 부른다.

임진왜란 때 조선왕조를 지켜 주겠다고 명 나라가 수군을 파견했었다. 그 선발대를 조선 조정은 여의도에서 맞았던 모양이다. 그 자리에 임금까지 나갔었다니 조선왕조는 참으로 다급했던 모양이다. 조선왕조의 신하들이 거만하게 굴면 목에 오랏줄을 매어 명 나라 장수가 중신들 앞을 지나갔다고 한다. 명 나라의 일개 장수가 이럴 수 있었을까? 오만 방자하고 불손했던 그 장수를 보고 유성룡은 저런 치와 함께 해전을 해야 할 이순신은 얼마나 고초를 겪을 것이냐며 한탄했다.

남해에서 왜군을 맞아 해전을 벌일 때마다 이순신은 승전을 거두었고 명 나라 장수는 이렇다 할 전공을 올리지 못했다. 그러나 명 나라 장수가 이순신의 전공을 탐내자 선뜻 이순신은 그대의 공이라고 돌려주었다고 한다. 이렇게 되자 오만불손했던 명 나라 장수도 이순신 앞에 굴복하고 말았다는 것이다. 명 나라 장수는 이순신을 맹지반(孟之反) 같은 대인(大人)으로 보았을지도 모른다. 전공은 바다에서 세우고 공훈을 탐하지 않았던 이순신. 조정 벼슬아치들의 시샘으로 옥살이를 겪고 백의종군을 하다 다시 병마사가 되어 왜군을 무찔러 승전 속에 죽어 간 이순신 장군. 분명 충무공은 소인배들이 득실거리는 조선왕조에서 맹지반 같은 장수였고 대인이었던 셈이다.

🌱 공자의 말씀

맹지반은 공을 자랑하지 않았다. 물러갈 때면 맨 끝에서 적을 막았다. 성문에 가까워지면 말에 채찍질을 하면서 맨 뒤에 오려던 것이 아닌데 이놈의 말이 느려서 처지게 됐다고 자신을 감추었음을 공자가 밝혀 준다.

子曰 孟之反不伐 奔而殿 將入門 策其馬 曰 非敢後也 馬不進也

(5) 나라가 망하려면

성한 나라는 윗사람들이 든든해 백성이 따르고 기울어 가는 나라는 윗사람들이 못나서 백성이 등을 돌린다. 소는 언덕이 있어야 등을 비비고 나라는 백성이 있어야 기댈 곳을 찾는다. 백성이 등을 돌리면 나라의 기둥은 서 있을 수가 없다. 주춧돌이 빠져 버린 꼴이 되어 버리기 때문이다. 나라가 망하려면 암탉이 운다고 한다. 궁궐에 있는 여인의 치맛폭이 바람을 일으키면 나라는 폭풍에 넘어진 나무꼴이 되어 버린다.

청 나라가 망할 때 서태후가 치맛바람을 피웠듯이 역사를 살펴 보면 임금 곁에 있는 여인의 치맛바람이 거셌다. 망할 나라를 건질 만한 인걸이 있다면 바른 말을 해서 어두운 임금의 눈을 총명하게 할 수도 있는 일이다. 그러나 폭풍은 나뭇가지 위에 있는 새를 가만히 두지 않듯이 간신들은 입방아를 찧어 훌륭한 사람의 가슴에 창을 꽂게 했다. 나라를 넘어지게 하는 미색이 있다고 하면 그 미색은 임금의 수중에 들어가고 그 미색의 치마폭은 간신들이 잡고 있게 마련이다. 그러면 조정은 방탕해지고 나라는 백성을 잃게 된다.

그러나 위 나라의 임금이었던 영공(靈公)에게는 나라의 뿌리를 잘 지키는 축타가 있어서 망국을 면했다고 한다. 축타는 말을 잘해서 간신들의 입을 막을 수 있었던 모양이다. 비록 왕이 무도할지언정 현명한 신하가 있다면 백성을 잃지 않는 모양이다. 어디 옛날만 그러할 것인가. 지금도 매양 같다. 권세가 있는 곳은 썩은 고깃덩어리와 같고 썩는 고깃덩어리에는 개미떼가 붙게 마련이다. 고깃덩어리 같은 권세를 썩지 않게 하는 것이 나라를 다스리는 비결인 것을 안다면 나라가 치마폭에 놀아날 리도 없고 간신들의 입질에 물릴 위험도 없는 법이다. 그러니 임금이든 대통령이든 아니면 수상이든 귀에 거슬리는 말을 경청할 줄 알아야 하는 법이다.

참으로 말을 잘하는 사람은 달콤한 말을 하는 자가 아니라 입에 쓰

고 듣기 아픈 말을 서슴없이 하는 사람이다. 아부나 선동을 일삼는 혀
는 독사의 혀와 같음을 백성은 안다. 그래서 백성은 올바름을 가려서
말하는 사람을 믿고 기대려고 한다. 그러면 나라는 망하지 않는다. 그
러나 우리 곁에는 말 잘하는 정치가들만 넘쳐날 뿐 만 축타를 닮은 치
자는 별로 없는지 나라는 항상 벼랑 끝에서 대롱대롱하는 꼴이다.

🌱 공자의 말씀

축타의 말솜씨가 없고 임금의 아내를 내통했던 송조의 미모만 있다
면 오늘날 같은 난세를 벗어나기가 어렵다고 공자는 말했다.

子曰 不有祝鮀之佞 而有宋朝之美 難乎免於今之世矣

(6) 담을 넘지 마라

길은 하루아침에 닦여지지 않는다. 그리고 길은 한 사람이 다닌다고
되는 것도 아니다. 수많은 사람들이 여러 세월에 걸쳐 가고 오고 하면
서 길은 열리게 된다. 이처럼 삶의 길이란 것도 마찬가지다. 당장 새
길을 내서 그 길로 걸어다니라고 하면 길눈이 어두워 허둥대거나 넘
어져 상처를 입게 마련이다. 임금의 시대에 성군이란 바로 낯익은 길
로 백성을 편안히 인도하는 임금을 말한다. 민주의 시대라고 해서 유
별나게 다를 것은 없다. 다만 체제가 바뀌었다고 해서 삶의 길이 새로
나는 것은 아닌 까닭이다. 삶의 길을 풍습이라고 한다. 한 고을에 가
면 그 고을의 법도를 따라라. 이것은 고을마다 나름대로 닦아 놓은 삶
의 길이 있음을 말한다.

길이 끝나는 곳에는 사람들이 사는 마을이 있게 마련이고 마을의 길
목은 골목으로 접어들고 골목에는 각각의 집마다 문을 달아 놓고 있

다. 숨을 이유가 없다면 당당히 문을 통해 들고나지만 남의 눈을 피해야 하는 도둑은 담을 넘어 들어간다.

정치에도 도둑이 있게 마련이다. 궁궐의 담을 헐고 들어가 옥새를 거머쥐면 임금의 자리를 훔치는 것이고 총을 들고 한강을 건너 청와대를 접수하면 정부를 훔치는 경우가 된다. 이러한 짓은 모두 정치의 길을 걷는 것이 아니라 담을 뛰어넘어 정치를 도둑질하는 것이다. 정치의 도둑질이 일어나면 정통성을 따지게 마련이다. 그 정통성이란 것은 어디에 있는가? 임금의 시대에는 임금의 손에 있었지만 민주의 시대에는 백성에게서 나온다. 이를 모든 주권은 국민에게서 나온다고 하는 게다. 총을 들고 한강 다리를 건너 위탁받았던 정통성을 하룻밤 사이에 훔쳤던 박정희 대통령은 죽을 때까지 담을 넘었던 과거를 씻을 수 없었다.

공자가 어찌하여 선왕의 도를 따르지 않느냐고 지적했다. 이 말씀을 이제는 다음처럼 바뀌어야 한다. 어찌하여 백성의 도를 따르지 않느냐? 4·19 뒤에 들어선 정부는 민의가 정치의 문을 달아 주었다. 그러나 당시의 치자들은 그 문을 제대로 잠글 자물쇠와 제대로 열 열쇠를 미처 만들기도 전에 담을 넘어가 백성이 달아 준 문짝을 뜯어내고 새 문을 연다고 포고령을 내렸다. 천하를 계엄령으로 거머쥔 자는 나라를 훔친 큰 도둑에 불과할 뿐이다. 본래 남의 집 돈궤를 훔치다 잡힌 좀도둑은 감옥에 가지만 나라를 훔친 큰 도둑은 임금이 되는 법이다. 나라를 훔친 다음 민의를 따른다고 공언하면서 독재를 할 때 백성은 어디 두고 보자며 입을 다문다. 왜 공자는 선왕의 도를 따르라고 했을까? 백성으로부터 등돌림을 당하지 않기 위해 그렇게 하라고 했을 게다. 아무리 박대통령이 보릿고개를 없애 주었다지만 나라를 훔치려고 담을 뛰어넘어 민의를 훔친 역사는 숨길 수 없는 일이다.

누가 나가는데 문을 거치지 않을 것인가? 어찌하여 그런 이치를 따르지 않는 것인가? 이렇게 공자가 물었다.

子曰 誰能出不由戶 何莫由斯道也

(7) 군자는 누구인가

사람은 거칠기도 하고 부드럽기도 하다. 그리고 사람은 잔인하기도 하고 순하기도 하다. 어디 이뿐인가. 사람은 엄하기도 하고 방탕하기도 하다. 이러한 성질 탓에 인간은 자신의 삶을 넘치거나 처지게 하면서 한숨을 쉬거나 원망을 하거나 원한을 갖는다.

그러나 군자는 삶이 넘치면 덜어서 알맞게 하고 삶이 처지면 더해서 알맞게 한다. 이를 위해 군자는 마음을 저울대처럼 가눌 줄 안다. 재물이 많으면 마음을 가난하게 하여 욕심을 비우고 재물이 없으면 마음을 부유하게 하여 여유를 얻는다. 그래서 군자는 항상 웃음을 머금고 세상 사람들의 거울 앞에 선다. 삶의 눈물을 부드럽게 닦아주는 사람이 군자인 셈이다.

삶이 거칠면 부드럽게 하고 삶이 잔인하면 순하게 하고 삶이 방탕하면 엄하게 하여 어긋나지 않게 한다. 사람들이 잘못하면 자신을 채찍질하여 사람들이 스스로 뉘우치게 할 뿐 인간들이 썩었다고 흉보지 않는다. 사람들의 세상에서 일이 잘못되면 제일 먼저 군자는 자신의 탓으로 돌리고 자신을 되돌아본다. 속이 겉보다 두드러지면 야해 보인다. 야하다는 것은 소문난 잔치 같은 것이다. 겉이 속보다 두드러지면 번지르르할 뿐이다. 번지르르하다는 것은 빛 좋은 개살구나 같은 게다. 그래서 공자는 속〔質〕이 넘치고 겉〔文〕이 처져도 안 되며 겉이 넘치고 속이 처져도 안 된다고 밝힌다. 그리고 군자는 겉과 속이 넘치거나 처지지 않아 한결같은 사람이라고 알려 준다.

군자는 쓰다고 얼굴을 찡그리지 않으며 달다고 헤헤거리지 않는다. 사랑함을 가까이 하면서 미워함을 용서하여 사랑함으로 바꿀 수 있는 길을 터 주고 올바름을 몸으로 보여 주어 그릇됨을 고쳐 가는 길을 열어 준다. 그러나 그러한 길을 열었다고 제 자랑을 하지 않으며 숨어서 그 길을 트고 열어 사람들이 그 길 위로 걷을 수 있도록 길잡이 노릇을 할 뿐이다. 그러므로 군자는 사람들의 참다운 머슴〔公僕〕이지 군림하는 사람이 아니다.

스스로 공복이라고 자처하는 사람은 이미 군자가 아니다. 군자라고 선전을 해서 사람들을 유혹하는 것일 뿐이다. 군자는 선전을 할 줄 모른다. 선전이란 넘치는 것만을 좇을 뿐이어서 처지는 것을 감추어 두고 숨기는 짓에 불과하다. 그러면 공자가 밝힌 '알맞게 어울려 어긋남이 없음〔彬彬〕'을 잃어버리고 만다. 군자란 누구인가? 몸가짐이 빈빈하고 삶이 빈빈하여 온 세상 사람들을 빈빈하게 하는 선생일 것이다. 니체의 말을 빌린다면 사랑하는 방법을 가르쳐 줄 선생인 초인인 셈이다.

🌱 공자의 말씀

속이 겉보다 두드러지면 야하고 겉이 속보다 두드러지면 번지르르하다. 겉과 속이 서로 하나로 어울린 다음에야 군자가 된다고 공자가 밝혔다.

子曰 質勝文則野 文勝質則史 文質彬彬 然後君子

(8) 곧게 살아라

곧게 사는 사람은 당당하고 굽게 사는 사람은 꾸물거린다. 어린이의 눈을 보면 맑기가 마치 가을 하늘 같다. 그러나 어른이 되면 눈동자의 맑음은 없어지고 혼탁해진다. 사람의 값이 천 냥이라면 구백 냥이 눈이라고 말하지 않는가. 눈은 그 사람의 마음속을 비추어 주는 창이라고도 말한다. 거슴츠레한 어른의 눈을 보면 삶의 굽이굽이를 넘어왔다는 것을 짐작할 수 있다. 그러나 삶의 넘나듦이 당당하다면 외면할 필요는 없다. 그러나 구린내가 풍기는 삶을 산 어른들은 어딘지 모르게 기죽은 모습을 버리지 못한다. 이처럼 삶을 굽게 산 사람은 제 발이 저려 잡힌 도둑꼴이 된다.

굽은 삶이란 언제나 맨 나중까지 숨길 수 없다. 누가 곧게 살았고 누가 굽게 살았는가? 시간이 지나면 드러나고 만다. 그래서 아무도 역사를 속이지 못한다고 한다. 세종대왕과 연산군을 두고 보자. 둘 다 임금이지만 세종은 대왕으로 불리며 백성의 존경을 역사적으로 받지만 연산은 군으로 강등되어 폭군이란 손가락질을 받는다. 왜 우리는 그렇게 가늠하는가? 세종은 임금으로서 곧게 산 보람이고 연산군은 임금으로서 굽게 산 형벌이다. 어디 임금만 이러한 상벌을 받을 것인가. 살아가는 사람은 누구나 잘살면 칭송을 받고 못살면 욕을 먹게 되는 것이다.

곧게 살아라. 이것이 잘사는 것이다. 이렇게 공자는 말한다. 굽게 살지 마라. 이것은 못사는 것이다. 이렇게 공자는 또한 말을 남긴 셈이다. 그렇다면 무엇이 곧게 사는 것인가? 숨길 것이 없는 삶을 말할 것이다. 남에게 숨길 것이 아니라 자신에게 숨길 것이 없어야 하는 삶, 그것을 공자는 곧은 삶[直]이라고 밝힌다. 반대로 숨길 것이 있는 삶이란 굽은 삶[罔]일 것이다. 부끄럽고 추하고 더러운 삶, 그것을 공자는 망(罔)이라고 말해 둔 셈이다. 사랑함에서 멀고 올바름에서 먼 삶, 그것은 인간을 추악하게 한다. 우리는 추악한 인간상을 수없이 알고 있으면서도 자신이 그러한 군상에 속할 수 있다는 부끄러움을 잊어버리고 살아가기 쉽다. 굽게 사는가 아니면 곧게 사는가를 끊임없이 자신에게 물어 보라. 그리고 스스로 양심을 만나라. 양심이란 무엇인가? 숨길 것이 없는 당당한 마음일 게다. 아마도 공자는 이를 직(直)이라고 일러 주려고 삶이란 곧은 것이라고 밝혔을 것이다.

🍃 공자의 말씀

사람의 삶은 곧게 마련이다. 곧지 않게 사는 것은 요행으로 피해 가면서 사는 것이라고 공자는 말한다.

子曰 人之生也直 罔之生也幸而免

(9) 아는 것과 즐거운 것

무식한 할아버지와 유식한 손자가 바람에 관해 이야기를 나누었다. 먼저 손자가 할아버지에게 바람은 왜 부는지 아느냐고 물었다. 그러자 할아버지는 모른다고 하면서 손자를 부추겨 말해 보라고 했다.

오늘 학교에서 바람이 부는 이유를 배웠다. 하늘에는 공기가 꽉 차 있는데 한쪽에 많이 모여 있고 다른 쪽에 덜 차 있으면 빽빽한 곳에서 성근 곳으로 공기가 움직인다고 했다.

"할아버지, 고기압 저기압이란 말 알아?"

"모르지."

"바람은 그 두 사이를 왔다갔다하는 공기의 움직임이라고 배웠어."

이렇게 손자는 응석을 부리며 할아버지에게 자랑을 했다. 그러자 할아버지는 손자를 무릎 위에 올려놓고 바람 이야기를 들려주었다.

"옛날옛날에 만물을 사랑하는 노인이 있었단다. 그 노인은 겨울 동안 푹 잠을 자는 나무들이 봄이 되면 깨어나라고 흔들어 주었다지. 그 노인이 흔드는 힘을 바람이라고 한단다. 그러면 나무는 잠에서 깨어나 잎을 피우고 꽃을 피우고 열매를 맺어 한 해를 보낸단다. 이렇게 바람 노인은 봄 여름 가을 동안에는 열심히 바람을 불어 만물들이 열심히 일을 하게 하고, 겨울이면 만물들이 푹 자도록 자장가처럼 바람을 불게 한단다."

이러한 할아버지의 이야기를 들은 손자는 할아버지를 보고 다음처럼 상을 주었다.

"할아버진 거짓말쟁이야."

할아버지는 손자의 이마를 쓰다듬고 등을 어루만지면서 늙은 얼굴에서 웃음을 지을 줄 모른다. 이처럼 손자는 학교에서 배운 지식을 자랑하고 할아버지는 총명한 손자를 보고 즐거워한다. 할아버지는 손자의 마음을 알지만 손자는 거짓말쟁이라는 말을 듣고도 싱글벙글하는 할아버지의 즐거운 마음을 모른다. 공자께서도 아는 것보다는 즐거움이 더 높은 경지임을 살펴 지식만 믿고 사는 우리가 잃어버린 것을 되새기게 한다. 우리가 잃은 것은 무엇인가? 바로 즐거움이다.

🌿 공자의 말씀

아는 것은 좋아하는 것만 못하고 좋아하는 것은 즐기는 것만 못하다고 공자가 말한다. •

子曰 知之者不如好之者 好之者不如樂之者

(10) 말꼬리를 잡지 마라

유교 사상은 어떤 근거로 신분 사회를 구축했을까? 조선왕조의 사회 구조를 돌이켜 볼 때마다 이러한 의문을 갖게 된다. 공맹이 사람의 무리를 두 갈래로 나누어 위는 양반이 되고 아래는 상놈이 되게 하라고 어디서 어떻게 누가 지시를 했던가? 이러한 의문도 갖게 된다. 공맹은 그러한 말미를 분명 남겨 두지 않았다. 그러나 공맹의 말꼬리를 잡아 나는 양반이고 너는 상놈이라고 선을 긋는 짓을 영악한 인간들이 도모했으리라는 생각이 앞선다.

어느 백성이나 수더분하다. 다만 백성을 다스린다는 무리들이 영악할 뿐이다. 별의별 장치를 만들어 다스리는 도구를 만들 줄 아는 무리가 모여서 궁궐을 짓고 관청을 열어 법을 만들고 세금을 거두어들이는 세상을 만들었다. 이러한 세상에서 인간이 인간으로 살려면 어쩔 수 없이 궁궐에 모여 있는 인간들이 먼저 인간이 되어야 세상이 제대로 된다는 것을 공자는 확고하게 믿었다. 노자처럼 '인간이여, 자연이 되라'고 아무리 타일러 본들 궁궐의 행패가 있는 한 인간은 피를 말리며 살아야 하는 비극을 공자는 외면할 수 없었다. 그러나 조선왕조의 궁궐 안에서 군림했던 사대부들은 공자를 앞세우고 천하를 다스린다면서 세상에서 가장 혹독한 신분 제도를 만들지 않았던가? 나는 잘난 사람이고 너는 못난 놈이란 생각만큼 인의에 어긋나는 것은 없다.

교직 생활을 경험한 사람은 한 학급이 바로 세상의 축도란 생각을 갖게 된다. 한 학급은 두뇌가 썩 좋은 학생, 두뇌가 중간인 학생, 그리고 두뇌가 처지는 학생으로 구분된다는 것이다. 수많은 사람들이 모여 사는 사회도 매양 같다. 우수한 두뇌의 소유자도 있고 보통인 사람들도 있고 천치 바보도 있게 마련이다. 교육은 이러한 두뇌의 차이에 따라 치러져야 함을 교사들은 확신한다.

공자께서는 머리가 보통 이상인 사람에게는 어려운 것을 가르치고 머리가 보통 이하인 사람에게는 쉬운 것을 가르치라고 당부해 두었다. 분명 이러한 취지에서 중간 수준의 사람을 기준으로 그 윗사람〔中人以上〕과 그 아랫사람〔中人以下〕으로 사람의 무리를 나누었을 게다. 조선 왕조의 사대부들은 공자의 이 말을 들어 꼬리를 잡아 반상을 나누었는 지도 모른다. 두뇌가 우수하면 양반이고 두뇌가 둔하면 상놈이라고 나눌 수 있는가? 불가능하다. 양반은 항상 우수한 두뇌를 가진 인간을 낳고 상놈은 둔한 두뇌를 가진 인간만 낳았던가? 더더욱 아니었다. 그러니 공자의 이 말씀을 빌미로 조선왕조의 치자들이 반상의 신분 사회를 구축했다면 그들은 공자의 말꼬리를 잡아 편할 대로 해석한 꼴이 되고 만다. 선생의 말꼬리나 잡는 제자라면 스승의 가르침을 제대로 실천하기 어렵다. 하여튼 공자의 어록에는 양반과 상놈으로 나누라는 말씀은 없다.

이제 신분 사회는 없어졌다. 그럼에도 반상의 잠재의식은 여전하다. 그래서 우리는 모두 양반이라는 생각을 앞세운다. 또 자녀들을 다음 세대의 양반으로 만들기 위해 세계 제일의 교육열을 발휘한다. 무슨 수를 써서라도 자녀들을 중인 이상의 대열에 끼워 넣어야 한다고 치맛바람을 일으킨다. 온갖 과외를 다 시키고 별의별 학원에 보내고 뒷돈만 대면 아이들이 천재가 되거나 수재가 된다고 믿는 풍조가 돈 있는 집안의 유행병처럼 되어 있다. 모두들 제 아이를 있는 그대로 두고 보지 않는다. 천재나 수재가 되어야 한다는 욕심이 앞서는 까닭이다.

그러나 공자는 사람을 가르치는 데 함부로 욕심을 부리지 말고 배울 사람에게 알맞게 가르쳐 주라고 타이르고 있다. 어려운 것을 배울 만하면 어려운 것을 가르치고 쉬운 것을 배울 정도면 그 쉬운 것을 가르치면 된다는 공자의 충고를 제대로 들어야 한다.

🌿 공자의 말씀

중간이 넘는 사람에게는 어려운 것[형이상학 따위의 것]을 가르쳐도 되지만 중간 아래에 있는 사람게는 어려운 것을 가르치는 것은 불가하다고 공자께서 충고한다.

子曰 中人以上 可以語上也 中人以下 不可以語上也

(11) 식자(識者)와 인자(仁者)의 차이

사람은 무엇이든 따지기를 좋아한다. 이것과 저것을 따진다. 무엇이든 묻고 따진다. 사람은 무엇이든 알고 싶어하는 까닭에 그렇게 한다. 알고 싶은 욕망 탓에 끊임없는 의심의 길을 스스로 택해 밟으려고 한다. 언제 어디서냐며 의심한다. 왜 어떻게 그러냐고도 의심한다. 본래 의심이란 원인과 결과 사이의 줄다리기 같기도 하고 힘겨루기 같기도 한 것이다. 이러한 줄다리기와 힘겨루기를 시비(是非)라고 한다.

무엇이 옳고 그른가? 그른 것은 버리고 옳은 것은 택한다. 이것은 알고 싶어하는 자의 목적이다. 무엇이 선하고 악한가? 선하면 상을 주고 악하면 벌을 준다. 이것은 알고 싶어하는 자의 결단이다. 무엇이 곱고 추한가? 고운 것은 아름답고 추한 것은 더럽다. 고운 것은 남고 추한 것은 없어져야 한다. 이것은 알고 싶어하는 자의 자랑이다. 이처럼 알고 싶어하는 자가 버릴 수 없는 시비의 생각과 행위는 멈출 줄 모른다. 그래서 공자께서는 지자는 물을 좋아한다(知者樂水)고 했을 것이다.

고인 물은 썩는다. 썩지 않으려고 물은 한사코 움직인다. 물은 곳에 따라 형편 닿는 대로 흐른다. 가파르면 빨리 흐르고 낭떠러지면 떨어지고 쏟아진다. 굽이에서는 굽이치고 막히면 부딪혀 소용돌이친다. 좁으면 모여 흐르고 넓으면 퍼져 흐른다. 들판이면 유유히 흐르고 큰 바다에 이르면 더는 흐르지 못해 하늘로 올라가 다시 비가 되어 내려온다. 이처럼 물은 멈출 줄 모른다. 식자의 마음도 멈추지 않고 끊임없이 시비의 사다리를 오르기도 하고 내리기도 한다.

그러나 어진 사람은 시비로 마음의 목을 매지 않는다. 옳은 것이 있으면 사랑하고 그른 것이 있으면 용서한다. 그른 것이 용서를 받으면 옳은 것이 된다고 인자는 믿는다. 선한 것이 있으면 사랑하고 악한 것이 있으면 용서한다. 인자는 악이라도 용서를 받으면 선이 된다고 믿는다. 고운 것이 있으면 사랑하고 추한 것이 있으면 용서한다. 인자는 추해도 용서해 주면 고와진다고 믿는다. 시비를 일삼는 식자의 마음은 항상 복잡하지만 시비를 넘어선 인자의 마음은 항상 단순하다. 마음이 단순하니 맑고 밝고 투명하다. 왜 인자의 마음은 그러한가? 마음 씀씀이가 사랑하고 용서하는 두 갈래의 믿음뿐인 까닭이다. 인자의 마음은 움직이지 않는다. 그저 고요하고 진득할 뿐이다. 그래서 공자께서 '인자는 산을 좋아한다(仁者樂山)'고 했다.

식자는 움직이기를 좋아하고 인자는 가만히 있기를 좋아한다. 몸이 그렇다는 것이 아니라 마음과 행동의 관계가 그렇다는 것이다. 식자는 아는 것을 즐기고 인자는 사는 것을 소중히 한다.

청산가리의 맛은 어떨까? 쓴맛일까, 아니면 단맛일까, 그것도 아니면 신맛일까? 맛을 알려면 혀를 대야겠지만 청산가리에 혀를 대면 그 순간 죽고 만다. 자살을 하기로 작정했던 한 식자가 자신의 죽음을 유용하게 이용하려는 마음을 먹고 청산가리를 혀에 댄 순간에 극약의 맛이 어떻다는 것을 기호로 남기고 죽었다는 이야기가 있기도 하고,

절대 진리를 알고 싶어했던 그리스의 한 철인은 화산의 불빛을 보고 저것이 진리구나 하면서 풀잎처럼 자신의 몸을 분화구에 던졌다는 이야기도 있다. 이처럼 식자는 끝없이 앎을 추구한다. 그래서 공자께서는 지자(知者)는 즐긴다고 했다.

하지만 인자는 청산가리의 맛 따위는 알려고 하지 않는다. 인자는 먹으면 죽는 것을 알기 위해 맛을 보면 안 된다고 알릴 뿐이다. 청산가리를 만지면 안 된다는 것만을 안다. 화산의 불길이 경이로우면 감탄한 다음 목숨이 있는 한 조용히 살아야지 제 목숨을 끊으면 안 된다고 인자는 알려 준다. 목숨보다 더 소중한 것이 어디 있는가? 인자는 없다고 믿는다. 내 목숨이 소중하므로 남의 목숨도 소중함을 믿는다. 이러한 믿음에 사랑과 용서의 뿌리를 내리고 있는 까닭에 인자는 목숨을 해치는 일은 상상도 하지 않는다. 인자는 부끄럼 없이 살 뿐 목숨을 구걸하며 연명하지는 않는다. 그래서 공자께서 인자는 오래 산다고 했다.

그러나 우리는 오래 살기를 원하면서도 인자를 바보로 알고 지자를 부러워한다. 그런 우리가 아무리 보약을 달여 먹고 별의별 운동을 한다 해도 목숨을 팔아서 정신없이 살고 있을 뿐이다. 우리가 사는 것이 어디 삶인가. 하나의 전쟁이요 경쟁이며 오기 다툼처럼 살자니 하루하루가 어찌 편하고 고요할 것인가. 이미 공자는 이를 아파했다.

🕯 공자의 말씀

식자는 물을 좋아하고 어진 사람은 산을 좋아한다. 식자는 움직이고 인자는 가만히 있다. 식자는 즐거워하고 인자는 목숨을 누린다. 이렇게 공자는 지자와 인자를 밝혔다.

子曰 知者樂水 仁者樂山 知者動 仁者靜 知者樂 仁者壽

(12) 잘된 나라 못된 나라

힘이 세상을 지배하지 않은 적은 없었다. 나라는 힘을 믿었지 공자의 예악을 믿은 적이 없다. 공자는 일생을 통해 여러 나라의 임금을 찾아다니며 제발 덕치를 하라고 간청을 했지만 그 말을 들어준 군왕은 하나도 없었다. 천하를 돌아본 공자께서는 자신의 조국인 노 나라만한 나라가 없음을 알았던 모양이다. 내 어찌 노를 버리고 그릇된 것에 기댈 것이냐고 말한 적이 있다. 그리고 노 나라를 널리 밝히면 여타의 나라들을 이겨내는 것과 같다고 자신하기도 하였다.

제 나라는 큰 나라였고 노 나라는 작은 나라였다. 제 나라는 부국강병책을 썼고 작은 노 나라는 제 나라에 비해 덕으로 나라를 다스리려고 했다. 작은 나라가 큰 나라를 이기려면 정신력이 바탕이 되어야 한다는 것은 언제나 진리인 모양이다. 어린이의 힘으로는 억센 장정을 이길 수 없는 일이다. 힘으로 따지면 강약이 드러나고 만다.

그러나 강하면 부러지기 쉽다는 것을 알아야 한다. 덕은 겉으로는 약해 보이지만 가장 강한 것임을 알아야 한다. 행복은 강한 것이 보장해 주는 것이 아니라 약해 보이는 덕이 보장해 주는 까닭이다. 덕으로 다스리는 나라는 백성을 언덕으로 믿고 힘으로 다스리는 나라는 백성을 착취의 대상으로 여긴다. 그래서 공자는 덕치로 나라를 다스릴 것을 강조했지만 힘만을 믿는 군왕은 공자 앞에서만 그렇게 하는 척했다. 힘으로 밀어붙이고 총명한 인걸이 있으면 화근이라며 처치하기를 주저하지 않았다.

조선 궁궐 앞에 높은 종각을 세워 놓고 엄청 큰 종을 달려고 했다는 야사가 전해 오고 있다. 하도 종이 크고 무거워 사람의 힘으로는 종각의 천장에 매달 수 없다고 하며 힘센 장사들이 걱정을 하고 있었다.

그때 그곳을 지나던 일곱 살박이 어린애가 자기라면 당장 매달겠다고 장담을 했다. 어이가 없었던 장정들은 아이의 말을 듣고 "이놈아, 네가 어찌 저렇게 큰 종을 달 수 있느냐?"고 하면서 면박을 주고 쫓았다. 그러나 그 아이는 완강히 버티며 달 수 있다고 했다. 그러자 장정들이 그러면 어디 한번 달아 보라고 했다. 꼬마가 장정들을 시켜 큰 종을 종각 밑바닥으로 끌어다 놓으라고 했다. 장정들이 종을 끌어다 놓자 아이는 종을 맬 곳에 매달라고 명령을 했다. 장정들이 땅 위에 놓여 있는 종을 그대로 매달았다. 그러자 그 아이는 종 밑의 흙을 파내라고 다시 명령을 했다. 그리고 아이는 큰 종은 이렇게 다는 것이라고 힘센 장정들에게 일갈했다는 게다. 이 얼마나 총명하고 지혜로운 소년인가.

그런데 장정들은 저런 놈이 크면 나라에 큰 일을 낼 우환이라고 여겨 그 아이를 쥐도 새도 모르게 죽였다는 것이다. 힘이란 이런 것이다. 만일 덕이라면 그 아이를 나라의 일꾼으로 삼았을 것이다. 패도란 무엇인가? 백성에게 힘을 가하는 다스림을 말한다. 덕치란 무엇인가? 백성으로부터 다스리는 힘을 얻는 정치를 말한다. 그러므로 공자의 정치는 낡은 것이 아니라 민주 정치와 통하는 셈이다. 진정한 민주 정치는 덕치와 통한다. 백성을 주인으로 삼기 때문이다.

🌿 공자의 말씀

제 나라를 한번 변화시키면 노 나라처럼 될 것이고 노 나라를 한번 변화시키면 덕치에 이르는 나라가 될 것이라고 공자는 밝혔다.

子曰 齊一變 至於魯 魯一變 至於道

(13) 이승만의 말로

해방 후 미국에서 이승만이 돌아왔을 때 백성은 우남을 어버이처럼 반겼다. 중국에서 김구가 돌아왔을 때도 백성은 어버이처럼 백범을 반겼다. 그러나 백범은 비명에 갔고 우남은 초대 대통령이자 자유당의 총재가 되었다. 사람들은 우남이 민주 국가라는 새로운 기틀을 세워야 하는 무거운 짐을 지고 국민의 편을 들 것이라고 믿었다. 그런데 우남은 자유당 편을 들었다. 자유당은 말만 자유의 당일 뿐 백성의 자유를 빼앗아 자유당을 일당 독재의 성곽으로 만들려고 덤볐다.

민주 국가의 틀은 투표라는 제도로 다듬어지고 아울러진다. 그래서 투표라는 형식을 빌려 민주라는 내용을 채우게 된다. 그러한 투표를 제대로 하면 민주라는 형식이 튼튼해 내용이 흘러나오지 않게 된다. 그러나 투표를 부정으로 하면 틀이 깨져 백성이 나와 버린다. 일벌이 다 나가 버린 빈 꿀통 같은 나라가 되고 마는 것이다.

돈을 주고 표를 사고 술을 주고 표를 사고 관리가 위협을 해서 표를 빼앗은 다음 투표 용지를 아예 한 사람이 몽땅 가져다 줄줄이 찍어 버리는 피아노표를 만들기도 했고 기표소에 비밀 구멍을 내놓고 시킨 대로 찍는지 감시를 하여 표를 모으는 올빼미표를 만들기도 했다. 이렇게 하더라도 국회의원을 뽑기만 하면 된다고 믿었던 자유당은 어떻게 되었던가? 하루아침에 박살이 나고 모든 권좌에서 백성들은 자유당을 쫓아내고 말았다. 이처럼 나라의 틀이 깨지면 쪽박 속의 물처럼 그 안에 있던 모든 권좌들은 쏟아져 나오고 만다. 나라를 다스리는 자들은 이러한 수모를 당하지 않으려면 틀을 제대로 갖추어야 한다. 정치의 틀을 갉아먹는 짓을 부정이요 부패라고 한다. 이를 공자는 모난 그릇에 모가 없다면 어찌 모난 그릇이냐고 단언했다.

민주 국가란 삼권 분립이 이루어지는 나라다. 말하자면 민주 국가는 세모난 그릇과 같다. 공자의 말을 빌려 말한다면 세모난 고(觚)와 같은 틀을 지닌 나라이다. 자유당은 그 세모를 하나로 갉아 독식을 하려다 모가 없어져 틀이 깨졌고, 대통령은 하와이로 망명을 갔으며 자유당의 무리들은 수없이 쇠고랑을 차기도 했고 여러 명은 제 명에 살아남지 못했다. 그 뒤로도 여전히 나라의 모를 깎는 짓들이 성해서 날마다 화염병이 깨지고 최루탄이 억지 눈물을 흘리게 하는 아우성이 소용돌이를 졌다.

🌱 공자의 말씀

모가 있는 그릇에 모가 없다면 어찌 모가 있는 그릇이라고 하겠는가?
이렇게 공자는 대질러 놓았다.

子曰 觚不觚 觚哉觚哉

(14) 군자가 걷는 길

낯선 사람을 처음 만나서 이야기를 나누다 보면 그 사람이 하고 있는 일이 무엇인지 눈치로 알 수도 있고 짐작으로 잴 수도 있다. 상인은 사고파는 화제를 좋아하고 의사들은 질병을 화제로 삼고 판검사들은 법을 화제로 삼고 기술자는 기술을 화제로 삼기를 좋아한다. 이처럼 직업이 삶의 맛을 내고 색깔을 낸다. 그래서 인간은 제 울타리 안에서 맴돌며 살기 쉽다. 이러한 세상을 원만히 다스릴 수 있는 사람은 두루 볼 줄 알아야 한다. 적어도 치자라면 나무도 보고 수풀도 볼 줄 알아야 할 것이며 사슴을 잡는다고 태산을 잊어서도 안 된다. 그래서 공자는 치자가 되려거든 학문(學文)을 널리 배우라고 했다.

공자는 학문의 종교를 튼 선생이다. 여기서 문(文)이란 글이 아니라 사람이 되어 사는 법을 말한다. 문물제도의 준말이라고 여기면 된다. 그러므로 공자의 학문은 세상을 두루 널리 배우라는 말인 셈이다. 치자는 전문 직업인이 아니다. 정치인이 전문 직업인이 되면 정치는 정상배의 소굴이 되어 버리고 만다. 그러면 백성만 골탕을 먹는다.

국회의원들을 직업별로 선출해 모아 두면 되는 일이 하나도 없을 게다. 각각의 직업에 따라 제 직업의 이익만 챙기다 보면 나라는 콩가루 집안처럼 되고 말 것이다. 고대 희랍의 플라톤은 철인이 나라를 다스려야 한다고 했다. 이런 생각은 공자의 것을 따르고 있는 셈이다. 물론 플라톤이 공자를 알리는 없다. 하지만 사람이 사는 세상은 다 같게 마련이어서 변하지 않는 진리는 어디서나 통하는 법이다. 플라톤이 말한 철인이란 철학자를 말하는 것이 아니다. 플라톤의 철인은 공자가 말하는 군자를 닮은 치자이다.

왜 치자는 예로써 자신을 조여야 하는가? 그는 자기를 위해서 생각하고 행동하는 것이 아니라 남을 위해서 생각하고 행동해야 하는 까닭이다. 정치인이라면서 꾼이 되거나 정상배가 되면 백성의 손에 있는 것을 빼앗거나 훔쳐다 제 뱃속에 넣는 도둑들과 다름없는 치가 되고 만다. 이러한 도둑들의 손아귀에 권력이 쥐어지면 백성의 호주머니는 구멍이 나고 나라의 금고 속에는 먼지만 앉게 된다. 이러한 꼴을 부정부패라고 한다. 부정부패는 치자의 도에 어긋난 것이다. 공자는 이를 특히 두려워했다. 치자가 썩게 되면 독사의 이빨보다 더 험하고 무섭기 때문이다. 정치가 독사처럼 되면 백성은 편안히 살 수 없다. 공자는 이를 알았다. 그래서 공자는 두루 살피고 두루 사랑하며 두루 올바르게 사는 군자를 불렀다. 그러나 군자가 된 치자는 아직 나타나지 않았고 군자의 이름을 팔아 백성을 사는 경우만 빈번하다.

군자는 삶을 널리 배워야 한다. 예로써 자신을 단속해야 다스리는 자로서 어긋나지 않는다. 이렇게 공자는 밝히고 있다.

子曰 君子博學於文 約之以禮 亦可以不畔矣夫

(15) 물그릇에 띄운 버들잎

신라의 명장 김유신은 자신이 아꼈던 말을 죽였다고 한다. 자주 들러서 술을 마시고 기생과 놀았던 집 앞에 데려다 준 일로 그 말은 생목숨을 앗기고 죽임을 당했던 것이다. 죄가 있다면 김유신에게 있었지 말에게는 아무런 허물도 없었다. 술집과 여자를 지나치게 탐했던 것은 말이 아니라 김유신이었다. 이래서는 안 된다고 다짐했던 것 역시 김유신이었지 말이 아니었다. 자신이 과한 짓을 해서 길들여진 말을 죽인 것은 자랑거리가 되지 못한다. 학문(學文)을 닦아 큰 사람이 되겠다는 결심으로 기생집 출입을 삼간다는 김유신의 마음이 과했던 과거의 자신을 말의 목에 칼질을 한다고 현재가 돋보이는 것은 아니다. 잦았던 기생집 출입도 과했고 다시는 출입을 않겠다는 결심도 과했을 뿐이다. 그래서 김유신의 칼은 중용을 어긴 징표이고 잘린 말머리는 중용을 어겨서 생긴 재난이다.

조선왕조의 문을 열었던 이성계가 사냥을 마치고 말을 타고 가다가 목이 말라 마을 우물터에서 말을 멈추었다. 허겁지겁 물을 마시려고 갔을 때 마을 처녀 하나가 물을 긷고 있었다. 마실 물을 청하자 그 처녀는 물그릇에 버들잎 하나를 띄워서 건네주었다. 갈증을 푼 이성계는 왜 물에 버들잎을 띄워 주었느냐고 물었다. 목마르다고 물을 성급히 마시면 목이 메어 체하기 쉽다고 처녀는 말했다. 이성계는 처녀의 마음씨에 정을 주었고 처녀는 남편을 얻게 되었다. 그리고 남편은 왕이 되었고 아내는 왕후가 되었다. 물을 길었던 아녀자가 왕후가 된 것은 그 여자의 마음에 중용이 터를 잡고 있었던 덕이다. 물 사발에 띄운 버들잎은 중용의 징표인 셈이다.

김유신의 칼질은 말의 목숨을 앗았고 처녀가 물그릇에 띄운 버들잎은 이성계의 타는 목을 구했다. 하나는 과해서 칼질을 했고 하나는 넘치지도 않고 처지지도 않아 사랑하는 사람을 구해 주었다. 무엇이든 이처럼 지나치면 탈이 생기고 알맞으면 복이 심어지는 법이다. 그래서 공자께서는 중용은 덕이라고 밝힌 것이다. 덕이란 무엇인가? 목숨에 두루 통해 살게 하는 것이 덕이 아닌가. 그래서 율곡도 덕이란 쌀밥이요, 고깃국이라고 말했던 모양이다.

그러나 사람이 사는 세상에는 쌀밥이나 고깃국을 빼앗아 가서 엎질러 버리는 일들이 무시로 자행된다. 언제쯤에나 인간의 세상에서 별의별 싸움질이 없어질까? 가망이 없다는 생각을 버릴 수 없다. 인간이 중용을 잊은 지 오래되었다고 공자께서 탄식한 것은 싸움만 잦아지는 꼴을 보고 남긴 말씀인 것이 분명하다. 음식도 너무 짜면 먹을 수 없고 너무 싱거워도 먹을 수 없는 법이다. 간이 맞아야 입맛이 난다. 중용이란 무엇일까? 삶이란 요리에 간을 맞추어 살맛을 내주는 양념으로 여겨도 된다.

🌿 공자의 말씀

중용은 곧 덕이다. 그것은 말할 수 없이 지극하다. 그러나 사람들이 그것을 소홀히 한 지 너무 오래다. 이렇게 공자는 탄식했다.

子曰 中庸之爲德也 其至矣乎 民鮮久矣

3. 문답의 담론

(1) 너는 임금이다

콩을 심으면 콩이 나고 팥을 심으면 팥이 난다는 것은 분명한 사실이다. 사람은 사람을 낳고 소는 소를 낳고 참새는 참새알을 낳는다. 이 또한 분명하다. 그러나 임금이 임금을 낳는 것은 아니다. 물론 임금의 아들은 임금이 되는 시대도 있었다. 임금의 재목이 아닌 자가 임금의 자리에 있으면 그 나라는 망하는 길을 걷게 마련이다. 기둥은 기둥감으로 세우고 서까래는 서까래감으로 걸치고 대들보는 대들보감으로 얹어서 집을 지어야 무너지지 않는 법이다. 이처럼 수많은 사람 중에서 무슨 일을 맡아 할 것인가는 그 인간의 됨됨이에 달려 있다.

공자는 사람의 됨됨이에 따라 사람을 보고 말한다. 사람의 됨됨이는 속이거나 감출 수 없다. 생각으로 드러나고 행동으로 드러나는 까닭이다. 그러니 더하지도 않고 덜하지도 않으면서 공자는 그 사람에 걸맞는 말을 해 준다.

옹이 공자에게 인간의 됨됨이에 관해 물었던 모양이다. 그러자 공자는 당신의 딸을 맡기기로 작정한 옹이 그렇게 물었을 때 장인으로서 사윗감을 말한 것이 아니라 선생으로서 옹의 인간됨을 솔직히 말해 준다. 이처럼 공자는 사람이 되는 법을 구체적으로 가르치려고 할 뿐 이론 따위를 들어 어리둥절하게 하지 않는다. 공자는 옹의 삶 속에서 옹의 인간됨을 발견해 말해 줄 뿐이다.

자네는 왕이 될 만하다. 공자로부터 이런 말을 들은 옹은 전혀 기쁜 내색을 하지 않는다. 왜 선생께서 그런 생각을 갖게 되었느냐고도 더 묻지 않는다. 옹은 왕자가 아니다. 그럼에도 왕이 될 만하다고 공자가 밝힌 것으로 보아 옹의 사람 됨됨이는 크고 넓고 깊었던 모양이다. 칭찬을 받고 자만하지 않는 사람은 사람들로부터 칭송 받기를 원하거나 행동하지 않으며 공적을 꾸미거나 탐하지도 않는다. 공을 세우려고 발버둥치는 사람은 실제로는 됨됨이가 종지 크기밖에 안 되지만 겉으로는 물동이만큼 크다고 허세를 부린다. 이런 사람들이 옹을 살피면 부끄럽게 된다. 본래 새알이 거위알을 탐하고 흉내를 내면 깨지거나 터지게 마련이다. 옹은 제 분수를 아는 자이므로 공자는 남김없이 칭찬해 준 것이다.

옹은 선생의 속뜻을 안다. 그래서 무슨무슨 군왕의 이름을 열거하지 않고 오히려 임금과는 상관조차 없는 자상백자(子桑伯子)를 묻는다. 그러자 공자는 이렇게 응답한다. "좋지. 그 사람은 소탈하고 걸림이 없다."

아마도 자상백자는 숨어사는 현자일지도 모른다. 공자는 은둔자를 별로 치지 않는다.

남을 사랑하는 데 인색하고 세상의 아픔을 물 건너 불 보듯이 하는 사람들을 공자는 무정한 사람들로 여겼다. 옹이 이를 모를 리가 있을 것인가. 그래서 다음처럼 옹이 말을 건다. "마음은 공경스럽고 행동은 숨김없으며 백성들과 어울리면 좋지 않을까 싶습니다. 마음도 소탈하고 행동마저 소탈하다면 백성을 맞이하는 데 거칠지 않겠습니까?"

그러자 공자는 옹의 말이 옳다고 맞장구를 친다. 참으로 옹이 임금이 된다면 세상은 얼마나 좋을까? 그러나 옹은 누명을 쓰고 감옥살이를 해야 했다. 옛날 세상이나 지금 세상이나 무엇이 다른가.

옹, 자네는 임금으로서 남면을 향할 수 있다. 이렇게 공자가 말했다. 그러자 옹은 자상백자는 어떠냐고 물었다. 그는 소탈하고 대범해서 좋다. 이렇게 공자가 대답해 주었다. 마음을 공경스럽게 갖고 간명한 태도로 백성에 임하면 옳지 않겠습니까? 마음도 소탈하고 행동도 소탈하면 지나치게 거칠지 않겠습니까? 옹이 이렇게 토를 달자 공자는 그렇다고 응해 주었다.

子曰 雍也 可使南面 仲弓曰 居敬而行簡 以臨其民 不亦可乎 居簡而行簡 無乃大簡乎 子曰 雍之言然

(2) 수제자를 잃은 슬픔

아까운 사람은 일찍 죽고 애물들은 오래 산다. 이런 속담으로 보아 쓸 만한 인재들은 요절하는 경우가 많은 모양이다. 하긴 서양에서도 신이 사랑하는 사람은 일찍 죽는다는 속담을 나눈다.

아무리 생각해도 죽음은 남은 사람들에게 슬픔과 고통을 남겨 준다. 그러한 죽음을 남긴 사람은 많은 사람의 가슴에 기억을 남기고 떠난 사람들이다. 천지는 하나의 주막이요, 인간은 잠시 머물다 가는 길손에 불과하다고 하지만 아까운 사람의 요절은 창자를 끊어 내는 슬픔을 산사람들에게 남긴다. 빈손으로 왔다 빈손으로 간다고 하지만 죽음은 여전히 슬프고, 탄생은 죽음에서 왔다가 다시 되돌아간다고 말하지만 역시 아까운 죽음은 슬프다. 공자도 그러한 슬픔을 감추지 않았던 모양이다. 이 얼마나 인간적인 모습인가.

가장 인간다운 것을 사랑했던 공자에게는 삼천 명에 이르는 제자가 있었다. 그중에서 공자가 가장 믿고 아꼈던 제자는 안회(顔回)였다.

노 나라의 임금과 이야기를 나누는 자리에서 요절한 안회를 아까워하는 공자의 모습을 대하면 누구나 숙연해지고 뉘우치는 묘한 기분을 맛보게 된다.

노 나라의 임금이었던 애공(哀公)이 공자에게 제자들 중에서 누가 배우기를 가장 좋아하느냐고 물었다. 그러자 공자는 서슴없이 안회라고 대답했다. 언제나 공자는 학문(學文)을 좋아하라고 타이르고 강조한다. 배우고 다시 배워 익혀라. 그러면 즐겁지 않느냐.《논어》의 첫머리는 이렇게 시작된다. 여기서 우리는 공자가 무엇을 배우라고 하는가를 헤아릴 필요가 있다. 왜냐하면 지금 우리는 공자의 학문(學文)이 아닌 학문(學問)에 정신을 팔고 있기 때문이다.

공자의 학문(學文)은 사람이 되는 법을 배우라는 말이다. 학문(學問)은 지식을 습득해 능력을 높일 수 있게 배우라고 한다. 무엇을 얼마나 아느냐는 별로 중요하지 않다. 먼저 사람이 되어야 한다. 사랑할 줄 알아야 하고 올바르게 할 줄 알아야 한다. 이것이 공자가 밝힌 학문(學文)의 길이다. 그러나 지금 우리는 이러한 길을 벗어난 지 이미 오래다.

초등학교 학생이 유서를 남기고 자살한 일이 있었다. 그 유서의 내용은 다음과 같았다. "성적이 나빠서 부모님께 미안합니다." 일류 대학에 입학시키려고 엄청난 과외비를 투자해서 토끼몰이 식으로 공부를 했던 학생들이 긴장을 못 이겨 발광을 한다. 어떻게 발광하는가? 본드를 흡입하거나 디스코텍을 몰래 찾고 심하면 정신병원의 병동에 갇히고 만다.

본래 지식이란 경쟁의 무기이다. 그러한 무기로 인생을 갈무리하려고 하면 할수록 인생은 거칠고 잔인하고 살벌해질 뿐이다. 왜 사람은 거칠고 잔인하고 방탕하며 스스로 소모하고 자해하는가? 삶을 사랑할 줄 모르고 올바름이 무엇인가를 잊어버린 까닭이다. 그래서 공자는 이를 알고 지식을 배우기 전에 사는 법을 배워 사람이 되라고 했던 셈이다. 군자란 누구인가? 사랑함과 올바름을 실천하는 화신이다. 우수한 두뇌보다 훈훈한 인간이 더 중한 것을 우리는 아직 모른다. 안회가 죽은 뒤 배우기를 좋아하는 사람이 누구인지 알 길이 없다고 한탄하는 공자를 만나면 우리 모두는 부끄러워진다.

🫖 애공과의 담론

제자들 중에서 누가 가장 배우기를 좋아하느냐고 애공이 물었다. 안회라는 제자가 배우기를 가장 좋아했습니다. 안회는 노여움을 옮길 줄도 몰랐고 과실을 두 번 거듭하는 일도 없었습니다. 그러나 애석하게도 그 제자는 일찍 죽어서 지금은 없습니다. 그 뒤로는 배우기를 좋아하는 사람이 누구인가를 알 길이 없습니다.

哀公問 弟子孰爲好學 孔子對曰 有顔回者好學 不遷怒 不貳過 不幸短命死矣 今也則亡 未聞好學者也

(3) 호주머니를 터는 사람들

도둑이 성낸다는 속담이 있다. 세상에 도둑질하는 치들이 너무나 많다는 것을 이 속담은 말하고 있다. 밤중에 남의 집 담을 타고 넘어가 돈을 훔치고 보석을 훔치는 자는 도둑인가? 그런 자는 도둑이다. 지하철이나 버스에서 남의 호주머니를 째고 지갑을 빼가는 소매치기는 도둑인가? 그런 자도 도둑이다. 그러나 강도나 소매치기만 도둑이 아니다. 왜냐하면 훔치는 짓을 하는 사람은 모두 도둑이기 때문이다.

도둑질하는 데도 큰손이 있고 작은 손이 있다. 담을 넘는 강도나 지갑을 빼가는 소매치기는 작은 도둑에 불과하다. 작은 도둑은 개인의 재물을 훔치지만 큰 도둑은 나라의 재물을 훔친다. 그래서 큰 도둑이 많으면 백성은 날마다 도둑질을 당해 도탄에 빠지고 나라마저 넘어가고 만다. 큰 도둑은 누구인가? 세금을 떼어먹는 자이고 세금을 잘라먹는 자이다. 이러한 치들을 부정부패의 도둑이라고 한다.

큰 도둑이나 작은 도둑은 모두 동정할 여지가 없다. 그러나 좀도둑은 동정할 여지가 있다. 가난이 도둑을 만드는 경우에 해당되는 것이 좀도둑인 까닭이다. 배가 고파서 남의 집 밥을 훔쳐먹는 좀도둑은 가련하고 불쌍하다. 하지만 좀도둑질도 버릇이 되면 동정 받을 여지가 없다. 한 번 범한 과실은 용서받아도 버릇이 된 과실은 벌을 받아야 한다.

세금은 백성들이 낸 나라의 돈이거나 백성을 위해서 쓰려고 나라가 받아들이는 돈이다. 백 원의 세금을 내지 않으려고 십 원의 뇌물을 쓴 자는 도둑질을 두 갈래로 한다. 구십 원은 자신이 도둑질을 했고 나머지 십 원으로는 남을 도둑놈이 되게 하는 까닭이다. 이처럼 부정부패의 도둑은 도둑질을 주고받아야 가능해진다. 그래서 큰 도둑은 다른 큰 도둑을 만나야 훔치는 짓거리가 일어난다. 이러한 짓거리는 많이 가지면 가질수록 더 많이 가지려는 욕심에서 비롯된다. 이러한 도둑질이 가장 올바르지 못한 것이다. 부자는 더욱 부자가 되고 가난뱅이는 더욱 가난해지는 불의를 공자는 가장 큰 도둑으로 보았던 모양인지 재물을 올바르게 써야 한다고 가르친다.

재물은 모자라면 모자라는 만큼만 주어지면 된다. 넘치게 주어지면 안 된다. 이것이 재물을 운용하는 올바름(義)에 속한다. 줄 것이 있으면 덜 주지도 말고 더 주지도 말라고 공자가 제자에게 타이르는 모습을 보면 덜 주는 것도 재물의 불의이고 더 주는 것도 재물의 불의이다. 이처럼 재물을 나누어주는 데에도 올바름과 그릇됨이 있는 것이다. 하물며 남의 것을 훔치는 짓이야 더할 나위 없는 재물의 불의이다. 공자께서는 이름이 도천(盜泉)이어서 목마름에도 그 우물의 물을 마시지 않았다는 이야기가 전해 온다. 재물의 불의에 대해 이처럼 공자는 엄격했다.

🫖 염자와의 담론

공자의 제자인 자화가 제 나라에 사신으로 가게 되었다. 그래서 공자의 제자인 염자가 자화의 모친에게 곡식을 주기를 청했다. 공자께서 열 말 넉 되를 주라고 하자 좀더 주자고 염구가 청했다. 열여섯 말을 주라고 하자 염구는 여든 섬을 주었다. 그러자 공자께서는 다음처럼 말했다. 적은 제 나라로 갈 때 살찐 말을 탔고 비싼 가죽옷을 입어 호사스러웠다. 내 알기에 군자라면 남이 다급할 때는 도와주지만 풍족할 때는 더 늘려주지 않는다고 하더라.

子華使於齊 冉子爲其母請粟 子曰 與之釜 請益 曰 與之庾 冉子與之粟五秉 子曰 亦之適齊也 乘肥馬 衣輕裘 吾聞之也 君子周急不繼富

(4) 사람을 쓴다고 하지 마라

호랑이 새끼를 키우려면 키워서 놓아주라는 말이 있다. 어린것을 키웠다고 목을 매어 붙들어 두면 다 큰 호랑이는 화가 나서 주인을 물게 되는 법이다. 베풀었으면 그만이지 공치사를 말 것이다. 사람과 사람이 무슨 일을 할 때는 위아래가 있게 마련이다. 윗사람이 아랫사람을 부린다고 여기면 호랑이에게 물리게 되고 써먹는다고 여기면 발목을 잡힌다.

김영삼 전직 대통령은 야당 총재 시절 아침마다 달리기로 건강을 확인한다고 공언했다. 바쁠 텐데 왜 그렇게 열심히 운동을 하느냐고 기자가 묻자 그는 이렇게 대답했다. "두뇌는 빌려도 건강은 빌릴 수 없다." 공자께서 이 말을 들었더라면 걱정을 했을 것이다. 왜냐하면 사람을 빌려야지 머리를 빌리면 탈이 나는 경우가 많기 때문이다.

　머리가 잘 돌아간다고 사람이 되는 것은 아니다. 약삭빠르고 영악한 머리는 듬직하지 못하기 쉽다. 간신은 머리가 빼어나고 충신은 우직한 데가 있었다고 역사의 기록도 말해 주지 않는가. 머리를 빌려 쓰면 빚쟁이가 되고 만다. 그러나 사람을 빌려 쓰면 고맙다는 말을 듣는다. 그러니 김영삼 전직 대통령은 이렇게 말했으면 좋았을 것이다. "아까운 사람은 찾아 쓸 수 있어도 건강은 빌릴 수 없다."

　노 나라의 대부(大夫)였던 계강자가 공자의 제자들을 치자로 쓸 수 있느냐고 물었을 때 공자는 제자들을 당당하고 거침없이 천거했다. 사람 됨됨이를 밝혀서 공자는 제자를 천거했다.

　사람 됨됨이는 여러 갈래의 모습을 지닌다. 그래서 자리에 맞는 사람을 찾아 써야 하는 일이 제대로 되는 법이다. 머리가 좋아 무엇을 많이 안다고 일이 되는 것도 아니고 머리가 좋아 판단력이 앞선다고 일이 제대로 되는 것도 아니다. 먼저 사람이 되어 있어야 맡은 바 일을 제대로 할 수 있다. 치자는 먼저 백성들이 근지러워하는 곳을 찾을 수 있는 마음을 간직해야 하기 때문이다. 사람을 찾아 일을 하게 하려면 그 사람의 심성을 앞세운 다음 그 능력을 활용할 것이며 사람을 써 주었다고 공치사는 말아야 한다. 인재나 인물로 등용된 사람은 충신이 되는 수도 있고 간신이 되는 수도 있으며 역신(逆臣)이 되는 수도 있다. 쓴 사람이 간신이 되면 발목을 잡고 역신이 되면 호랑이처럼 덜미를 물어 버린다. 이것이 사람을 잘못 써서 당하는 뒤탈이다. 그러니 사람을 쓰려면 먼저 사람을 볼 줄 알아야 한다. 두뇌만 믿다 보면 허망한 꼴을 당하기 쉽다.

🫖 계강자와의 담론

중유를 정치에 몸담게 해도 되겠느냐고 계강자가 공자에게 물었다. 유는 과단하니 정치를 하게 해도 걱정할 것이 없다고 공자께서 대답했다. 사〔자공〕를 정치에 종사시킬 수 있느냐고 물었다. 사는 통달했으니 정치를 하게 해도 걱정할 것이 없다고 공자께서 말했다. 구〔염구〕를 정치에 종사하게 해도 되느냐고 또다시 물었다. 구는 재간이 많으니 정치에 종사하게 해도 걱정이 없다고 공자께서 말했다.

季康子問 仲由可使從政也與 子曰 由也果 於從政何有 曰 賜也可使從政也與 曰 賜也達 於從政何有 曰 求也可使從政也 曰 求也藝 於從政何有

(5) 벼슬을 버리는 사람

벼슬을 탐하는 사람은 언제 어디에나 많아도 그것을 버리는 사람은 참으로 드물다. 그래서 벼슬을 버린 사람을 역사는 눈여겨보게 마련이다. 세상이 더러우면 임금이 주는 벼슬을 받아 세상을 맑게 씻어 주면 될 것이 아니냐고 말하지 마라. 백성이 더러워 세상이 더러워지는 법은 없다. 궁궐이 더러워 세상이 그렇게 될 뿐이다. 어디 산천의 들꽃처럼 맑은 궁궐이 있었던가. 그래서 벼슬을 버리는 사람들은 궁궐이 무서워 피하는 것이 아니라 더러워 피하는 것이다.

공자께서도 벼슬을 한 적이 있었지만 당신의 뜻을 펼 수가 없을 때는 헌신짝처럼 벼슬을 버렸다. 벼슬이란 사람이 되는 법을 어기기 쉬운 곳임을 공자보다 더 잘 아는 분이 어디 있단 말인가. 그래서 공자는 더러운 임금의 자리를 깨끗이 씻어 주려고 평생 동안 폭군들을 찾아가 성군이 되라고 입에 쓴 말을 멈추지 않으면서 벼슬을 버렸다.

중국 남방의 시인 굴원(屈原)이 말했던가? 창랑의 물이 맑으면 갓끈을 씻고 창랑의 물이 탁하면 발을 씻는다고. 아마도 공자는 발을 씻는 심정으로 더러운 궁궐 속의 폭군들에게 성군이 되라고 했을 것이다. 이러한 선생의 제자인 민자건이 어찌 세도를 뒤흔드는 더러운 권문(權門)의 일꾼이 되어 한 고을을 맡아 하수인 노릇을 할 것인가. 차라리 강에 빠져 죽기를 택하겠다는 민자건이여, 어느 날에나 권문의 강물이 맑아질 것인가. 덕행이 빼어나 공자의 사랑을 받은 민자건이여, 그대는 공자를 기쁘게 하였고 세상의 백성을 기쁘게 한 셈이다.

🫖 민자건과의 담론

노 나라에서 권세를 부렸던 계씨가 민자건에게 비라는 고을의 원님을 맡아 달라고 했다. 이 말을 들은 민자건은 이렇게 말했다. 제발 나를 위해 거두어 주십시오. 만약 또다시 나를 부른다면 나는 반드시 문수강 위에 있게 될 것입니다.

季氏使閔子騫爲費宰 閔子騫曰 善爲我辭焉 如有復我者 則吾必在汶上矣

(6) 왜 도를 무서워하는가

공자가 밝히는 도는 노자의 것처럼 인생과 멀리 떨어진 것이 아니다. 노자의 도는 이미 놓여 있는 길이고 공자의 도는 사람이 끊임없이 닦아서 터야 하는 길이다. 즉 공자의 도는 인간이 닦아야 트이는 길이다. 남이 나에게 닦아 주는 길이 아니라 나 자신이 스스로 길을 내야 한다. 공자는 그 길을 인의라고 밝혔다.

수기(修己)는 인의를 트는 마음의 삽질 같다고 여겨도 된다. 극기(克己)는 인의를 맺는 괭이질 같다고 여겨도 된다. 나를 대신해서 누가 그 삽질을 하고 괭이질을 해서 인의라는 길을 터줄 것인가? 아무도 없다는 것이다. 내 스스로 길을 닦아 그 길로 걸어가라는 것이 공자가 가르치는 학문(學文)인 셈이다.

학문이란 사람이 되는 법을 배우는 일이므로 고행일 수밖에 없다. 산다는 것은 편한 일이 아니다. 참새도 먹이를 찾아 두 치의 발을 쉴 새 없이 놀려야 하고 하루살이도 먹이를 찾아 거미줄이 있어도 날갯짓을 해야 한다. 이처럼 인생만 고단한 것이 아니다.

움츠리지 말라고 제자에게 당부하는 공자의 모습은 너그러운 아버지처럼 보인다. 아버지 같은 선생일 때도 있고 어머니 같은 선생일 때도 보이면서 공자는 사람이 가야 할 길을 쉬지 말고 걸어가라고 당부한다. 명하지 않고 부탁하는 선생은 항상 너그럽게 용서한다. 공자께서 제자인 염구가 선생님의 도를 계속 닦기에 힘이 모자란다고 고백을 했을 때 공자는 제자를 나무라지 않고 움츠리지 말라고 하며 용기를 주었다. 누가 인생을 보증하는가? 네 스스로 보증해야 한다고 공자는 우리에게 가르치고 있는 중이다. 공자는 성인이지만 당신이 우리를 대신해서 우리를 구하겠다고 말하지 않는다. 다만 스스로를 닦고[修己] 스스로를 이겨내라[克己]. 이렇게 공자는 인의의 길을 걷게 동행해 줄 뿐이다.

🫖 염구와의 담론

선생님의 도를 기뻐하지 않는 것은 아닙니다. 다만 힘이 모자랄 뿐입니다. 이렇게 염구가 고하자 공자는 이렇게 타일러 주었다. 힘이 모자라는 사람은 일을 하는 중도에 그만두지만 지금 자네는 스스로 선을 그어 놓고 무서워할 뿐이지.

冉求曰 非不說子之道 力不足也 子曰 力不足者 中道而廢 今女畫

(7) 사람을 얻는 일

마음을 서로 주고받을 수 있는 사람을 얻기란 어려운 일이다. 모래 톱에서 사금을 캐는 것이 어렵다지만 앉을 자리에 딱 들어맞는 사람을 얻기는 더더욱 어렵다. 자기를 위해 일할 사람은 많아도 남을 위해 일할 사람은 아주 드문 까닭이다. 남을 위해 제대로 일을 하는 사람이 곧 인의를 실천하는 사람이고 그런 사람이 곧 군자의 길을 걷는 사람이다. 군자는 옛날의 성인이 아니다. 항상 현재인이며 시대마다 등대지기와 같은 일꾼으로 여기면 된다. 그러므로 공자가 말하는 군자는 초인이 아니다. 백성 속에서 백성과 호흡을 같이하며 봉사하는 사람이면 그 사람이 곧 군자인 셈이다. 그래서 공자는 치자라면 군자여야 한다고 밝힌 것이다.

세상의 모든 일은 사람에 달려 있다. 사람이 좋으면 일들은 좋은 방향을 잡아가고 사람이 그릇되면 어긋난 방향을 향해서 일마다 뒤틀리게 마련이다. 성군 밑에는 충신도 없고 간신도 없다. 성군은 권세를 믿지 않고 일을 맡긴 사람을 믿는 까닭이다. 그러나 폭군은 사람을 의심하고 권세를 믿는다. 그래서 폭군 밑에는 사람들이 간신과 충신으로 나누어진다. 간신은 부귀영화를 누리고 충신은 형틀에서 사라지거나 옥살이를 하거나 아니면 추방을 당하게 된다. 폭군은 간신의 말을 듣고 충신의 말을 물리치는 까닭이다. 그러나 성군은 백성의 마음을 얻고 폭군은 백성의 마음에서 떠나 버린다. 이것이 다스림의 결과이다. 이를 헤아려서 공자는 백성은 비천하다 할지라도 임금의 속을 들여다보는 데는 귀신같다고 말한다.

다스리는 사람이라면 백성으로부터 따돌림을 당하는 결과를 바라는가, 아니면 백성들이 원하는 결과를 바라는가? 이것은 다스리는 자가 사람들을 어떻게 얻어 알맞게 쓰느냐에 달려 있는 것이다. 그래서 공자는 당신의 제자가 한 고을을 다스리는 자리에 앉게 되었을 때 좋은 사람을 구했느냐고 물었던 것이다.

좋은 사람이란 어떤 사람인가? 지름길을 찾아 꾀를 부리지 않고 윗사람의 비위나 맞추려 들지 않고 할 일을 찾아서 하는 사람이다. 이렇게 좋은 사람들이 많으면 정치는 정치(正治)가 되고 적으면 정치(征治)로 되어 버린다. 정치(正治)란 무엇인가? 백성의 뜻에 따라 세상을 다스리는 것을 말한다. 그러면 정치(征治)란 무엇인가? 백성의 뜻을 어기고 세상을 다스리는 것이다. 자유당의 이승만 대통령이나 공화당의 박정희 대통령은 모두 정치(征治)를 하다가 끝을 망치고 말았다. 두 사람이 공자의 제자인 자유(子游)의 덕을 갖추었더라면 좋은 사람들을 얻었을 것이 아닌가. 항상 어디에나 좋은 사람은 있게 마련이다. 다만 찾아내는 마음의 눈이 맑아야 한다.

🫖 자유와의 담론

자유가 무성이란 고을의 원님으로 가게 되었다. 그때 공자는 자유에게 좋은 사람을 얻었느냐고 물었다. 선생의 물음에 자유는 다음처럼 아뢰었다. 담대멸명이란 사람이 있습니다. 그 자는 좁은 지름길을 가지 않고 공무가 아니면 제 방에 오지 않습니다.

子游爲武城宰 子曰 女得人焉爾乎 曰 有澹臺滅明者 行不由徑 非公事 未嘗至於偃之室也

(8) 도둑질의 잔치

과거 자본주의 사회로 탈바꿈되면서 산업 사회로, 그리고 지금의 정보화 시대에 이르면서 아는 것이 곧 힘이란 신념이 선한 것으로 등장했다. 지금은 한 걸음 더 나아가 정보 사회로 조직되면서 정보에 앞서면 이겨서 살아남고 뒤지면 지게 되어 살아남지 못한다는 조바심이 그러한 힘을 더욱 부추기고 있다. 산업 사회에서는 돈이 귀신처럼 되어 있고 정보 사회에서는 비밀이 귀신처럼 되어 있다. 돈이란 귀신은 뇌물로 도둑질 당할 수 있고 비밀이란 귀신은 목숨을 걸어야 훔쳐진다. 뇌물이 삶은 감자인 것을 안다면 귀신을 공경하되 멀리하라는 공자의 말씀을 새겨둘 일이고 비밀이란 고슴도치의 등줄기란 것을 알면 공자의 말씀 또한 새겨들을 것이 아닌가.

정보란 무엇인가? 나만 알고 남이 모르게 감추는 것이고 남이 감추고 있는 것은 내가 알아야 된다는 것이다. 내 것은 감추고 숨기면서 남의 것은 찾아 낚아채야 한다는 정보의 심리는 가장 고도화된 도심(盜心)인 것이다. 서로 정보를 교환하자는 것은 도둑질의 잔치나 같다. 그래서 사회는 알게 모르게 스파이들의 집단이 되어 가고 있다. 아무도 스파이를 도둑이라고 부르지 않는다. 그러나 가장 지능적인 도둑이 스파이가 아닌가. 공자는 이러한 지능을 앎이라고 보지 않았다. 공자는 나를 강하게 하려고 남을 약하게 하는 것은 올바르지 못하다고 여긴다. 아무리 많이 알아도 올바르지 못하면 아는 것이 아니다. 공자는 우리 모두를 다 같이 잘살게 하는 데 쓰이는 앎을 기뻐하였다. 앎이 올바르기 때문이다.

도둑질의 잔칫상 위에는 뇌물이란 것이 밥상 위의 밥처럼 등장한다. 뇌물은 반드시 주는 도둑과 받는 도둑이 있어야 성립된다. 뇌물을 주고발는 짓은 절묘해야 한다. 드러나기만 하면 법이 걸고 나오기 때문이다. 법을 피해서 한밤중의 생쥐처럼 법망을 빠져나가야 한다. 뇌물은 해서는 안 되는 일만 골라 하게 만든다. 그래서 뇌물은 도둑질의 미끼인 셈이다. 예부터 보리밥 밥풀로 잉어를 낚으려 한다는 속담이 있다. 낚시에 미끼를 끼워 주는 놈은 뇌물을 건네는 놈이고 낚시를 던지는 놈은 뇌물을 챙기는 놈이다. 이 두 놈이 작당을 해서 잉어를 낚으려는 것이다. 여기서 잉어는 무엇인가? 세금을 내는 백성으로 생각해도 틀릴 것은 없다. 뇌물 공세를 펴는 데도 고도의 지능을 요구한다. 공자는 이러한 지능도 아는 것이 아니라고 할 것이다. 남의 등골을 말리는 짓을 아무리 잘해도 그것은 올바름을 짓밟는 도둑질이기 때문이다. 불의란 무엇인가? 진실을 도둑질하는 것이며 선을 도둑질해 악이 되게 하는 것이다. 공자는 불의라면 무엇이든 반대한다.

과거 한낮에 도끼며 칼이며 몽둥이를 든 청년 패거리들이 오류동 거리에서 난장판을 벌인 일이 있었다. 사형수들만 골라서 서해의 외딴섬에 모아 놓고 특수 임무를 수행하는 훈련을 받았던 패거리들이 섬을 탈출해 나와 난동을 부린 것이다. 그 사형수들은 왜 사형대가 있는 감옥에서 나와 외딴 섬에 있게 되었을까? 특수 임무를 완수하고 살아오면 목숨을 건져 주고 다시 사회인으로 살 수 있게 해 준다는 약속을 한 다음 그 패거리들을 섬으로 이송시켰을 것이다. 법이 사형이라고 결단을 낸 치들을 그렇게 하는 것은 법이 법을 어기는 꼴이 되어 버린다. 그 결과가 영등포 오류동 네거리에서 사형수들의 패거리 난동을 불러오게 한 것이 아닌가. 이것은 불인의 한 극치이다.

법이란 무엇인가? 바로 나라인 것이다. 법이 나라이기 때문에 백성이 그 법을 지키는 것이지 어느 한 집단의 것이면 왜 백성이 법을 지킬 것인가. 특수 임무를 완수하면 사형 언도를 받았던 일을 없던 일로 해 준다고 해서 어진 짓이라고 볼 수가 없다. 목숨을 건져 주는 것만큼 어진 것은 없다. 그러나 법이 버린 목숨을 무슨 조건을 내걸어 면해 주는 것은 법을 두 번 어기는 꼴이 되고 만다. 악법도 법이라면 지켜야 한다는 서양의 한 성인의 말은 바로 공자의 어진 행위와 통한다.

지금 우리는 공자의 제자 번지처럼 공자께 인이 무엇이며 의가 무엇인가를 물어야 한다. 우리들은 말로는 알고 있으면서도 행동으로는 인의를 잊어버리고 있는 까닭이다. 번지는 공자께 인이 무엇이냐고 세 번이나 물었다. 첫 물음에서는 인이란 사람을 사랑하는 것(愛人)이라고 대답했고, 두 번째 물음에서는 어려움은 앞서서 맡고 얻는 것은 맨 뒤에 하는 것이 인이라고 하였다. 세 번째 물음에서는 공경하는 마음으로 살고 공경하는 마음으로 일을 하고 사람을 믿음으로 사귀는 것이 인이라고 타일렀다. 이러한 공자의 말씀을 우리가 외면해도 되는가? 아니다. 아무리 첨단 과학이 인간의 삶을 변화시킨다 하더라도 인간의 근본은 변할 수 없기 때문이다. 그 근본이란 무엇인가? 인간이 서로를 사랑하는 것(愛人)이 바로 근본이다.

공자께서 제자인 번지와 나눈 대화를 듣다 보면 불인이 어떤 것이며 불의가 어떤 것인지 짐작할 수 있게 된다. 불의란 무엇인가? 올바름을 어기는 것이다. 진실을 도둑질하고 선을 도둑질하면 가장 큰 불의이다. 불인이란 무엇인가? 사랑함을 어기는 것이다. 사랑함을 훔쳐서 미움으로 만들면 그것이 불인이다. 이러한 가르침을 공자와 번지가 나눈 문답이 감추고 있는 것으로 보아도 된다.

🫖 번지와의 담론

앎이 무엇이냐고 번지가 물었다. 그러자 공자께서는 다음처럼 말해 주었다. 백성이 올바름을 지키게 하는 것이며 귀신을 공경하면서도 멀리하는 것이다. 다시 번지가 인은 무엇이냐고 물었다. 이에 공자는 이렇게 밝혀 주었다. 어진 사람은 어려움은 남보다 먼저 하고 보답은 남보다 뒤에 처져서 받는다. 그러면 참으로 어진 이가 될 수 있다.

樊遲問知 子曰 務民之義 敬鬼神而遠之 可謂知矣 問仁 曰 仁者先難而後 獲 可謂仁矣

(9) 인자는 속지 않고 속아 준다

지금은 어린아이가 오줌싸개 짓을 하면 약으로 다스리지만 옛날에 는 키를 씌워서 옆집에 가서 소금을 얻어 오라고 시켰다. 그러면 옆집 에서는 눈치를 채고 그 아이에게 겁을 주어 키 위를 부지깽이로 두드 려서 돌려보낸다. 그러면 아이는 오줌을 질금거릴 만큼 놀라서 집으 로 돌아와 영문도 모르고 울음을 터뜨린다. 그것을 보고 부엌의 어멈 은 빙그레 웃고 사랑채의 할아버지는 손자를 가여워한다. 오줌싸개의 어멈이 속임수를 쓴 마음도 인이요, 할아버지가 안쓰러워하는 마음 또한 인이다. 어멈이나 할아버지나 모두 아이를 사랑하기 때문이다. 하지만 어멈에게는 아이에게 속임수를 써서 시아버지께 알리려는 속 셈이 있는 것이다. 감히 며느리가 시아버지께 손자가 밤마다 오줌싸 개 짓을 한다는 말을 입에 담아 이를 수 없는 까닭에서이다. 키를 이 고 가는 손자를 보면 할아버지는 그 사실을 알고 낮에 의원을 찾아가 야뇨증에 먹이는 약을 지어 오는 것이다. 약을 지어 오는 할아버지의 발걸음도 인이요, 약을 받아 달이는 어멈의 손길 또한 인이다. 오줌싸 개는 이러한 심정도 모르고 자란다. 그리고 자라면 그것이 바로 어머 니와 할아버지가 나눈 인의 행위임을 알게 된다. 만일 피붙이에게 뿐 만 아니라 모든 사람을 향해서 인을 베풀면 군자가 될 것이다. 서양의 니체도 사랑하는 방법을 가르쳐 줄 초인을 찾는다고 했다. 니체여, 바로 공자를 모시면 될 일이다.

군자라고 해서 사랑하는 마음을 탕진하지는 않는다. 언제나 사랑하는 마음을 쏟아야 할 것인가를 헤아리고 사랑하는 행위를 한다. 무작정 하지 않는다. 그래서 사랑할 줄 아는 사람은 속지 않고 속아 줄 뿐 올바르게 헤아려서 할 일을 한다. 소인의 등잔 밑은 어둡지만 군자의 등잔 밑은 어둡지가 않음을 공자는 제자인 아재에게 밝혀 주어 인자는 놀림감이 될 수 없음을 알려 준다.

🫖 재아와의 담론

만일 사람이 우물에 빠지지 않았는데도 빠졌다고 거짓으로 알려도 인자라면 달려가 우물로 들어가야 하느냐고 재아가 공자께 물었다. 어찌 그렇게 하겠느냐. 군자는 가기는 할테지만 속임수에 빠지지는 않는다. 한순간 속는다 할지라도 곧 사리를 따져 어둡지 않을 것이다. 이렇게 공자께서 말했다.

宰我問曰 仁者 雖告之曰 井有人焉 其從之也 子曰 何爲其然也 君子可逝也 不可陷也 可斯也 不可罔也

(10)미색을 만나고 야단 맞는 공자

위 나라의 임금이었던 위령공(衛靈公)은 인의를 멀리하면서 세상을 다스렸다. 그럼에도 위 나라가 망하지 않았던 것은 구변이 좋았던 신하와 병사를 잘 운용했던 신하와 외교를 잘했던 신하가 있었기 때문이지 위령공의 아내가 뽐냈던 미색으로 나라가 망하지 않았던 것이 아니라고 공자께서는 자탄한 적이 있었다. 미색 하나로 꼬리를 쳤던 그 여인의 이름은 남자(南子)였다. 공자께서 그 미색의 남자를 만나고 제자로부터 야단을 맞는 장면을 보면 참으로 공자의 인간다움을 엿보게 된다.

선생을 야단칠 만큼 성질이 괄괄한 제자라면 아마도 자로(子路)를 꼽을 것이다. 자로는 성질이 단순하고 용맹스러워 항상 공자의 근심을 사고 있었다. 하지만 자로는 선생께서 가르쳐 주면 그것을 반드시 실천으로 옮기기 전에는 새로 더 배우기를 바라지 않았던 충직한 제자였다. 아마도 믿었던 선생께서 추한 여인을 만났다는 사실 하나만으로 자로는 화가 났던 모양이다. 임금의 아내이면서 미색으로 꼬리를 쳐서 송조(宋朝)란 놈과 정을 통하고 음행을 범한 그 여자를 왜 선생께서 만났느냐며 자로는 면박을 서슴지 않았다. 이러한 자로 앞에서 공자는 변명을 하지 않는다. 그저 내가 남자를 만난 것은 하늘이 알 것이다라고 되풀이한다. 천하를 다 속여도 하늘을 속일 수는 없다. 무슨 짓을 하든지 하늘 몰래 할 수는 없는 일이다. 누가 머리의 하늘을 벗어나 무슨 짓을 할 것인가. 하늘을 속이지 못한다는 것은 내가 나를 속일 수 없음을 말한다. 이러한 공자의 말씀은 미색이 탐나 송조처럼 남자를 만난 것이 아니라 무슨 깊은 뜻이 있어서 음행을 범한 그 여인을 공자께서 만났으리라고 짐작케 한다.

이불 밑에서 송사를 꾸미면 질래야 질 수 없다는 속담이 있다. 무도한 위령공을 달래서 길들일 수 있는 방울을 누가 위령공의 목에 달아 주면 가장 좋을까? 미색에 푹 빠지게 한 남자를 통해서 위령공의 목에 방울을 달면 수월할 것이다. 어쩌면 공자가 남자를 만나 남편을 잘 구슬러서 포악한 임금이 되지 말도록 하라고 간청을 했을지 누가 알랴. 다만 하늘이나 알 일이 아닌가. 그러니 자로여, 선생께 화풀이를 할 것은 없다. 손이 더러우면 구정물에라도 일단은 씻어야 하는 것이 아닌가. 자로여, 공자께서 세상을 아프게 하는 임금을 구슬리기 위해 미인계를 한 번쯤 썼기로서니 백성을 사랑하게 하려고 그렇게 한 것을 왜 몰라주는가. 자로여, 오히려 임금의 눈을 흐리게 하려고 미색을 골라 바치는 채홍관에게 화를 내라.

박정희 대통령 시절 채홍관 노릇을 잘해서 권좌의 발치에 붙어 날개를 쳤던 무리들 탓에 세상이 몹시 아팠던 때가 있었다. 자로여, 호랑이를 잡기 위해 호랑이의 수염을 붙들고 있는 여자를 선생이 만났기로 싫어할 것은 없다. 누가 공자께서 미색을 파는 남자란 왕비를 만나야 했던 속을 알아줄 것인가. 공자는 변명하지 않고 당신이 남자를 만난 것을 하늘이 미워할 것이라고만 탄식을 했다. 하늘이란 무엇인가? 백성이어도 좋고 국민이어도 좋고 시민이어도 좋다. 왜 하늘이 미워할까? 공자는 자로에게 뒤집어 말하고 있을 뿐이다. 공자는 항상 백성의 편에서 임금의 눈과 귀를 트게 하려고 했는데 왜 하늘이 공자의 행위를 미워할 것인가. 그래서 궁궐마다 득실거리는 무리들이 공자를 저어하였고 물리쳐 궁궐의 주인을 만나지 못하게 훼방을 놓지 않았던가. 바른 말하기를 무서워하는 사람은 공자를 무서워한다. 자로여, 속상해할 것은 없다. 하지만 자로여, 그대는 정직하고 강건함에 틀림없다.

🫖 자로와의 담론

공자께서 미색을 팔았던 남자를 만났다. 이를 알고 자로가 좋아하지 않았다. 이에 공자께서는 굳게 다져 다음처럼 단언하였다. 나의 잘못은 하늘이 미워할 것이다. 하늘이 미워할 것이다.

子見南子 子路不說 夫子矢之曰 予所否者 天厭之 天厭之

(11)사랑함이 만족될 때

꽃이 피는 것으로 나무는 만족하지 않는다. 그 꽃이 진 다음 열매가
영글어 씨앗을 안아야 나무는 만족을 하고 가지에 달렸던 잎을 지우
고 땅 위에서 가만히 멈춘다. 한겨울 앙상한 나무를 보면 추위에 시달
린다는 생각보다 지난 한 해 열심히 일해서 지금 만족한다는 모습이
떠오른다. 지극한 사랑함이란 그러한 나무의 모습과 같은 것으로 보
아도 된다. 험한 일을 앞서서 하고 자랑스러운 일은 남에게 돌리는 인
자한 모습이 한겨울에 늠름히 서 있는 나무처럼 보이는 까닭이다.

공자의 제자인 자공은 이재에 밝아 어려서 가난했던 설움을 이겨내
고 부유하게 되었다. 자공이 공자께 백성에게 널리 베풀고 여러 사람
을 구제하면 인이라 할 수 있느냐고 물었다. 요순도 그렇게 못했는데
그렇게만 하면 인보다 더 지극한 성(聖)이라고 공자가 대답했다. 성이
란 인(仁)의 극치요 종점이다.

지금은 고인이 된 테레사 수녀가 우리나라에 왔을 때 신문과 방송들
은 그녀를 살아 있는 천사라고 칭송했다. 어찌 신문과 방송만 그렇게
했던가. 모두들 그녀를 칭송했다. 물론 그녀는 가톨릭의 정신과 믿음
으로 그렇게 칭송을 받았지만 버림받은 사람들만 골라 돕기를 평생
동안 했으니 공자는 그녀를 만나면 역시 지극히 인을 베풀었다고 칭
송을 바쳤을 것이다. 여래의 자비나 예수의 사랑이나 공자의 인이나
다를 것이 없다. 모든 것을 소중히 여기고 돕고 안아서 어루만져 주라
는 말씀으로 통하는 까닭이다.

그러나 자공이 선생으로부터 지극한 칭송을 받았는지는 알 길이 없
다. 말만 앞서는 것을 공자는 싫어한다. 말을 했으면 실천을 해야 선
생을 기쁘게 한다. 자공이 그렇게 했는지 모르겠다. 부자가 베풀 줄

알면 보기에 좋다. 그리고 베풀기 위해 인색하게 생활을 하는 모양은 더더욱 보기 좋다. 다만 돈이 아까워 쓰지를 못해 궤짝 속에 숨겨 두는 자린고비가 흉하게 보일 뿐이다. 재물을 업신여기지 말라고 한 고(故) 유일한 성인이 공자였다고 생각해도 된다. 재물이 나쁜 것이 아니라 그것을 다루는 사람에 따라 선할 수도 있고 악할 수도 있을 뿐임을 공자는 자공에게 타일러 준 셈이다. 지금 우리 주변에서 돈이 많은 사람들이 이러한 담론을 귀담아 듣는다면 누가 졸부라고 남의 손가락질 받을 것인가. 졸부란 누구인가? 자기만 사랑할 줄 알고 남을 사랑할 줄 모르는 사람이 아닌가. 나만 사랑하고 남을 사랑할 줄 모르는 것이 바로 미움의 온상이 되는 것을 공자는 우리로 하여금 깨우치게 한다.

🫖 자공과의 담론

백성에게 널리 베풀고 많은 사람을 구제해 줄 수 있다면 어떻습니까? 이를 인이라 해도 되겠습니까? 이렇게 자공이 공자께 물었다. 어찌 인만 되겠느냐, 성에도 가까울 것이다. 요순도 그렇게 하지 못해 아파하지 않았던가. 본래 인이란 내가 이루고 싶어할 때 남도 같이 이루게 하는 것이지. 또한 내가 성취하고 싶을 때 남도 성취하게 해 주는 것이 인이지. 내가 남의 입장이 되어 보는 것이 바로 인을 이룩하는 방법이 아닌가.

子貢曰 如有博施於民而能濟衆 何如 何謂仁乎 子曰 何事於仁 必也聖乎 堯舜其猶病諸 夫仁者 己欲立而立人 己欲達而達人 能近取譬 可謂仁之方也已